PLUS+
OPD

OXFORD
PICTURE
DICTIONARY

UPDATED

THIRD EDITION

Jayme Adelson-Goldstein
Norma Shapiro

OXFORD
UNIVERSITY PRESS

Great Clarendon Street, Oxford, OX2 6DP, United Kingdom

Oxford University Press is a department of the University of Oxford. It furthers the University's objective of excellence in research, scholarship, and education by publishing worldwide. Oxford is a registered trade mark of Oxford University Press in the UK and in certain other countries

© Oxford University Press 2016.
Updated edition © Oxford University Press 2024.
The moral rights of the authors have been asserted
First published in 2024
2028 2027 2026 2025 2024
10 9 8 7 6 5 4 3 2

No unauthorized photocopying

All rights reserved. No part of this publication may be reproduced, stored in a retrieval system, or transmitted, used for text and data mining, or used for training artificial intelligence, in any form or by any means, without the prior permission in writing of Oxford University Press, or as expressly permitted by law, by licence or under terms agreed with the appropriate reprographics rights organization. Enquiries concerning reproduction outside the scope of the above should be sent to the ELT Rights Department, Oxford University Press, at the address above

You must not circulate this work in any other form and you must impose this same condition on any acquirer

Links to third party websites are provided by Oxford in good faith and for information only. Oxford disclaims any responsibility for the materials contained in any third party website referenced in this work

ISBN: 978 0 19 416203 6

Printed in China

This book is printed on paper from certified and well-managed sources

ACKNOWLEDGEMENTS

Illustrations by: Lori Anzalone, Joe "Fearless" Arenella/Will Sumpter, Argosy Publishing, Barbara Bastian, Philip Batini/AA Reps, Thomas Bayley/Sparks Literary Agency, Sally Bensusen, Peter Bollinger/Shannon Associates, Higgens Bond/Anita Grien, Molly Borman-Pullman, Martina Crepulja/Illustration Online, D'Avila Illustration Agency, Mark Duffin, EMC Design Ltd, Jim Fanning/Ravenhill Represents, Mike Gardner, Garth Glazier/AA Reps, Dennis Godfrey/Mike Wepplo, Steve Graham, Julia Green/Mendola Art, Glenn Gustafson, Ed Hammond (in the style of Ralph Voltz)/Illustration Online, Barbara Harmon, Ben Hasler/NB Illustration, Betsy Hayes, Matthew Holmes, Stewart Holmes/Illustration Ltd., Janos Jantner/Beehive Illustration, Ken Joudrey/Munro Campagna, Bob Kaganich/Deborah Wolfe, Steve Karp, Mike Kasun/Munro Campagna, Graham Kennedy, Marcel Laverdet/AA Reps, Jeffrey Lindberg, Dennis Lyall/Artworks, Chris Lyons/Lindgren & Smith, Alan Male/Artworks, Jeff Mangiat/Mendola Art, Adrian Mateescu/The Studio, Karen Minot, Paul Mirocha/The Wiley Group, Peter Miserendino/p.T. Pie Illustrations, Lee Montgomery/Illustration Ltd., Oxford University Press Design, Roger Motzkus, Laurie O'Keefe, Daniel O'Leary/Illustration Ltd., Vilma Ortiz-Dillon, Andrew Painter/Beehive Illustration, Terry Pazcko, David Preiss/Munro Campagna, Pronk & Associates, Tony Randazzo/AA Reps, Mike Renwick/Creative Eye, Mark Riedy/Scott Hull Associates, Jon Rogers/AA Reps, Mark Ruffle, Jeff Sanson/Schumann & Co., Ben Shannon/Magnet Reps, Reed Sprunger/Jae Wagoner Artists Rep., Studio Liddell/AA Reps, Angelo Tillary, Samuel Velasco/5W Infographics, Ralph Voltz/Illustration Online, Jeff Wack/Mendola Art, Brad Walker, Wendy Wassink, John White/The Neis Group, Eric Wilkerson, Simon Williams/Illustration Ltd., Lee Woodgate/Eye Candy Illustration, Andy Zito, Craig Zuckerman.

Cover Design: Studio Montage

Chapter icons designed by: Anna Sereda

Commissioned studio photography for Oxford University Press done by:
Dennis Kitchen Studio: 37, 61, 72, 73, 74, 75, 95, 96, 100, 189, 194, 195, 232.

The publishers would like to thank the following for their kind permission to reproduce photographs: 123RF (Jaroslaw Grudzinski, Saksan Maneechay); Alamy Stock Photo (B.A.E. Inc., Goran Bogicevic, Mary Evans Picture Library, Sindre Ellingsen, Ted Foxx, Yuri Kevhiev); Associated Press (ASSOCIATED PRESS, Joe Rosenthal); Corbis (AS400 DB, AS400 DB, Don S. Montgomery, Philip Gould, Underwood & Underwood); Getty Images (AFP/Stringer, C Squared Studios, DigitalVision, FOTOGRAFIA INC., George Peters, gerenme, liangpv, MPI/Stringer, PhotoQuest, Rodrigo Blanco, Rolls Press/Popperfoto, RTimages Stefano Mattia, Stockbyte, Stockbyte, wolv); istockphoto (Brandon Laufenberg); Oxford University Press (Digital Vision, Ingram, Ocean, Ocean, Photodisc, Photodisc); Shutterstock (9Robot, and4me, Andrey_Popov, Anteromite, B Calkins, cowardlion, daizuoxin, Dean Drobot, Di Studio, dikobraziy, Eldad Carin, FrameStudio, gentle studio, Heymo, Hurst Photo, Kateryna Onyshchuk, Khosro, KPG Payless2, Krackenimages.com, lem, magicoven, mattesimages, Matthias G. Ziegler, Nataliia Melnychuk, Neirfy, New Africa, nexus 7, Nika Art, ovb64, Rawpixel.com, r.classen, riekephotos, rsooll, Runrun2, seen, the palms, Trendsetter Images, Venus Angel, Vereshchagin Dmitry, Vereshchagin Dmitry, Victor Newman, Volodymyr Baleha, WM_idea, zstock).

The publisher would like to thank the following for their permission to reproduce copyrighted material:

127, 136–137: USPS Corporate Signature, Priority Mail, Express Mail, Media Mail, Certified Mail, Ready Post, Airmail, Parcel Post, Letter Carrier Uniform, Postal Clerk Uniform, Flag and Statue of Liberty, Postmark, Post Office Box, Automated Postal Center, Parcel Drop Box, Round Top Collection Mailbox are trademarks of the United States Postal Service and are used with permission. Flag and Statue of Liberty © 2006 United States Postal Service. All Rights Reserved. Used with Permission. 156: MetroCard and the logo "MTA" are registered trademarks of the Metropolitan Transportation Authority. Used with permission. 156: Metro token image courtesy of LA Metro ©2016 LACMTA. 156: Amtrak ticket image courtesy of Amtrak. 174: National Center for O*NET Development. O*NET OnLine. Retrieved November 23, 2015, from https://www.onetonline.org/. 191: Microsoft Word® is a registered trademark of Microsoft Corporation. Screen shot reprinted with permission from Microsoft Corporation. 191: Microsoft Excel® is a registered trademark of Microsoft Corporation. Screen shot reprinted with permission from Microsoft Corporation. 191: Microsoft PowerPoint® is a registered trademark of Microsoft Corporation. Screen shot reprinted with permission from Microsoft Corporation. 210: Microsoft icons reprinted by permission of Microsoft.

This third edition of the Oxford Picture Dictionary is lovingly dedicated to the memory of Norma Shapiro.

Her ideas, her pictures, and her stories continue to teach, inspire, and delight.

Acknowledgments

The publisher and authors would like to acknowledge the following individuals for their invaluable feedback during the development of this program:

Nawal Abbas, Lawrence Tech University, MI; **Dr. Macarena Aguilar**, Cy-Fair College, TX; **Penny Aldrich**, Durham Technical Community College, NC; **Deanna Allen**, Round Rock ISD, TX; **Angela Andrade-Holt**, Western Nevada College, NV; **Joseph F. Anselme**, Atlantic Technical Center, FL; **Stacy Antonopoulos**, Monterey Trail High School, CA; **Carol Antunano**, The English Center, FL; **Irma Arencibia**, Thomas A. Edison School, NJ; **Stephanie Austin**, CBET Program Moreland School District, CA; **Suzi Austin**, Alexandria City Public School Adult Program, FL; **Carol Beebe**, Niagara University, NY; **Patricia S. Bell**, Lake Technical Center, FL; **Derick Bonewitz**, College of Lake County, IL; **Emily Box**, Granite Peaks Learning Center, UT; **Diana Brady-Herndon**, Western Nevada College, NV; **Jim Brice**, San Diego Community College District, CA; **Theresa Bries**, Black Hawk College, IL; **Diane Brody**, St. John's Lutheran Church; **Mindy Bruton**, Abilene ISD, TX; **Caralyn Bushey**, Montgomery College TESOL Certificate Program, MD; **Phil Cackley**, Arlington Education and Employment Program (REEP), VA; **Frieda Caldwell**, Metropolitan Adult Education Program, CA; **Anne Marie Caney**, Chula Vista Adult School, CA; **Lynda Cannon**, Ashland Community and Technical College, KY; **Lenore Cardoza**, Brockton Public Schools Adult Learning Center, MA; **Victor Castellanos**, Covina Public Library, CA; **Marjorie Castillo-Farquhar**, Community Action/Austin Community College, TX; **Patricia Castro**, Harvest English Institute, NJ; **Paohui Lola Chen**, Milpitas Adult School, CA; **Alicia Chicas**, The Hayward Center for Education & Careers (Adult School), CA; **Michelle Chuang**, East Side Adult Education, CA; **Lori Cisneros**, Atlantic Vo-Tech, FL; **Joyce Clapp**, Hayward Adult School, CA; **Stacy Clark**, Arlington Education and Employment Program (REEP), VA; **Melissa Cohen**, Literacy New Jersey - Middlesex Programs, NJ; **Dave Coleman**, LAUSD District, CA; **Edith Cowper**, Wake Technical Community College, NC; **Leslie Crawley**, The Literacy Center; **Kelli Crow**, City College San Francisco Civic Center, CA; **Nancy B. Crowell**, Southside Programs for Adults in Continuing Education, VA; **Doroti da Cunha**, Hialeah-Miami Lakes Adult Education Center, FL; **Brenda Custodio**, Ohio State University, OH; **Dory Dannettell**, Community Educational Outreach, CO; **Paula Da Silva-Michelin**, La Guardia Community College, NY; **Peggy Datz**, Berkeley Adult School, CA; **Cynthia L. Davies**, Humble I.S.D., TX; **Christopher Davis**, Overfelt Adult Center, CA; **Laura De Anda**, Margaret Aylward Center, CA; **Tyler Degener**, Drexel University College of Medicine, PA; **Jacquelyn Delaney**; **Mariana De Luca**, Charlotte-Mecklenburg Public Schools, NC; **Georgia Deming**, Johnson County Community College (JCAE), KS; **Beverly De Nicola**, Capistrano Unified School District, CA; **Irena Dewey**, US Conversation; **Frances Tornabene De Sousa**, Pittsburg Adult Education Center, CA; **Matthew Diamond**, The University of Texas at Austin, TX; **Beatriz Diaz**, Miami-Dade County Public Schools, FL; **Druci Diaz**, Program Advisor, Adult & Career Services Center Hillsborough County Public Schools, FL; **Natalya Dollar**, North Orange County Community College District, CA; **Marion Donahue**, San Dieguito Adult School, CA; **Nick Doorn**, International Education Services, MI; **Mercedes Douglass**, Seminole Community College, FL; **Joan Dundas**, Brock University, ON (Canada); **Jennifer Eick-Magán**, Prairie State College, IL; **Jenny Elliott**, Montgomery College, MD; **Paige Endo**, Mt. Diablo Adult Education, CA; **Megan Ernst**, Glendale Community College, CA; **Elizabeth Escobar**, Robert Waters School, NJ; **Joanne Everett**, Dave Thomas Education Center, FL; **Jennifer Fadden**, Arlington Education and Employment Program (REEP), VA; **Cinzia Fagan**, East Side Adult Education, CA; **Jacqui Farrell**, Literacy Volunteers on the Green, CT; **Ross Feldberg**, Tufts University, MA; **Sharyl Ferguson**, Montwood High School, TX; **Emily Finch**, FCI Englewood, CO; **Dr. Robert Finkelstein**, Willammette Dental, OR; **Janet Fischer**, Lawrence Public Schools - Adult Learning Center, MA; **Dr. Monica Fishkin**, University of Central Florida, FL; **Jan Foley**, Wilbur Wright College - City Colleges of Chicago, IL; **Tim Foster**, Silver Valley Adult Education Center, CA; **Nancy Frampton**, Reedley College, CA; **Lynn A. Freeland**, San Dieguito Union High School District, CA; **Sally A. Fox**, East Side Adult Education, CA; **Cathy Gample**, San Leandro Adult School, CA; **Hillary Gardner**, Center for Immigrant Education and Training, NY; **Elizabeth Gibb**, Castro Valley Adult and Career Education, CA; **Martha C. Giffen**, Alhambra Unified School District, CA; **Elgy Gillespie**, City College San Francisco, CA; **Lisa Marcelle Gimbel**, Community Learning Center, MA; **Jill Gluck**, Hollywood Community Adult School, CA; **Richard Goldberg**, Asian American Civic Association, MA; **Carolyn Grebe**, The Hayward Center for Education & Careers (Adult School), CA; **Carolyn Grimaldi**, LaGuardia Community College, NY; **Cassell Gross**, Intercambio, CO; **William Gruenholz**, USD Adult School, CA; **Sandra G. Gutierrez**, Hialeah-Miami Lakes Adult Education Center, FL; **Conte Gúzman-Hoffman**, Triton College, IL; **William J. Hall**, M.D. FACP/FRSM (UK); **Amanda Harllee**, Palmetto High School, FL; **Kathy Harris**, Portland State University, OR; **Kay Hartley**, Fairfield-Suisun Adult School, CA; **Melissa Hassmanm**, Northwest Iowa Community College, IA; **Mercedes Hearn**, Tampa Bay Technical Center, FL; **Christyann Helm**, Carlos Rosario International Public Charter School, WA; **Suzanne Hibbs**, East Side Adult Education, CA; **Lindsey Himanga**, Hiawatha Valley ABE, MN; **Marvina Hooper**, Lake Technical College, FL; **Jill A. Horohoe**, Arizona State University, AZ; **Roxana Hurtado**, Miami Dade Adult, FL; **Rachel Johnson**, MORE Multicultural School for Empowerment, MN; **Randy Johnson**, Hartford Public Library, CT; **Sherry Joseph**, Miami Dade College, FL; **Elaine Kanakis**, The Hayward Center for Education and Careers, CA; **Phoebe Kang**, Brock University, ON (Canada); **Mary Kaufman**, Brewster Technical Center, FL; **Jeanne Kearsley**, City College San Francisco Chinatown, CA; **Sallyann Kovacs**, The Hayward Center for Education & Careers (Adult School), CA; **Jennifer Latzgo**, Lehigh Carbon Community College, PA; **Sandy Lawler**, East Side Adult Education, CA; **Xinhua Li**, City College of San Francisco, CA; **Renata Lima**, TALK International School of Languages, FL; **Luz M. Lopez**, Sweetwater Union High School District, CA; **Osmara Lopez**, Bronx Community College, NY; **Heather Lozano**, North Lake College, TX; **Marcia Luptak**, Elgin Community College, IL; **Betty Lynch**, Arlington Education and Employment Program (REEP), VA; **Matthew Lyter**, Tri-County OIC, PA; **Meera Madan**, REID Park Elementary School, NC; **Julia Maffei**, Texas State IEP, TX; **Ivanna Mann Thrower**, Charlotte Mecklenburg Schools, NC; **Anna Mariani**, The English Center (TLC Online), FL; **Michael R. Mason**, Loma Vista Adult Center, CA; **Terry Masters**, American Schools of Water for Ishmael, OH; **Debbie Matsumura**, CBET Program Moreland School District, CA; **Holley Mayville**, Charlotte Mecklenburg Schools, NC; **Margaret McCabe**, United Methodist Cooperative Ministries, FL; **David McCarthy**, Stony Brook University, NY; **Todd McDonald**, Hillsborough Adult Education, FL; **Nancy A. McKeand**, ESL Consultant, LA; **Rebecca L. McLain**, Gaston College, NC; **John M. Mendoza**, Redlands Adult School, CA; **Nancy Meredith**, Austin Community College, TX; **Marcia Merriman**, Community College of Baltimore County, MD; **Bet Messmer**, Santa Clara Adult Education Center, CA; **Holly Milkowart**, Johnson County Community College, KS; **Jose Montes**, The English Center M-DCPS, FL; **Elaine Moore**, Escondido Adult School, CA; **Lisa Munoz**, Metropolitan Education District, CA; **Mary Murphy-Clagett**, Sweetwater Union High School District, CA; **Jonetta Myles**, Rockdale County High School, GA; **Marwan Nabi**, Troy High School, CA; **Dale Nave**, San Marcos Academy, TX; **Dr. Christine L. Nelsen**, Salvation Army Community Center, FL; **Michael W. Newman**, Arlington Education and Employment Program (REEP), VA; **Virginia Nicolai**, Colorado Mountain College, CO; **Phoebe Nip**, East Side Adult Education, CA; **Rehana Nusrat**, Huntington Beach Adult School, CA; **Cindy Oakley-Paulik**, Embry-Riddle Aeronautical University, FL; **Judy O'Louglin**, CATESOL, CA; **Brigitte Oltmanns**, Triton College, IL; **Nora Onayemi**, Montgomery College, MD; **Lorena Orozco**, Catholic Charities, NM; **Allison Pickering**, Escondido Adult School, CA; **Odette Petrini**, Huron High School, MI; **Eileen Purcell**, Clatsop Community College, OR; **Teresa Reen**, East Side Adult Education, CA; **Jean Renoll**, Fairfax County Public Schools – ACE, VA; **Carmen Rivera-Diaz**, Calvary Church; **Fatiana Roganova**, The Hayward Center for Education & Careers (Adult School), CA; **Rosa Rojo**, Escondido Adult School, CA; **Lorraine Romero**, Houston Community College, TX; **Phoebe B. Rouse**, Louisiana State University, LA; **Dr. Susan Rouse**, Southern Wesleyan University, SC; **Blair Roy**, Chapman Education Center, CA; **Sharon Saylors**, The Hayward Center for Education & Careers (Adult School), CA; **Margret Schaefer**, Round Rock ISD, TX; **Arlene R. Schwartz**, Broward Community Schools, FL; **Geraldyne Blake Scott**, Truman College, IL; **Sharada Sekar**, Antioch High School Freshman Academy, TN; **Denise Selleck**, City College San Francisco Civic Center, CA; **Dr. Cheryl J. Serrano**, Lynn University, FL; **Janet Setzekorn**, United Methodist Cooperative Ministries, FL; **Terry Shearer**, EDUCALL Learning Services, TX; **Rob Sheppard**, Quincy Asian Resources, Inc., MA; **Dr. Ira M. Sheskin**, University of Miami, FL; **Glenda Sinks**, Community College of Denver, CO; **Elisabeth Sklar**, Township High School District 113, IL; **Jacqueline Sport**, LBWCC Luverne Center, AL; **Kathryn Spyksma**, The Hayward Center for Education & Careers (Adult School), CA; **Linda Steele**, Black Hawk College, IL; **Robert Stein**, BEGIN Managed Programs, NY; **Martin Steinman**, Canal Alliance, CA; **Ruth Sutton**, Township High School District 113, IL; **Alisa Takeuchi**, Chapman Education Center, CA; **Grace Tanaka**, Santa Ana College School of Continuing Education, CA; **Annalisa Te**, East Side Adult Education, CA; **Oscar Tellez**, Daley College, IL; **Fotini Terzi**, University of Texas at Austin, TX; **Geneva Tesh**, Houston Community College, TX; **Maiko Tomizawa**, D.D.S., NY; **Don Torluemke**, South Bay Adult School, CA; **Francisco Torres**, Olive-Harvey College, IL; **Shawn Tran**, East Side Adult Education, CA; **Serife Turkol**, Literary Council of Northern Virginia, VA; **Cristina Urena**, CC/Tech Center, FL; **Maliheh Vafai**, East Side Adult Education, CA; **Charlotte van Londen**, MCAEL, MD; **Tara Vasquez**, Robert Waters School, NJ; **Nina Velasco**, Naples Language Center, FL; **Colin Ward**, Lone Star College-North Harris, TX; **Theresa Warren**, East Side Adult Center, CA; **Lucie Gates Watel**, Truman College, IL; **Wendy Weil**, Arnold Middle School, TX; **Patricia Weist**, TALK International School of Languages, FL; **Dr. Carole Lynn Weisz**, Lehman College, NY; **Desiree Wesner**, Robert Waters School, NJ; **David Wexler**, Napa Valley Adult School, CA; **Kathy Wierseman**, Black Hawk College, IL; **Cynthia Wiseman**, Borough of Manhattan Community College, NY; **Nancy Whitmire**, University of Arkansas Community College at Batesville, AR; **Debbie Cullinane Wood**, Lincoln Education Center, CA; **Banu Yaylali**, Miami Dade College, FL; **Hongyan Zheng**, Milpitas Adult Education, Milpitas, CA; **Yelena Zimon**, Fremont Adult and Continuing Education, CA; **Arlene Zivitz**, ESOL Teacher, FL

Table of Contents

PLUS+ pages: Scan the QR codes in the book to go online for additional vocabulary.

Introduction . . . . viii–ix

1. Everyday Language

	1.1	Meeting and Greeting 2–3
	1.2	Personal Information 4
	1.3	School 5
PLUS+	1.4	A Classroom 6–7
	1.5	Studying 8–9
PLUS+	1.6	Succeeding in School 10
	1.7	A Day at School 11
	1.8	Everyday Conversation 12
	1.9	Weather 13
	1.10	The Telephone 14–15
	1.11	Numbers 16
	1.12	Measurements 17
	1.13	Time 18–19
	1.14	The Calendar 20–21
	1.15	Calendar Events 22
	1.16	Describing Things 23
	1.17	Colors 24
	1.18	Prepositions 25
	1.19	Money 26
PLUS+	1.20	Shopping 27
	1.21	Same and Different 28–29

2. People

	2.1	Adults and Children 30–31
PLUS+	2.2	Describing People 32
	2.3	Describing Hair 33
	2.4	Families 34–35
	2.5	Childcare and Parenting 36–37
	2.6	Daily Routines 38–39
	2.7	Life Events and Documents 40–41
	2.8	Feelings 42–43
	2.9	A Family Reunion 44–45

3. Housing

	3.1	The Home 46–47
	3.2	Finding a Home 48–49
	3.3	Apartments 50–51
	3.4	Different Places to Live 52
	3.5	A House and Yard 53
	3.6	A Kitchen 54
	3.7	A Dining Area 55
	3.8	A Living Room 56
	3.9	A Bathroom 57
	3.10	A Bedroom 58
	3.11	The Kids' Bedroom 59
	3.12	Housework 60
	3.13	Cleaning Supplies 61
PLUS+	3.14	Household Problems and Repairs 62–63
	3.15	The Tenant Meeting 64–65

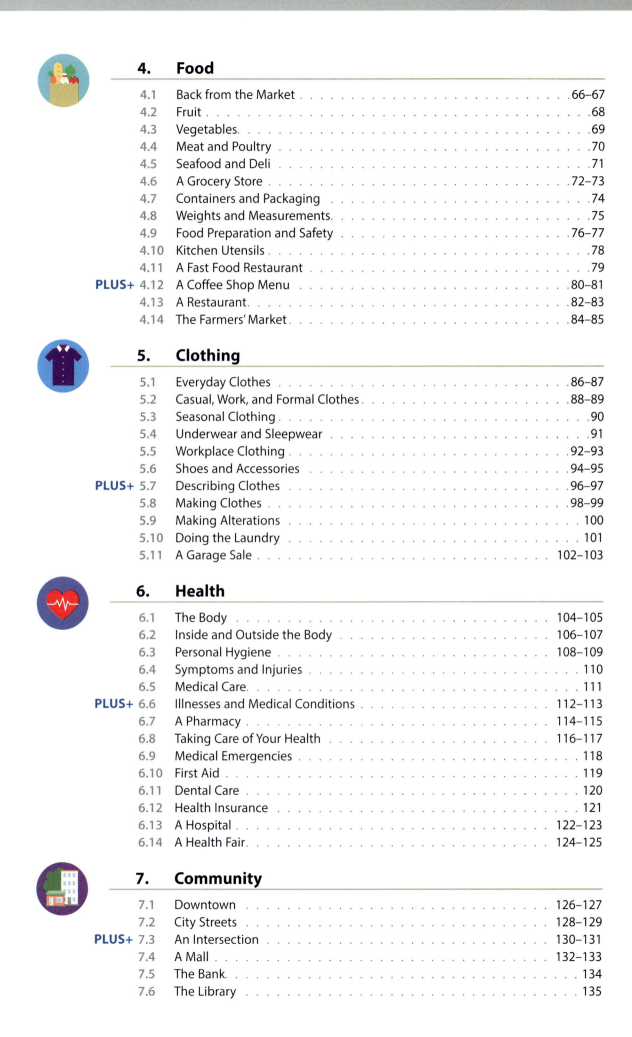

4. Food

4.1	Back from the Market	66–67
4.2	Fruit	68
4.3	Vegetables	69
4.4	Meat and Poultry	70
4.5	Seafood and Deli	71
4.6	A Grocery Store	72–73
4.7	Containers and Packaging	74
4.8	Weights and Measurements	75
4.9	Food Preparation and Safety	76–77
4.10	Kitchen Utensils	78
4.11	A Fast Food Restaurant	79
PLUS+ 4.12	A Coffee Shop Menu	80–81
4.13	A Restaurant	82–83
4.14	The Farmers' Market	84–85

5. Clothing

5.1	Everyday Clothes	86–87
5.2	Casual, Work, and Formal Clothes	88–89
5.3	Seasonal Clothing	90
5.4	Underwear and Sleepwear	91
5.5	Workplace Clothing	92–93
5.6	Shoes and Accessories	94–95
PLUS+ 5.7	Describing Clothes	96–97
5.8	Making Clothes	98–99
5.9	Making Alterations	100
5.10	Doing the Laundry	101
5.11	A Garage Sale	102–103

6. Health

6.1	The Body	104–105
6.2	Inside and Outside the Body	106–107
6.3	Personal Hygiene	108–109
6.4	Symptoms and Injuries	110
6.5	Medical Care	111
PLUS+ 6.6	Illnesses and Medical Conditions	112–113
6.7	A Pharmacy	114–115
6.8	Taking Care of Your Health	116–117
6.9	Medical Emergencies	118
6.10	First Aid	119
6.11	Dental Care	120
6.12	Health Insurance	121
6.13	A Hospital	122–123
6.14	A Health Fair	124–125

7. Community

7.1	Downtown	126–127
7.2	City Streets	128–129
PLUS+ 7.3	An Intersection	130–131
7.4	A Mall	132–133
7.5	The Bank	134
7.6	The Library	135

Contents

7. Community (continued)

7.7	The Post Office	136–137
7.8	Department of Motor Vehicles (DMV)	138–139
7.9	Government and Military Service	140–141
7.10	Civic Engagement	142–143
7.11	The Legal System	144
7.12	Crime	145
7.13	Public Safety	146
7.14	Cyber Safety	147
7.15	Emergencies and Natural Disasters	148–149
7.16	Emergency Procedures	150–151
7.17	Community Cleanup	152–153

8. Transportation

8.1	Basic Transportation	154–155
PLUS+ 8.2	Public Transportation	156
8.3	Prepositions of Motion	157
8.4	Traffic Signs	158
8.5	Directions and Maps	159
8.6	Cars and Trucks	160
8.7	Buying and Maintaining a Car	161
8.8	Parts of a Car	162–163
8.9	An Airport	164–165
8.10	A Road Trip	166–167

9. Job Search

9.1	Job Search	168–169
9.2	Jobs and Occupations A-C	170
9.3	Jobs and Occupations C-H	171
9.4	Jobs and Occupations H-P	172
9.5	Jobs and Occupations P-W	173
9.6	Career Planning	174–175
9.7	Job Skills	176
PLUS+ 9.8	Office Skills	177
9.9	Soft Skills	178
9.10	Interview Skills	179
9.11	First Day on the Job	180–181

10. The Workplace

10.1	The Workplace	182–183
10.2	Inside a Company	184
PLUS+ 10.3	Manufacturing	185
10.4	Landscaping and Gardening	186
10.5	Farming and Ranching	187
PLUS+ 10.6	Office Work	188–189
PLUS+ 10.7	Information Technology (IT)	190–191
10.8	A Hotel	192
10.9	Food Service	193
10.10	Tools and Building Supplies	194–195
10.11	Construction	196
10.12	Job Safety	197
10.13	A Bad Day at Work	198–199

11. Academic Study

11.1	Schools and Subjects	200–201
PLUS+ 11.2	English Composition	202–203
11.3	Mathematics	204–205
11.4	Science	206–207
11.5	U.S. History	208
11.6	World History	209
PLUS+ 11.7	Digital Literacy: Digital Skills	210–211
PLUS+ 11.8	Internet Research	212–213
11.9	Geography and Habitats	214
11.10	The Universe	215
11.11	Trees and Plants	216
11.12	Flowers	217
11.13	Marine Life, Amphibians, and Reptiles	218–219
11.14	Birds, Insects, and Arachnids	220
11.15	Domestic Animals and Rodents	221
11.16	Mammals	222–223
11.17	Energy and the Environment	224–225
11.18	A Graduation	226–227

12. Recreation

12.1	Places to Go	228–229
12.2	The Park and Playground	230
12.3	The Beach	231
12.4	Outdoor Recreation	232
12.5	Winter and Water Sports	233
12.6	Individual Sports	234
12.7	Team Sports	235
12.8	Sports Verbs	236
12.9	Sports Equipment	237
12.10	Hobbies and Games	238–239
PLUS+ 12.11	Electronics and Photography	240–241
PLUS+ 12.12	Entertainment	242–243
12.13	Music	244
12.14	Holidays	245
12.15	A Birthday Party	246–247

Verb Guide	248–250
How to Use the Index	251
Index	251–287
Research Bibliography	288

PLUS+ pages: Scan the QR codes in the book to go online for additional vocabulary. Or visit https://elt.oup.com/student/opd/pluspages/

Welcome to the OPD PLUS+ THIRD EDITION

The *Oxford Picture Dictionary, Third Edition* provides unparalleled support for vocabulary teaching to meet the needs of today's English language learners, presenting over 4,000 English words and phrases within meaningful real-life contexts.

Now newly updated, the *Oxford Picture Dictionary, Third Edition* **PLUS+** contains over 100 additional words and phrases covering recent changes in school, the workplace, and more.

- Job search, career planning, and digital literacy topics equip students with language for daily life.
- Practice activities prepare students for work, academic study, and citizenship.
- **NEW** QR codes point to OPD PLUS+ pages with new vocabulary illustrated in context.

Picture the journey to success

Color coding and icons make it easy to navigate through *OPD*.

Vibrant illustrations and rich contexts improve vocabulary acquisition. Key illustrations have been updated to reflect new technology.

Vocabulary items are clearly depicted and labeled for easy reference and to enhance learning.

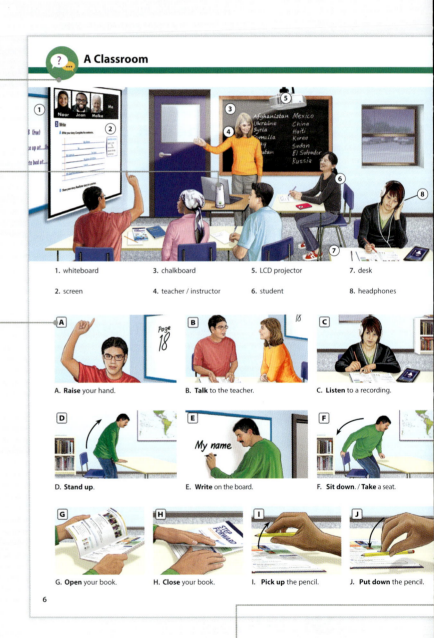

I'd like to welcome you to OPD PLUS+.

Jayme Adelson-Goldstein
OPD co-author

Scan the QR code for a welcome message from Jayme or go to https://elt.oup.com/student/opd/

Practice activities provide language support and help students develop academic and workforce skills.

NEW PLUS+ Pages

New PLUS+ pages have been added to every unit.

- The PLUS+ pages, available online, build on the digital literacy focus of *OPD Third Edition* with vocabulary that reflects changes in the classroom, the workplace, and students' daily lives.

- **QR codes** give students immediate access to the PLUS+ pages. Students can also access the PLUS+ pages via a printed PDF or by going to the **NEW OPD Student Site:** https://elt.oup.com/student/opd/pluspages/

The vocabulary presented on the PLUS+ pages supports learners' engagement with technology across a range of topics, such as interacting with AI, participating in virtual classes and meetings, using an LMS, shopping online, making mobile payments, and more.

For an introduction to the complete *Oxford Picture Dictionary, Third Edition PLUS+* program and to discover all that's available to support teachers and students, scan the QR code or go to www.oup.com/elt/opd3e

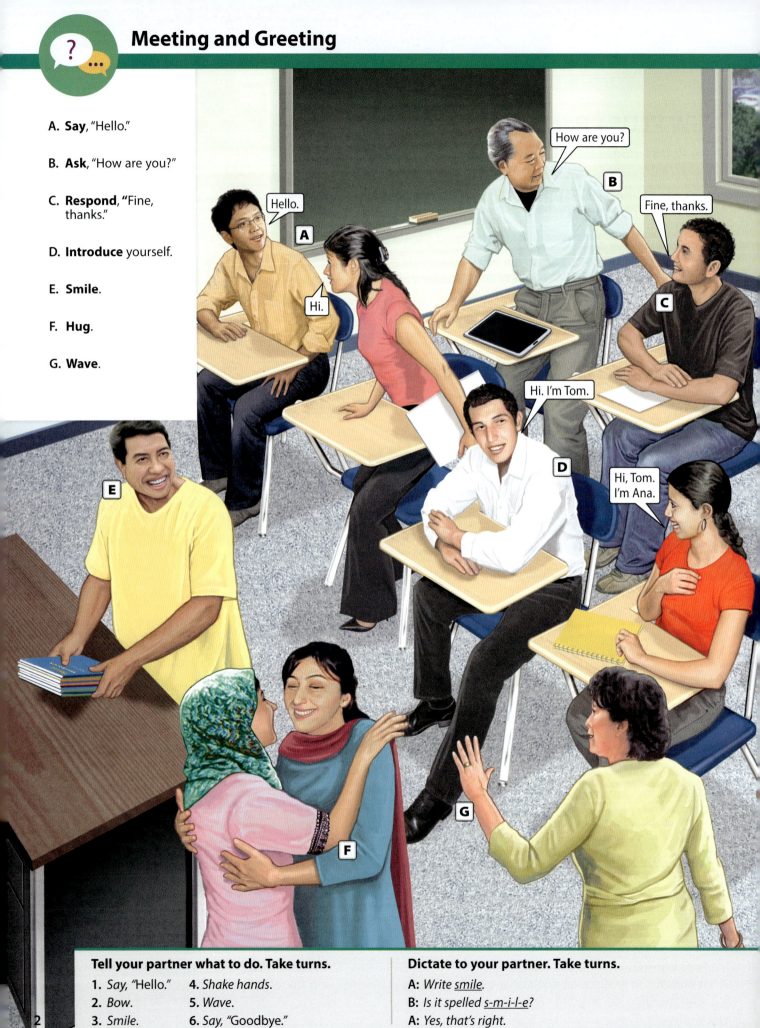

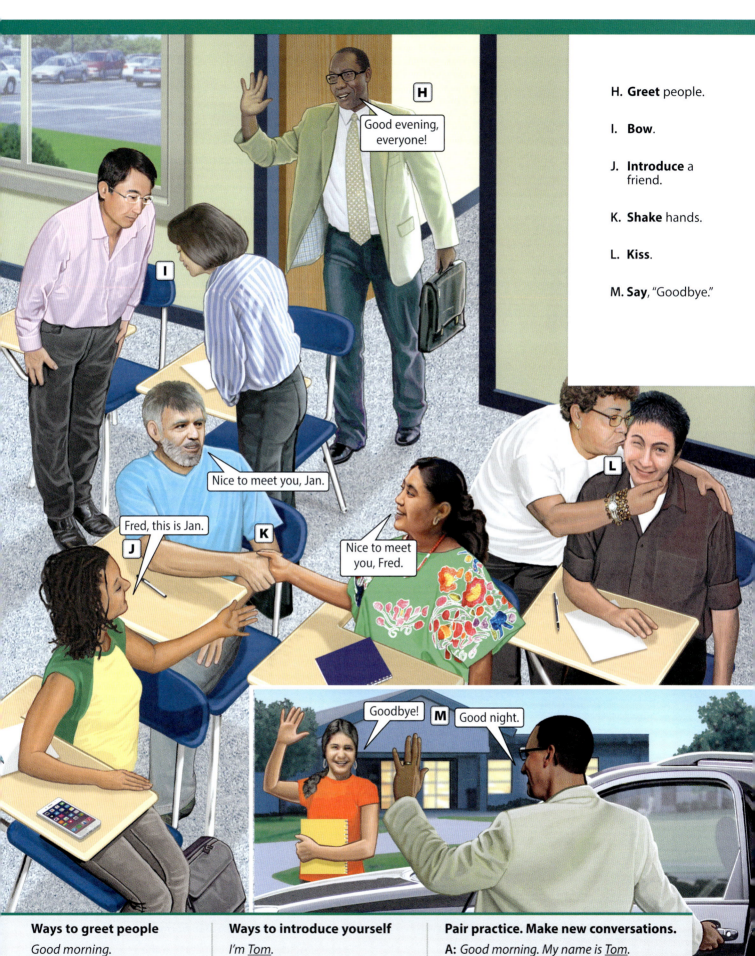

Personal Information

A. **Say** your name.

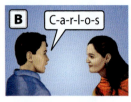
B. **Spell** your name.

C. **Print** your name.

D. **Type** your name.

E. **Sign** your name.

Filling Out a Form

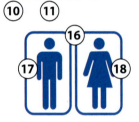

1. name
2. first name
3. middle initial
4. last name

address

5. street address
6. apartment number
7. city
8. state
9. ZIP code

work phone
10. area code
11. phone number
12. home phone

additional numbers
13. cell phone

14. date of birth (DOB)
15. place of birth (POB)
16. gender
17. male
18. female
19. Social Security number
20. signature

Pair practice. Make new conversations.

A: *My first name is Carlos.*
B: *Please spell Carlos for me.*
A: *C-a-r-l-o-s.*

Internet Research: popular names

Type "SSA, top names 100 years" in the search bar.
Report: *According to the SSA list, James is the number 1 male name.*

School

Campus

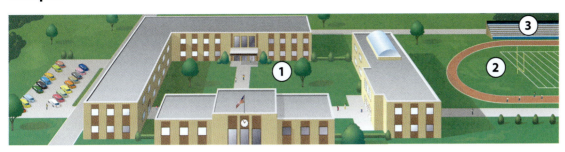

1. quad
2. field
3. bleachers
4. principal
5. assistant principal
6. counselor
7. classroom
8. teacher
9. restrooms
10. hallway
11. locker
12. main office
13. clerk
14. cafeteria
15. computer lab
16. teacher's aide
17. library
18. auditorium
19. gym
20. coach
21. track

Administrators

Around Campus

More vocabulary

Students do not pay to attend a **public school**.
Students pay to attend a **private school**.
A church, mosque, or temple school is a **parochial school**.

Use contractions and talk about the pictures.

He **is** = He**'s**   She **is** = She**'s**
It **is** = It**'s**   They **are** = They**'re**
He's a teacher.   *They're* students.

A Classroom

1. whiteboard
2. screen
3. chalkboard
4. teacher / instructor
5. LCD projector
6. student
7. desk
8. headphones

A. **Raise** your hand.

B. **Talk** to the teacher.

C. **Listen** to a recording.

D. **Stand up**.

E. **Write** on the board.

F. **Sit down**. / **Take** a seat.

G. **Open** your book.

H. **Close** your book.

I. **Pick up** the pencil.

J. **Put down** the pencil.

A Classroom

9. clock
10. bookcase
11. chair
12. map
13. alphabet
14. bulletin board
15. computer
16. document camera

17. dry erase marker
18. chalk
19. eraser
20. pencil
21. (pencil) eraser
22. pen
23. pencil sharpener
24. permanent marker
25. highlighter
26. textbook
27. workbook
28. 3-ring binder / notebook
29. notebook paper
30. spiral notebook
31. learner's dictionary
32. picture dictionary

Grammar Point: *there is / there are*

*There **is a** map.*   *There **are 15** students.*
Describe your classroom. Take turns.
A: *There's a clock.*   B: *There are 20 chairs.*

Survey your class. Record the responses.

1. Do you prefer pens or pencils?
2. Do you prefer talking or listening?

Report: *Most of us… Some of us…*

7

Studying

Learning New Words

A. **Look up** the word.

B. **Read** the definition.

C. **Translate** the word.

D. **Check** the pronunciation.

E. **Copy** the word.

F. **Draw** a picture.

Working with Your Classmates

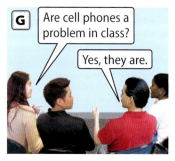
G. **Discuss** a problem.

H. **Brainstorm** solutions / answers.

I. **Work** in a group.

J. **Help** a classmate.

Working with a Partner

K. **Ask** a question.

L. **Answer** a question.

M. **Share** a book.

N. **Dictate** a sentence.

Studying

Following Directions

O. **Fill in** the blank.

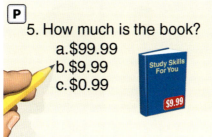
P. **Choose** the correct answer.

Q. **Circle** the answer.

R. **Cross out** the word.

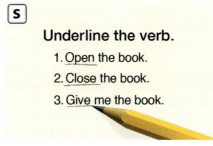
S. **Underline** the word.

T. **Match** the items.

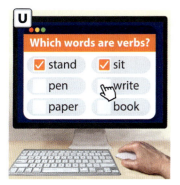
U. **Check** the correct boxes.

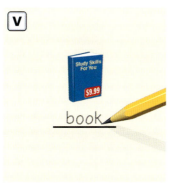
V. **Label** the picture.

W. **Unscramble** the words.

X. **Put** the sentences in order.

Y. **Take out** a piece of paper.

Z. **Put away** your books.

Survey your class. Record the responses.

1. Do you prefer to study in a group or with a partner?
2. Do you prefer to translate or draw new words?

Report: *Most of us… Some of us…*

Identify Tom's problem. Brainstorm solutions.

Tom wants to study English with a group. He wants to ask his classmates, "Do you want to study together?" but he's embarrassed.

Succeeding in School

Ways to Succeed

A. **Set** goals. B. **Participate** in class. C. **Take** notes. D. **Study** at home.

E. **Pass** a test. F. **Ask** for help. / **Request** help. G. **Make** progress. H. **Get** good grades.

Taking a Test

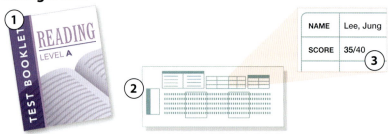 

1. test booklet   2. answer sheet   3. score   4. grades   5. online test

 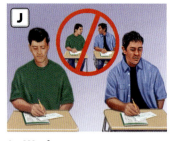 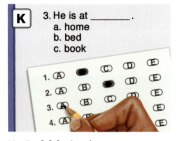 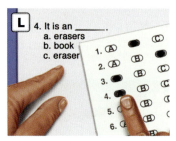

I. **Clear off** your desk. J. **Work** on your own. K. **Bubble in** the answer. L. **Check** your work.

 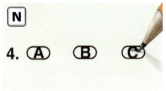  

M. **Erase** the mistake. N. **Correct** the mistake. O. **Hand in** your test. P. **Submit** your test.

A Day at School

A. **Walk** to class.

B. **Run** to class.

C. **Enter** the room.

D. **Turn on** the lights.

E. **Lift / Pick up** the books.

F. **Carry** the books.

G. **Deliver** the books.

H. **Take** a break.

I. **Eat**.

J. **Drink**.

K. **Buy** a snack.

L. **Have** a conversation.

M. **Go back** to class.

N. **Throw away** trash.

O. **Leave** the room.

P. **Turn off** the lights.

Grammar Point: present continuous

Use **be** + <u>verb</u> + **ing** (What **are** they <u>**doing**</u>?)
He **is** walk<u>ing</u>. They **are** talk<u>ing</u>.
Note: run—run**n**ing   leave—leav<u>ing</u> [e]

Look at the pictures. Describe what is happening.

A: They are <u>entering the room</u>.
B: He is <u>walking</u>.
C: She's <u>eating</u>.

Everyday Conversation

A. **start** a conversation

B. **make** small talk

C. **compliment** someone

D. **thank** someone

E. **offer** something

F. **refuse** an offer

G. **apologize**

H. **accept** an apology

I. **invite** someone

J. **accept** an invitation

K. **decline** an invitation

L. **agree**

M. **disagree**

N. **explain** something

O. **check** your understanding

More vocabulary

accept a compliment: to thank someone for a compliment

make a request: to ask for something

Pair practice. Follow the directions.

1. Start a conversation with your partner.
2. Make small talk with your partner.
3. Compliment each other.

Weather

Temperature

1. Fahrenheit
2. Celsius
3. hot
4. warm
5. cool
6. cold
7. freezing
8. degrees

A Weather Map

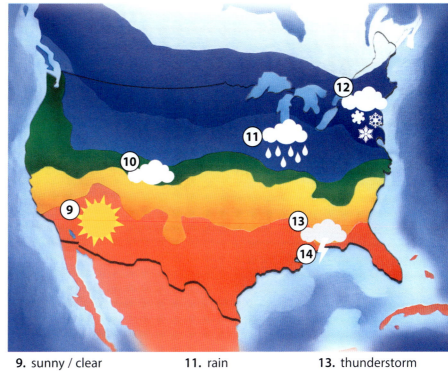

9. sunny / clear
10. cloudy
11. rain
12. snow
13. thunderstorm
14. lightning

Weather Conditions

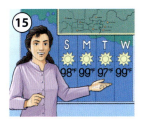  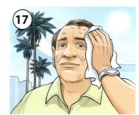  

15. heat wave
16. smoggy
17. humid
18. hurricane
19. windy

20. dust storm
21. foggy
22. hail
23. icy
24. snowstorm / blizzard

Ways to talk about the weather

It's sunny and hot in Dallas.
It's raining in Chicago.
Rome is having thunderstorms.

Internet Research: weather

Type any city and "weather" in the search bar.
Report: It's cloudy in L.A. It's 70 degrees.

The Telephone

1. phone line
2. phone jack
3. base
4. handset / receiver
5. keypad
6. star key
7. pound key
8. cell phone
9. charger cord
10. charger plug
11. strong signal
12. weak signal

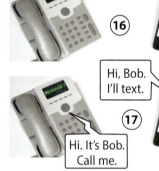

13. headset
14. Bluetooth headset
15. contact list
16. missed call
17. voice mail
18. text message

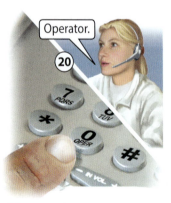

19. Internet phone call
20. operator
21. directory assistance
22. automated phone system

The Telephone

23. phone card
24. access number
25. smartphone
26. TDD*

Reading a Phone Bill

27. carrier
28. area code
29. phone number
30. billing period
31. monthly charges
32. additional charges

Types of Charges

33. local call
34. long-distance call

35. international call
36. data

Making a Phone Call

A. **Dial** the phone number.
B. **Press** "talk".
C. **Talk** on the phone.
D. **Hang up**. / **End** the call.

Making an Emergency Call

E. **Dial** 911.
F. **Give** your name.
G. **State** the emergency.
H. **Stay** on the line.

*telecommunication device for the deaf

Numbers

Cardinal Numbers

0	zero	20	twenty
1	one	21	twenty-one
2	two	22	twenty-two
3	three	23	twenty-three
4	four	24	twenty-four
5	five	25	twenty-five
6	six	30	thirty
7	seven	40	forty
8	eight	50	fifty
9	nine	60	sixty
10	ten	70	seventy
11	eleven	80	eighty
12	twelve	90	ninety
13	thirteen	100	one hundred
14	fourteen	101	one hundred one
15	fifteen	1,000	one thousand
16	sixteen	10,000	ten thousand
17	seventeen	100,000	one hundred thousand
18	eighteen	1,000,000	one million
19	nineteen	1,000,000,000	one billion

Ordinal Numbers

1st	first	16th	sixteenth
2nd	second	17th	seventeenth
3rd	third	18th	eighteenth
4th	fourth	19th	nineteenth
5th	fifth	20th	twentieth
6th	sixth	21st	twenty-first
7th	seventh	30th	thirtieth
8th	eighth	40th	fortieth
9th	ninth	50th	fiftieth
10th	tenth	60th	sixtieth
11th	eleventh	70th	seventieth
12th	twelfth	80th	eightieth
13th	thirteenth	90th	ninetieth
14th	fourteenth	100th	one hundredth
15th	fifteenth	1,000th	one thousandth

Roman Numerals

I = 1	VII = 7	XXX = 30
II = 2	VIII = 8	XL = 40
III = 3	IX = 9	L = 50
IV = 4	X = 10	C = 100
V = 5	XV = 15	D = 500
VI = 6	XX = 20	M = 1,000

Measurements

A. divide

B. calculate

C. measure

D. convert

Fractions and Decimals

1. one whole
   1 = 1.00

2. one half
   1/2 = .5

3. one third
   1/3 = .333

4. one fourth
   1/4 = .25

5. one eighth
   1/8 = .125

Percents

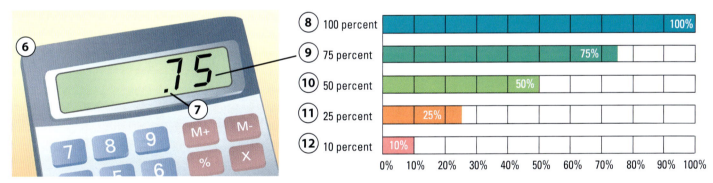

6. calculator

7. decimal point

Measurement

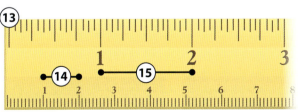

13. ruler
14. centimeter [cm]
15. inch [in.]

Dimensions

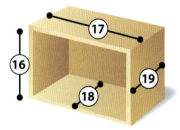

16. height
17. length
18. depth
19. width

Equivalencies

12 inches = 1 foot
3 feet = 1 yard
1,760 yards = 1 mile

1 inch = 2.54 centimeters
1 yard = .91 meter
1 mile = 1.6 kilometers

Time

Telling Time

1. hour
2. minutes
3. seconds
4. a.m.
5. p.m.

6. 1:00
   one o'clock
7. 1:05
   one-oh-five
   five after one
8. 1:10
   one-ten
   ten after one
9. 1:15
   one-fifteen
   a quarter after one

10. 1:20
    one-twenty
    twenty after one
11. 1:30
    one-thirty
    half past one
12. 1:40
    one-forty
    twenty to two
13. 1:45
    one-forty-five
    a quarter to two

Times of Day

14. sunrise
15. morning
16. noon
17. afternoon

18. sunset
19. evening
20. night
21. midnight

Ways to talk about time

I wake up at <u>6:30</u> <u>a.m.</u>
I wake up at <u>6:30</u> <u>in the morning</u>.
I wake up at <u>6:30</u>.

Pair practice. Make new conversations.

A: *What time do you <u>wake up</u> on <u>weekdays</u>?*
B: *At <u>6:30</u> <u>a.m.</u> How about you?*
A: *I <u>wake up</u> at <u>7:00</u>.*

Time

22. early 23. on time 24. late

25. daylight saving time 26. standard time

Time Zones

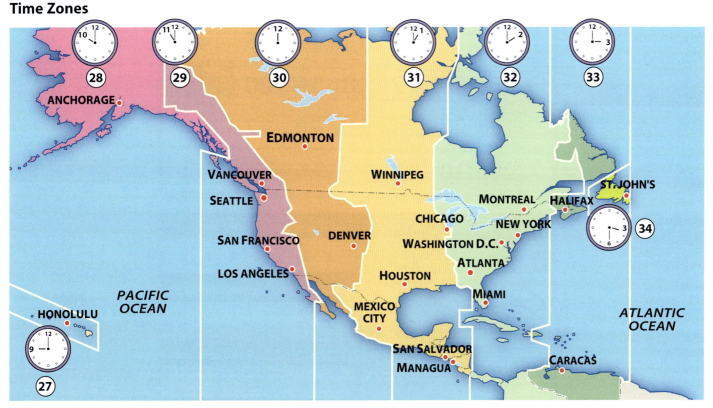

27. Hawaii-Aleutian time
28. Alaska time
29. Pacific time
30. Mountain time
31. Central time
32. Eastern time
33. Atlantic time
34. Newfoundland time

Survey your class. Record the responses.
1. When do you watch television? study? relax?
2. Do you like to stay up after midnight?
Report: *Most of us… Some of us…*

Think about it. Discuss.
1. What is your favorite time of day? Why?
2. Do you think daylight saving time is a good idea?
3. What's good about staying up after midnight?

The Calendar

1. date
2. day
3. month
4. year

5. today
6. tomorrow
7. yesterday

Days of the Week

8. Sunday
9. Monday
10. Tuesday
11. Wednesday
12. Thursday
13. Friday
14. Saturday

15. week
16. weekdays
17. weekend

Frequency

18. last week
19. this week
20. next week

21. every day / daily
22. once a week
23. twice a week
24. three times a week

Ways to say the date

Today is <u>May 10th</u>. It's the <u>tenth</u>.
Yesterday was <u>May 9th</u>.
The party is on <u>May 21st</u>.

Pair practice. Make new conversations.

A: The <u>test</u> is on <u>Friday</u>, <u>June 14th</u>.
B: Did you say <u>Friday</u>, the <u>fourteenth</u>?
A: Yes, the <u>fourteenth</u>.

The Calendar

Months of the Year

25. January
26. February
27. March
28. April
29. May
30. June
31. July
32. August
33. September
34. October
35. November
36. December

Seasons

37. spring
38. summer
39. fall / autumn
40. winter

Dictate to your partner. Take turns.

A: *Write Monday.*
B: *Is it spelled M-o-n-d-a-y?*
A: *Yes, that's right.*

Survey your class. Record the responses.

1. What is the busiest day of your week?
2. What is your favorite day?

Report: *Ten of us said Monday is our busiest day.*

Calendar Events

1. birthday
2. wedding
3. anniversary
4. appointment

5. parent-teacher conference
6. vacation
7. religious holiday
8. legal holiday

Legal Holidays

9. New Year's Day
10. Martin Luther King Jr. Day
11. Presidents' Day
12. Memorial Day
13. Fourth of July / Independence Day
14. Labor Day
15. Columbus Day
16. Veterans Day
17. Thanksgiving
18. Christmas

Pair practice. Make new conversations.

A: When is your <u>birthday</u>?
B: It's on <u>January 31st</u>. How about yours?
A: It's on <u>December 22nd</u>.

Internet Research: independence day

Type "independence day, world" in the search bar.
Report: <u>Peru</u> celebrates its independence on <u>7/28</u>.

Describing Things

1. **little** hand
2. **big** hand

13. **heavy** box
14. **light** box

3. **fast** speed
4. **slow** speed

15. **same** color
16. **different** colors

5. **hard** chair
6. **soft** chair

17. **bad** news
18. **good** news

There was an earthquake.

Everyone is OK!

7. **thick** book
8. **thin** book

19. **expensive** ring
20. **cheap** ring

9. **full** glass
10. **empty** glass

21. **beautiful** view
22. **ugly** view

11. **noisy** children / **loud** children
12. **quiet** children

23. **easy** problem
24. **difficult** problem / **hard** problem

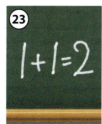 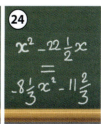

$1+1=2$

$x^2 - 22\tfrac{1}{2}x = -8\tfrac{1}{3}x^2 - 11\tfrac{2}{3}$

Survey your class. Record the responses.
1. Are you a slow walker or a fast walker?
2. Do you prefer loud parties or quiet parties?

Report: *Five of us prefer quiet parties.*

Use the new words.
Look at pages 154–155. Describe the things you see.

A: *The subway is full.*
B: *The motorcycle is noisy.*

Colors

Basic Colors

1. red
2. yellow
3. blue
4. orange
5. green
6. purple

7. pink
8. violet
9. turquoise
10. dark blue
11. light blue
12. bright blue

Neutral Colors

13. black
14. white
15. gray
16. cream / ivory
17. brown
18. beige / tan

Survey your class. Record the responses.
1. What colors are you wearing today?
2. What colors do you like? What colors do you dislike?
Report: *Most of us… Some of us…*

Use the new words. Look at pages 86–87.
Take turns naming the colors you see.
A: *His shirt is <u>blue</u>.*
B: *Her shoes are <u>white</u>.*

Prepositions

1. The yellow sweaters are **on the left**.
2. The purple sweaters are **in the middle**.
3. The brown sweaters are **on the right**.
4. The red sweaters are **above** the blue sweaters.
5. The blue sweaters are **below** the red sweaters.
6. The turquoise sweater is **in** the box.
7. The white sweater is **in front of** the black sweater.
8. The black sweater is **behind** the white sweater.
9. The violet sweater is **next to** the gray sweater.
10. The gray sweater is **under** the orange sweater.
11. The orange sweater is **on** the gray sweater.
12. The green sweater is **between** the pink sweaters.

More vocabulary
near: in the same area
far from: not near

Role play. Make new conversations.
A: *Excuse me. Where are the red sweaters?*
B: *They're on the left, above the blue sweaters.*
A: *Thanks very much.*

25

Money

Coins

1. $.01 = 1¢
   a penny / 1 cent

2. $.05 = 5¢
   a nickel / 5 cents

3. $.10 = 10¢
   a dime / 10 cents

4. $.25 = 25¢
   a quarter / 25 cents

5. $.50 = 50¢
   a half dollar

6. $1.00
   a dollar coin

Bills

7. $1.00
   a dollar

8. $5.00
   five dollars

9. $10.00
   ten dollars

10. $20.00
    twenty dollars

11. $50.00
    fifty dollars

12. $100.00
    one hundred dollars

  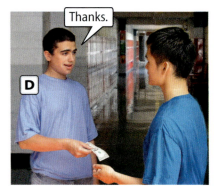

A. **Get** change.

B. **Borrow** money.

C. **Lend** money.

D. **Pay back** the money.

Pair practice. Make new conversations.

A: *Do you have change for a dollar?*
B: *Sure. How about two quarters and five dimes?*
A: *Perfect!*

Identify Mark's problem. Brainstorm solutions.

Mark doesn't like to lend money. His boss, Lia, asks, "Can I borrow $20.00?" What can Mark say? What will Lia say?

Shopping

Ways to Pay

A. **pay** cash

B. **use** a credit card

C. **use** a debit card

D. **write** a (personal) check

E. **use** a gift card

F. **cash** a traveler's check

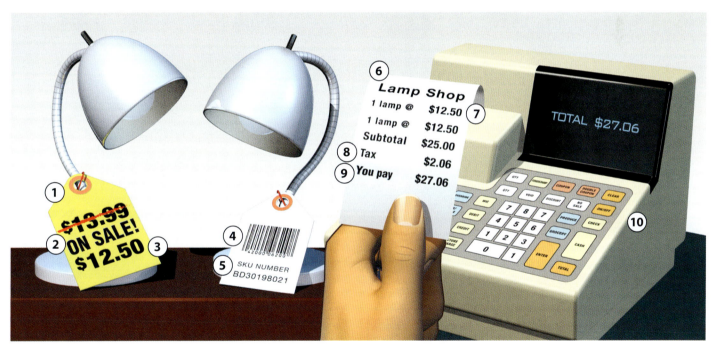

1. price tag
2. regular price
3. sale price
4. bar code
5. SKU number
6. receipt
7. price / cost
8. sales tax
9. total
10. cash register

G. **buy / pay for**

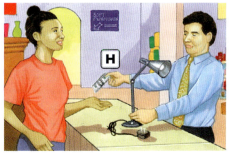
H. **return**

I. **exchange**

Same and Different

1. twins
2. sweater
3. matching
4. disappointed
5. navy blue
6. happy

A. **shop**
B. **keep**

What do you see in the pictures?

1. Who is the woman shopping for?
2. Does she buy matching sweaters or different sweaters?
3. How does Anya feel about her green sweater? What does she do?
4. What does Manda do with her sweater?

Read the story.

Same and Different

Mrs. Kumar likes to shop for her twins. Today she's looking at sweaters. There are many different colors on sale. Mrs. Kumar chooses two matching green sweaters.

The next day, Manda and Anya open their gifts. Manda likes the green sweater, but Anya is disappointed. Mrs. Kumar understands the problem. Anya wants to be different.

Manda keeps her sweater, but Anya goes to the store. She exchanges her green sweater for a navy blue sweater. It's an easy answer to Anya's problem. Now the twins can be warm, happy, and different.

Reread the story.

1. Underline the last sentence in each paragraph. Why are these sentences important?
2. Retell the story in your own words.

What do you think?

3. Imagine you are Anya. Would you keep the sweater or exchange it? Why?

Adults and Children

1. man
2. woman
3. women
4. men
5. senior citizen

Listen and point. Take turns.
A: *Point to a woman.*
B: *Point to a senior citizen.*
A: *Point to an infant.*

Dictate to your partner. Take turns.
A: *Write woman.*
B: *Is that spelled w-o-m-a-n?*
A: *Yes, that's right, woman.*

6. infant
7. baby
8. toddler
9. 6-year-old boy
10. 10-year-old girl
11. teenager / teen

Ways to talk about age

1 month–3 months old = **infant**
18 months–3 years old = **toddler**
3 years old–12 years old = **child**
13–19 years old = **teenager**
18+ years old = **adult**
62+ years old = **senior citizen**

Pair practice. Make new conversations.

A: *How old is <u>Sandra</u>?*
B: <u>*She's 13 years old.*</u>
A: *Wow, <u>she's</u> <u>a teenager</u> now!*

PLUS+

Describing People

Age
1. young
2. middle-aged
3. elderly

Height
4. tall
5. average height
6. short

Weight
7. heavy / fat
8. average weight
9. thin / slender

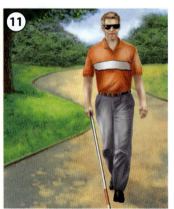
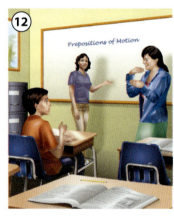

Disabilities
10. physically challenged
11. sight impaired / blind
12. hearing impaired / deaf

Appearance

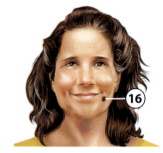
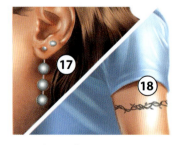

13. attractive   14. cute   15. pregnant   16. mole   17. pierced ear

18. tattoo

Ways to describe people
He's a <u>heavy</u>, <u>young</u> man.
She's a <u>pregnant</u> woman with <u>a mole</u>.
He's <u>sight impaired</u>.

Use the new words.
Look at pages 44-45. Describe the people you see. Take turns.
A: This <u>elderly</u> woman is <u>short</u> and a little <u>heavy</u>.
B: This <u>young</u> man is <u>physically challenged</u>.

Describing Hair

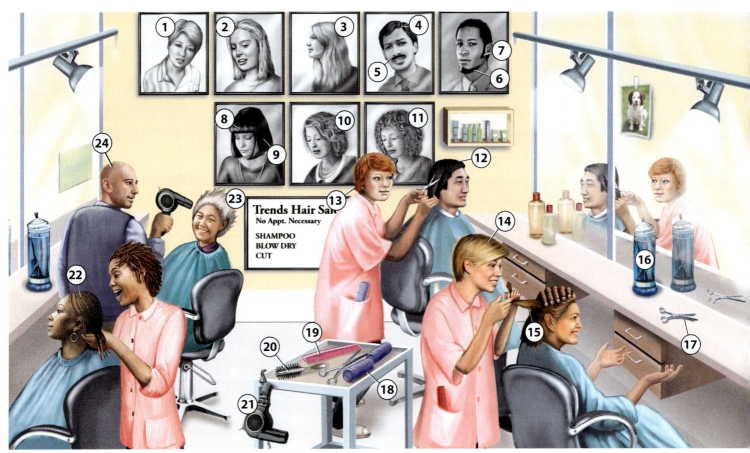

1. short hair	6. beard	11. curly hair
2. shoulder-length hair	7. sideburns	12. black hair
3. long hair	8. bangs	13. red hair
4. part	9. straight hair	14. blond hair
5. mustache	10. wavy hair	15. brown hair

16. sanitizing jar	21. blow dryer
17. shears	22. cornrows
18. rollers	23. gray hair
19. comb	24. bald
20. brush	

Style Hair

A. **cut** hair B. **perm** hair C. **add** highlights D. **color** hair / **dye** hair

Ways to talk about hair

Describe hair in this order: length, style, and then color.
She has <u>long</u>, <u>straight</u>, <u>brown</u> hair.

Role play. Talk to a stylist.

A: *I need a new hairstyle.*
B: *How about <u>short</u> and <u>straight</u>?*
A: *Great. Do you think I should <u>dye</u> it?*

33

Families

1. grandmother
2. grandfather
3. mother
4. father
5. sister
6. brother
7. aunt
8. uncle
9. cousin
10. mother-in-law
11. father-in-law
12. wife
13. husband
14. daughter
15. son
16. sister-in-law
17. brother-in-law
18. niece
19. nephew

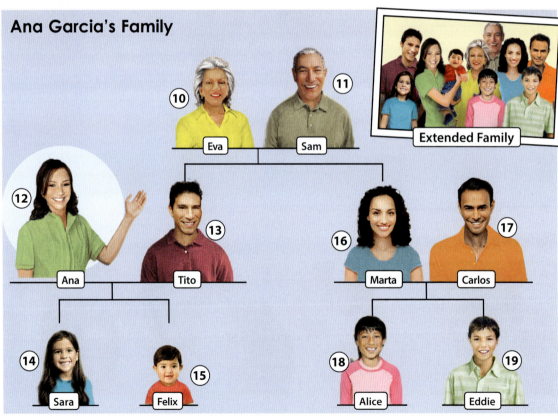

More vocabulary

Tim is Min and Lu's **grandson**.
Lily and Emily are Min and Lu's **granddaughters**.
Alex is Min's youngest **grandchild**.

Ana is Eva and Sam's **daughter-in-law**.
Carlos is Eva and Sam's **son-in-law**.
Note: Ana's married. = Ana **is** married.
Ana's **husband** = the man married to Ana

Families

20. married couple
21. divorced couple
22. single mother
23. single father

24. remarried
25. stepfather
26. stepmother
27. half sister
28. half brother
29. stepsister
30. stepbrother

More vocabulary

Bruce is Carol's **former husband** or **ex-husband**.
Carol is Bruce's **former wife** or **ex-wife**.
Lisa is the **stepdaughter** of both Rick and Sue.

Use the new words.

Ask and answer questions about Lisa's family.

A: *Who is Lisa's half sister?*
B: *Mary is. Who is Lisa's stepsister?*

Childcare and Parenting

A. hold

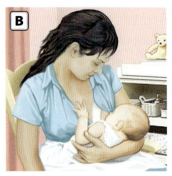
B. nurse

C. feed

D. rock

E. undress

F. bathe

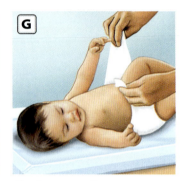
G. change a diaper

H. dress

I. comfort

J. praise

K. discipline

L. buckle up

M. play with

N. read to

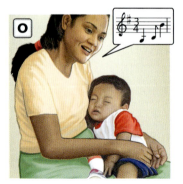
O. sing a lullaby

P. kiss goodnight

Look at the pictures.
Describe what is happening.

A: She's changing her baby's diaper.
B: He's kissing his son goodnight.

Talk about your experience.

I am great at playing with toddlers.
I have a lot of experience changing diapers.
I know how to hold an infant.

Childcare and Parenting

1. bottle
2. nipple
3. formula
4. baby food
5. bib
6. high chair
7. diaper pail
8. cloth diaper
9. safety pins
10. disposable diaper
11. diaper bag
12. wipes
13. baby lotion
14. baby powder
15. potty seat
16. training pants

17. baby carrier
18. stroller
19. carriage
20. car safety seat
21. booster car seat
22. rocking chair
23. nursery rhymes
24. teddy bear
25. pacifier
26. teething ring
27. rattle
28. night light

Dictate to your partner. Take turns.

A: *Write pacifier.*
B: *Was that pacifier, p-a-c-i-f-i-e-r?*
A: *Yes, that's right.*

Think about it. Discuss.

1. How can parents discipline toddlers? teens?
2. What are some things you can say to praise a child?
3. Why are nursery rhymes important for young children?

Daily Routines

A. **wake** up

B. **get** up

C. **take** a shower

D. **get** dressed

E. **eat** breakfast

F. **make** lunch

G. **take** the children to school / **drop off** the kids

H. **take** the bus to school

I. **drive** to work / **go** to work

J. **be** in class

K. **work**

L. **go** to the grocery store

M. **pick up** the kids

N. **leave** work

Grammar Point: third-person singular

For *he* and *she*, add -s or -es to the verb:
He eat**s** breakfast.   He watch**es** TV.
She make**s** lunch.   She go**es** to the store.

For two-part verbs, put the -s on the first part: wake**s** up, drop**s** off.
Be and *have* are different (irregular).
He **is** in bed at 5 a.m. He **has** breakfast at 7 a.m.

Daily Routines

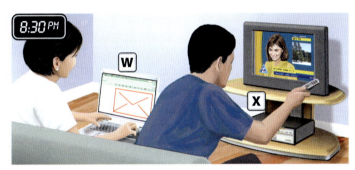

O. **clean** the house

P. **exercise**

Q. **cook** dinner / **make** dinner

R. **come** home / **get** home

S. **have** dinner / **eat** dinner

T. **do** homework

U. **relax**

V. **read** the paper

W. **check** email

X. **watch** TV

Y. **go** to bed

Z. **go** to sleep

Pair practice. Make new conversations.

A: *When does he go to work?*
B: *He goes to work at 8:00 a.m. When does she make dinner?*
A: *She makes dinner at 6:00 p.m.*

Internet Research: housework

Type "time survey, chart, housework" in the search bar.
Report: *According to the survey, men prepare food 17 minutes a day.*

39

Life Events and Documents

A. **be born** — 1935

B. **start** school — 1940

1. birth certificate

2. Resident Alien card / green card

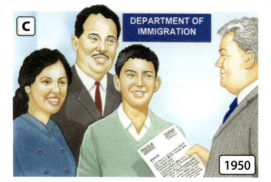
C. **immigrate** — 1950

D. **graduate** — 1953

3. diploma

E. **learn** to drive — 1953

F. **get** a job — 1954

4. driver's license

5. Social Security card

G. **become** a citizen — 1954

H. **fall in love** — 1955

6. Certificate of Naturalization

Grammar Point: past tense

start
learn } + ed
travel

immigrate
graduate } + d
retire
die

These verbs are different (irregular):

be – was
get – got
become – became

go – went
have – had
fall – fell

buy – bought

Life Events and Documents

I. **go** to college

J. **get** engaged

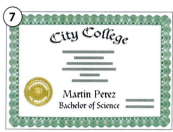
7. college degree

K. **get** married

L. **have** a baby

8. marriage license

M. **buy** a home

N. **become** a grandparent

9. deed

O. **retire**

P. **travel**

10. passport

Q. **volunteer**

R. **die**

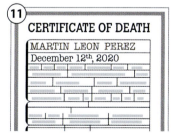
11. death certificate

More vocabulary
When a husband dies, his wife becomes a **widow**.
When a wife dies, her husband becomes a **widower**.
Someone who is not living is **dead** or **deceased**.

Survey your class. Record the responses.
1. When did you start school? immigrate? learn to drive?
2. Do you want to become a citizen? travel? retire?
Report: *Most of us… Some of us…*

Feelings

1. hot
2. thirsty
3. sleepy
4. cold
5. hungry
6. full / satisfied

7. disgusted
8. calm
9. uncomfortable
10. nervous

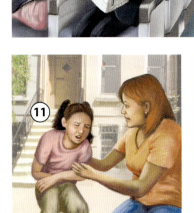

11. in pain
12. sick
13. worried
14. well
15. relieved

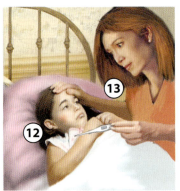 

16. hurt
17. lonely
18. in love

Pair practice. Make new conversations.
A: *How are you doing?*
B: *I'm hungry. How about you?*
A: *I'm hungry and thirsty, too!*

Use the new words.
Look at pages 40–41. Describe what each person is feeling.
A: *Martin is excited.*
B: *Martin's mother is proud.*

Feelings

19. sad
20. homesick
21. proud

22. excited
23. scared / afraid
24. embarrassed

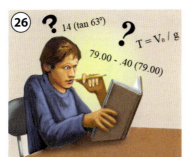

25. bored
26. confused
27. frustrated

28. upset
29. angry

30. surprised
31. happy
32. tired

Identify Kenge's problem. Brainstorm solutions.

Kenge wants to learn English quickly, but it's difficult. He makes a lot of mistakes and gets frustrated. And he's homesick, too. What can he do?

More vocabulary

exhausted: very tired
furious: very angry
humiliated: very embarrassed
overjoyed: very happy
starving: very hungry
terrified: very scared

A Family Reunion

1. banner
2. baseball game
3. opinion
4. balloons
5. glad
6. relatives

A. laugh
B. misbehave

What do you see in the picture?

1. How many relatives are there at this reunion?
2. How many children are there? Which children are misbehaving?
3. What are people doing at this reunion?

Read the story.

A Family Reunion

Ben Lu has a lot of relatives and they're all at his house. Today is the Lu family reunion.

There is a lot of good food. There are also balloons and a banner. And this year there are four new babies!

People are having a good time at the reunion. Ben's grandfather and his aunt are talking about the baseball game. His cousins are laughing. His mother-in-law is giving her opinion. And many of the children are misbehaving.

Ben looks at his family and smiles. He loves his relatives, but he's glad the reunion is once a year.

Reread the story.

1. Find this sentence in the story: "He loves his relatives, but he's glad the reunion is once a year." Explain what this sentence means.
2. Retell the story in your own words.

What do you think?

3. You are at Ben's party. You see a child misbehave. No other guests see him. What do you do? What do you say?

The Home

1. yard
2. roof
3. bedroom
4. door
5. bathroom
6. kitchen
7. floor
8. dining area

Listen and point. Take turns.
A: *Point to the kitchen.*
B: *Point to the living room.*
A: *Point to the basement.*

Dictate to your partner. Take turns.
A: *Write kitchen.*
B: *Was that k-i-t-c-h-e-n?*
A: *Yes, that's right, kitchen.*

9. attic
10. kids' bedroom
11. baby's room / nursery
12. window
13. living room
14. basement
15. garage

Ways to give locations

I'm **at** home.
I'm **in** the kitchen.
I'm **on** the roof.

It's **in** the laundry room.
It's **on** the floor.

Pair practice. Ask and answer questions.

A: Where's the <u>man</u>?
B: <u>He's</u> in the <u>attic</u>. Where's the <u>mother</u>?
A: <u>She's</u> in the <u>living room</u>.

47

Finding a Home

1. apartment search tool

2. listing / classified ad

Abbreviations
apt = apartment
bed, br = bedroom
ba, bath = bathroom
kit = kitchen
yd = yard
util = utilities
incl = included
mo = month
furn = furnished
unfurn = unfurnished
mgr = manager
eves = evenings
AC = air conditioning

3. furnished apartment

4. unfurnished apartment

GAS   WATER   ELECTRICITY   TRASH COLLECTION   CABLE   INTERNET ACCESS

5. utilities

Renting an Apartment

A. **Call** the manager.

Are utilities included?
No, they aren't.

B. **Ask** about the features.

C. **Submit** an application.

D. **Sign** the rental agreement.

E. **Pay** the first and last month's rent.

F. **Move in**.

More vocabulary
lease: a monthly or yearly rental agreement
redecorate: to change the paint and furniture in a home
move out: to pack and leave a home

Survey your class. Record the responses.
1. What features do you look for in a home?
2. How did you find your current home?
Report: Most of us… Some of us…

Finding a Home

Buying a House

G. **Meet** with a realtor.

H. **Look** at houses.

I. **Make** an offer.

J. **Get** a loan.

K. **Take** ownership.

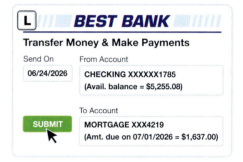
L. **Make** a mortgage payment.

Moving In

M. **Pack**.

N. **Unpack**.

O. **Put** the utilities in your name.

P. **Paint**.

Q. **Arrange** the furniture.

R. **Meet** the neighbors.

Ways to ask about a home's features

Are <u>utilities</u> included?
Is <u>the kitchen</u> large and sunny?
Are <u>the neighbors</u> quiet?

Role play. Talk to an apartment manager.

A: Hi. I'm calling about <u>the apartment</u>.
B: OK. It's <u>unfurnished</u> and rent is $<u>800</u> a month.
A: <u>Are utilities included</u>?

Apartments

1. apartment building
2. fire escape
3. playground
4. roof garden

Entrance

5. intercom / speaker
6. tenant
7. vacancy sign
8. manager / superintendent

Lobby

9. elevator
10. stairs / stairway
11. mailboxes

Basement

12. washer
13. dryer
14. big-screen TV
15. pool table
16. security gate
17. storage locker
18. parking space
19. security camera

Grammar Point: *Is there…? / Are there…?*

Is there a rec room?
Yes, there is.
No, there isn't.

Are there stairs?
Yes, there are.
No, there aren't.

Look at the pictures.
Describe the apartment building.

A: There's a pool table in the recreation room.
B: There are parking spaces in the garage.

Apartments

APARTMENT COMPLEX

20. balcony
21. courtyard
22. swimming pool
23. trash bin
24. alley

Hallway

25. emergency exit
26. trash chute

Rental Office

27. landlord
28. lease / rental agreement
29. prospective tenant

An Apartment Entryway

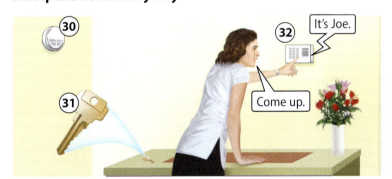

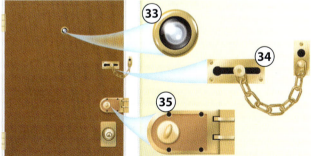

30. smoke detector
31. key
32. buzzer
33. peephole
34. door chain
35. deadbolt lock

More vocabulary

upstairs: the floor(s) above you
downstairs: the floor(s) below you
fire exit: another name for emergency exit

Role play. Talk to a landlord.

A: Is there <u>a swimming pool</u> in this <u>complex</u>?
B: Yes, there is. It's near the <u>courtyard</u>.
A: Is there…?

Different Places to Live

1. the city / an urban area
2. the suburbs
3. a small town / a village
4. the country / a rural area

5. condominium / condo

6. townhouse

7. mobile home

8. college dormitory / dorm

9. farm

10. ranch

11. senior housing

12. nursing home

13. shelter

More vocabulary

co-op: an apartment building owned by residents
duplex: a house divided into two homes
two-story house: a house with two floors

Think about it. Discuss.

1. Compare life in a city and a small town.
2. Compare life in a city and the country.

A House and Yard

Front Yard and House

Front Porch

1. mailbox	4. chimney	7. garage door	10. storm door	13. porch light
2. front walk	5. satellite dish	8. driveway	11. front door	14. doorbell
3. steps	6. gutter	9. gate	12. doorknob	15. screen door

Backyard

16. patio	19. patio furniture	22. sprinkler	25. compost pile	A. **take** a nap
17. grill	20. flower bed	23. hammock	26. lawn	B. **garden**
18. sliding glass door	21. hose	24. garbage can	27. vegetable garden	

53

A Kitchen

1. cabinet	8. dishwasher	15. toaster oven	22. counter
2. shelf	9. refrigerator	16. pot	23. drawer
3. paper towels	10. freezer	17. teakettle	24. pan
4. sink	11. toaster	18. stove	25. electric mixer
5. dish rack	12. blender	19. burner	26. food processor
6. coffee maker	13. microwave	20. oven	27. cutting board
7. garbage disposal	14. electric can opener	21. broiler	28. mixing bowl

Ways to talk about location using *on* and *in*

Use **on** for the counter, shelf, burner, stove, and cutting board. *It's on the counter.* Use **in** for the dishwasher, oven, sink, and drawer. *Put it in the sink.*

Pair practice. Make new conversations.

A: *Please move the blender.*
B: *Sure. Do you want it in the cabinet?*
A: *No, put it on the counter.*

A Dining Area

1. dish / plate
2. bowl
3. fork
4. knife
5. spoon
6. teacup
7. coffee mug
8. dining room chair
9. dining room table
10. napkin
11. placemat
12. tablecloth
13. salt and pepper shakers
14. sugar bowl
15. creamer
16. teapot
17. tray
18. light fixture
19. fan
20. platter
21. serving bowl
22. hutch
23. vase
24. buffet

Ways to make requests at the table

May I have <u>the sugar bowl</u>?
Would you pass <u>the creamer</u>, please?
Could I have <u>a coffee mug</u>?

Role play. Request items at the Table.

A: *What do you need?*
B: *Could I have <u>a coffee mug</u>?*
A: *Certainly. And would you…?*

55

A Living Room

1. love seat
2. throw pillow
3. basket
4. houseplant
5. entertainment center
6. TV (television)
7. digital video recorder (DVR)
8. stereo system
9. painting
10. wall
11. mantle
12. fire screen
13. fireplace
14. end table
15. floor lamp
16. drapes / curtains
17. window
18. sofa / couch
19. coffee table
20. candle
21. candle holder
22. armchair / easy chair
23. ottoman
24. carpet

More vocabulary

light bulb: the light inside a lamp
magazine rack: a piece of furniture for magazines
sofa cushions: the pillows that are part of the sofa

Internet Research: furniture prices

Type any furniture item and the word "price" in the search bar.
Report: I found a sofa for $300.00.

A Bathroom

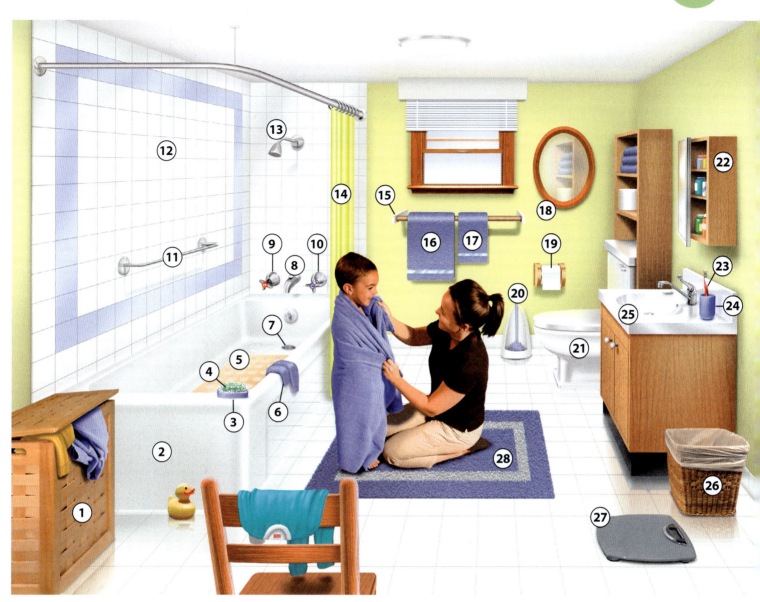

1. hamper	8. faucet	15. towel rack	22. medicine cabinet
2. bathtub	9. hot water	16. bath towel	23. toothbrush
3. soap dish	10. cold water	17. hand towel	24. toothbrush holder
4. soap	11. grab bar	18. mirror	25. sink
5. rubber mat	12. tile	19. toilet paper	26. wastebasket
6. washcloth	13. showerhead	20. toilet brush	27. scale
7. drain	14. shower curtain	21. toilet	28. bath mat

More vocabulary

stall shower: a shower without a bathtub
half bath: a bathroom with no shower or tub
linen closet: a closet for towels and sheets

Survey your class. Record the responses.

1. Is your toothbrush on the sink or in the medicine cabinet?
2. Do you have a bathtub or a shower?
Report: *Most of us… Some of us…*

A Bedroom

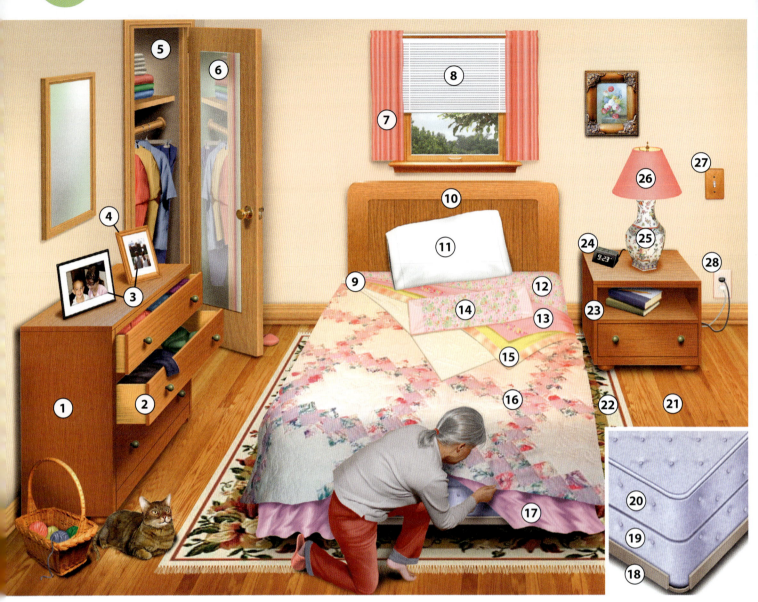

1. dresser / bureau	8. mini-blinds	15. blanket	22. rug
2. drawer	9. bed	16. quilt	23. night table / nightstand
3. photos	10. headboard	17. dust ruffle	24. alarm clock
4. picture frame	11. pillow	18. bed frame	25. lamp
5. closet	12. fitted sheet	19. box spring	26. lampshade
6. full-length mirror	13. flat sheet	20. mattress	27. light switch
7. curtains	14. pillowcase	21. wood floor	28. outlet

Look at the pictures.
Describe the bedroom.

A: *There's <u>a lamp</u> <u>on</u> <u>the nightstand</u>.*
B: *There's <u>a mirror</u> <u>in</u> <u>the closet</u>.*

Survey your class. Record the responses.
1. Do you prefer a hard or a soft mattress?
2. How many pillows do you like on your bed?
Report: *All of us… A few of us…*

The Kids' Bedroom

Furniture and Accessories

1. changing table
2. changing pad
3. crib
4. bumper pad
5. mobile
6. chest of drawers
7. baby monitor
8. wallpaper
9. bunk beds
10. safety rail
11. bedspread

Toys and Games

12. ball
13. coloring book
14. crayons
15. stuffed animals
16. toy chest
17. puzzle
18. dollhouse
19. blocks
20. cradle
21. doll

Pair practice. Make new conversations.

A: *Where's the <u>changing pad</u>?*
B: *It's on the <u>changing table</u>.*

Think about it. Discuss.

1. Which toys help children learn? How?
2. Which toys are good for older and younger children?
3. What safety features does this room need? Why?

Housework

A. **dust** the furniture

B. **recycle** the newspapers

C. **clean** the oven

D. **mop** the floor

E. **polish** the furniture

F. **make** the bed

G. **put away** the toys

H. **vacuum** the carpet

I. **wash** the windows

J. **sweep** the floor

K. **scrub** the sink

L. **empty** the trash

M. **wash** the dishes

N. **dry** the dishes

O. **wipe** the counter

P. **change** the sheets

Q. **take out** the garbage

Pair practice. Make new conversations.

A: *Let's clean this place. First, I'll sweep the floor.*
B: *I'll mop the floor when you finish.*
A: *OK. After that we can…*

Think about it. Discuss.

1. Rank housework tasks from difficult to easy.
2. Categorize housework tasks by age: children, teens, adults.

Cleaning Supplies

1. feather duster
2. recycling bin
3. oven cleaner
4. rubber gloves
5. steel-wool soap pads
6. sponge mop
7. bucket / pail
8. furniture polish
9. cleaning cloths
10. vacuum cleaner
11. vacuum cleaner attachments
12. vacuum cleaner bag
13. stepladder
14. glass cleaner
15. squeegee
16. broom
17. dustpan
18. multipurpose cleaner
19. sponge
20. scrub brush
21. dishwashing liquid
22. dish towel
23. disinfectant wipes
24. trash bags

Ways to ask for something

Please hand me <u>the squeegee</u>.
Can you get me <u>the broom</u>?
I need <u>the sponge mop</u>.

Pair practice. Make new conversations.

A: Please hand me <u>the sponge mop</u>.
B: Here you go. Do you need <u>the bucket</u>?
A: Yes, please. Can you get me <u>the rubber gloves</u>, too?

61

Household Problems and Repairs

1. The water heater is **not working**.
2. The power is **out**.
3. The roof is **leaking**.
4. The tile is **cracked**.
5. The window is **broken**.

6. The lock is **broken**.
7. The steps are **broken**.
8. roofer
9. electrician
10. repairperson

11. locksmith
12. carpenter
13. fuse box
14. gas meter

More vocabulary

fix: to repair something that is broken
pests: termites, fleas, rats, etc.
exterminate: to kill household pests

Pair practice. Make new conversations.

A: The <u>faucet is leaking</u>.
B: I think I can fix it.
A: I think we should call <u>a plumber</u>.

Household Problems and Repairs

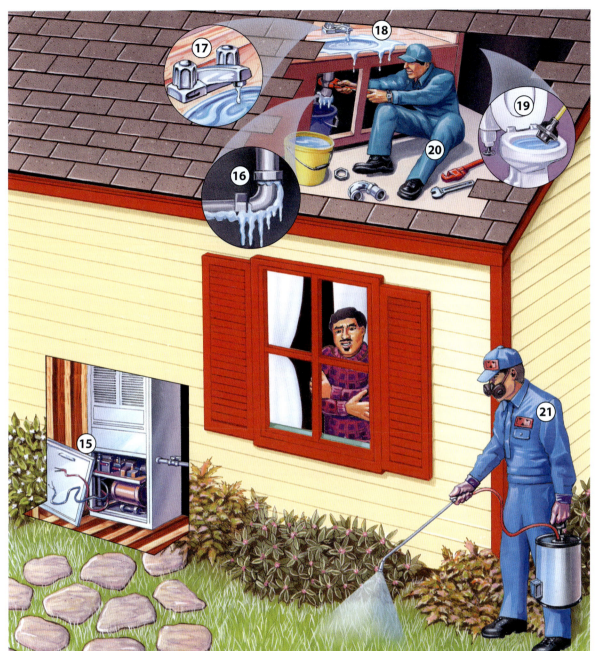

15. The furnace is **broken**.
16. The pipes are **frozen**.
17. The faucet is **dripping**.
18. The sink is **overflowing**.
19. The toilet is **stopped up**.

20. plumber
21. exterminator
22. termites
23. ants
24. bedbugs

25. fleas
26. cockroaches / roaches
27. rats
28. mice*

*Note: one mouse, two mice

Ways to ask about repairs

How much will it cost?
When can you begin?
How long will it take?

Role play. Talk to a repairperson.

A: Can you <u>fix the roof</u>?
B: Yes, but it will take <u>two weeks</u>.
A: How much will it cost?

The Tenant Meeting

1. roommates
2. party
3. music
4. DJ
5. noise
6. irritated
7. rules
8. mess
9. invitation
A. **dance**

What do you see in the pictures?

1. What happened in apartment 2B? How many people were there?
2. How did the neighbor feel? Why?
3. What rules did they write at the tenant meeting?
4. What did the roommates do after the tenant meeting?

Read the story.

The Tenant Meeting

Sally Lopez and Tina Green are roommates. They live in apartment 2B. One night they had a big party with music and a DJ. There was a mess in the hallway. Their neighbors were very unhappy. Mr. Clark in 2A was very irritated. He hates noise!

The next day there was a tenant meeting. Everyone wanted rules about parties and loud music. The girls were very embarrassed.

After the meeting, the girls cleaned the mess in the hallway. Then they gave each neighbor an invitation to a new party. Everyone had a good time at the rec room party. Now the tenants have two new rules and a new place to dance.

Reread the story.

1. Find the word "irritated" in paragraph 1. What does it mean in this story?
2. Retell the story in your own words.

What do you think?

3. Imagine you are the neighbor in 2A. What do you say to Tina and Sally?
4. What are the most important rules in an apartment building? Why?

Back from the Market

1. fish
2. meat
3. chicken
4. cheese
5. milk
6. butter
7. eggs
8. vegetables

Listen and point. Take turns.

A: *Point to the <u>vegetables</u>.*
B: *Point to the <u>bread</u>.*
A: *Point to the <u>fruit</u>.*

Dictate to your partner. Take turns.

A: *Write <u>vegetables</u>.*
B: *Please spell <u>vegetables</u> for me.*
A: <u>*V-e-g-e-t-a-b-l-e-s*</u>.

9. fruit
10. rice
11. bread
12. pasta
13. grocery bag / shopping bag
14. shopping list
15. coupons

Ways to talk about food.

Do we need eggs?
Do we have any pasta?
We have some vegetables, but we need fruit.

Role play. Talk about your shopping list.

A: *Do we need eggs?*
B: *No, we have some.*
A: *Do we have any…?*

67

Fruit

1. apples
2. bananas
3. grapes
4. pears
5. oranges
6. grapefruit
7. lemons
8. limes
9. tangerines
10. peaches
11. cherries
12. apricots
13. plums
14. strawberries
15. raspberries
16. blueberries
17. blackberries
18. watermelons
19. melons
20. papayas
21. mangoes
22. kiwi
23. pineapples
24. coconuts
25. raisins
26. prunes
27. figs
28. dates
29. a bunch of bananas
30. **ripe** banana
31. **unripe** banana
32. **rotten** banana

Pair practice. Make new conversations.

A: *What's your favorite fruit?*
B: *I like apples. Do you?*
A: *I prefer bananas.*

Survey your class. Record the responses.

1. What kinds of fruit are common in your native country?
2. What kinds of fruit are uncommon?

Report: *According to Luis, papayas are common in Peru.*

Vegetables

1. lettuce	9. celery	17. potatoes	25. zucchini
2. cabbage	10. cucumbers	18. sweet potatoes	26. asparagus
3. carrots	11. spinach	19. onions	27. mushrooms
4. radishes	12. corn	20. green onions / scallions	28. parsley
5. beets	13. broccoli	21. peas	29. chili peppers
6. tomatoes	14. cauliflower	22. artichokes	30. garlic
7. bell peppers	15. bok choy	23. eggplants	31. a **bag of** lettuce
8. string beans	16. turnips	24. squash	32. a **head of** lettuce

Pair practice. Make new conversations.

A: *Do you eat broccoli?*
B: *Yes. I like most vegetables, but not peppers.*
A: *Really? Well, I don't like cauliflower.*

Survey your class. Record the responses.

1. Which vegetables do you prefer to eat raw?
2. Which vegetables do you prefer to eat cooked?

Report: ____ *of us prefer raw carrots.* ____ *of us prefer cooked carrots.*

Meat and Poultry

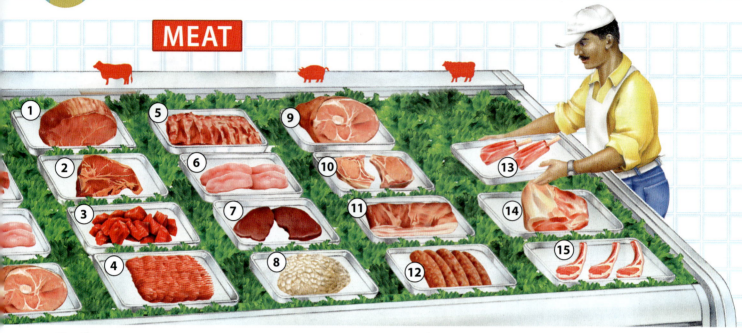

Beef
1. roast
2. steak
3. stewing beef
4. ground beef
5. beef ribs
6. veal cutlets
7. liver
8. tripe

Pork
9. ham
10. pork chops
11. bacon
12. sausage

Lamb
13. lamb shanks
14. leg of lamb
15. lamb chops

Poultry
16. chicken
17. turkey
18. duck
19. breasts
20. wings
21. legs
22. thighs
23. drumsticks
24. **raw** turkey
25. **cooked** turkey

More vocabulary
boneless: meat and poultry without bones
skinless: poultry without skin
vegetarian: a person who doesn't eat meat

Ways to ask about meat prices
How much *is* that *roast*?
How much *are* those *cutlets*?
How much *is* the *ground beef*?

Seafood and Deli

Fish

1. trout
2. catfish
3. whole salmon
4. salmon steak
5. swordfish
6. halibut steak
7. tuna
8. cod

Shellfish

9. crab
10. lobster
11. shrimp
12. scallops
13. mussels
14. oysters
15. clams
16. **fresh** fish
17. **frozen** fish

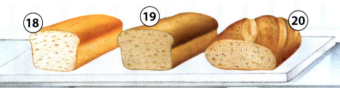

18. white bread
19. wheat bread
20. rye bread
21. roast beef
22. corned beef
23. pastrami
24. salami
25. smoked turkey
26. American cheese
27. Swiss cheese
28. cheddar cheese
29. mozzarella cheese

Ways to order at the counter

I'd like some <u>roast beef</u>.
I'll have <u>a halibut steak</u> and some <u>shrimp</u>.
Could I get some <u>Swiss cheese</u>?

Pair practice. Make new conversations.

A: What can I get for you?
B: <u>I'd like some roast beef</u>. How about a pound?
A: A pound of <u>roast beef</u> coming up!

71

A Grocery Store

1. customer
2. produce section
3. scale
4. grocery clerk
5. stocker
6. pet food
7. aisle
8. manager

Canned Foods

17. beans
18. soup
19. tuna

Dairy

20. margarine
21. sour cream
22. yogurt

Grocery Products

23. aluminum foil
24. plastic wrap
25. plastic storage bags

Frozen Foods

26. ice cream
27. frozen vegetables
28. frozen dinner

Ways to ask for information in a grocery store

Excuse me, where are <u>the carrots</u>?
Can you please tell me where to find <u>the dog food</u>?
Do you have any <u>lamb chops</u> today?

Pair practice. Make new conversations.

A: *Can you please tell me where to find <u>the dog food</u>?*
B: *Sure. It's in <u>aisle 1B</u>. Do you need anything else?*
A: *Yes, where are <u>the carrots</u>?*

A Grocery Store

9. shopping basket
10. self-checkout
11. line
12. cart
13. checkstand
14. cashier / checker
15. bagger
16. cash register

Baking Products

29. flour
30. sugar
31. oil

Beverages

32. apple juice
33. coffee
34. soda / pop

Snack Foods

35. potato chips
36. nuts
37. candy bar

Baked Goods

38. cookies
39. cake
40. bagels

Survey your class. Record the responses.
1. What is your favorite grocery store?
2. Do you prefer to shop alone or with someone?
Report: *Most of us… Some of us…*

Think about it. Discuss.
1. Compare small grocery stores and large supermarkets.
2. Categorize the foods on this page as healthy or unhealthy. Explain your answers.

73

Containers and Packaging

1. bottles
2. jars
3. cans
4. cartons
5. containers
6. boxes

7. bags
8. packages
9. six-packs
10. loaves
11. rolls
12. tubes

     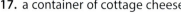   

13. a bottle of water
14. a jar of jam
15. a can of beans
16. a carton of eggs

17. a container of cottage cheese
18. a box of cereal
19. a bag of flour
20. a package of cookies

21. a six-pack of soda (pop)
22. a loaf of bread
23. a roll of paper towels
24. a tube of toothpaste

Grammar Point: count and noncount

Some foods can be counted: *an apple, two apples*.
Some foods can't be counted: *some rice, some water*.
For noncount foods, count containers: *two bags of rice*.

Pair practice. Make new conversations.

A: *How many <u>boxes of cereal</u> do we need?*
B: *We need <u>two boxes</u>.*

Weights and Measurements

A. **Measure** the ingredients.

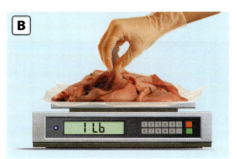
B. **Weigh** the food.

1 cup = 237 milliliters

C. **Convert** the measurements.

Liquid Measures

1. 1 fl. oz.

2. 1 c.

3. 1 pt.

4. 1 qt.

5. 1 gal.

1. a fluid ounce of milk
2. a cup of oil
3. a pint of frozen yogurt
4. a quart of milk
5. a gallon of water

Dry Measures

6. 1 tsp.

7. 1 TBS.

8. 1/4 c.

9. 1/2 c.

10. 1 c.

6. a teaspoon of salt
7. a tablespoon of sugar
8. a quarter cup of brown sugar
9. a half cup of raisins
10. a cup of flour

Weight

11. an ounce of cheese

12. a pound of roast beef

Equivalencies	
3 tsp. = 1 TBS.	2 c. = 1 pt.
2 TBS. = 1 fl. oz.	2 pt. = 1 qt.
8 fl. oz. = 1 c.	4 qt. = 1 gal.

Volume
1 fl. oz. = 30 ml
1 c. = 237 ml
1 pt. = .47 L
1 qt. = .95 L
1 gal. = 3.79 L

Weight
1 oz. = 28.35 grams (g)
1 lb. = 453.6 g
2.205 lbs. = 1 kilogram (kg)
1 lb. = 16 oz.

Food Preparation and Safety

Food Safety

A. **clean**

B. **separate**

C. **cook**

D. **chill**

Ways to Serve Meat and Poultry

1. fried chicken

2. barbecued / grilled ribs

3. broiled steak

4. roasted turkey

5. boiled ham

6. stir-fried beef

Ways to Serve Eggs

7. scrambled eggs

8. hard-boiled eggs

9. poached eggs

10. eggs sunny-side up

11. eggs over easy

12. omelet

More vocabulary

bacteria: very small living things that often cause disease
surface: a counter, a table, or the outside part of something
disinfect: to remove bacteria from a surface

Pair practice. Make new conversations.

A: *How do you like your eggs?*
B: *I like them <u>scrambled</u>. And you?*
A: *I like them <u>hard-boiled</u>.*

Food Preparation and Safety

Cheesy Tofu Vegetable Casserole

A. **Preheat** the oven.

B. **Grease** a baking pan.

C. **Slice** the tofu.

D. **Steam** the broccoli.

E. **Sauté** the mushrooms.

F. **Spoon** sauce on top.

G. **Grate** the cheese.

H. **Bake**.

Easy Chicken Soup

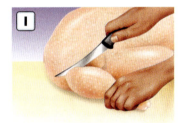
I. **Cut up** the chicken.

J. **Dice** the celery.

K. **Peel** the carrots.

L. **Chop** the onions.

M. **Boil** the chicken.

N. **Add** the vegetables.

O. **Stir**.

P. **Simmer**.

Quick and Easy Cake

Q. **Break** 2 eggs into a microwave-safe bowl.

R. **Mix** the ingredients.

S. **Beat** the mixture.

T. **Microwave** for 5 minutes.

77

Kitchen Utensils

1. can opener
2. grater
3. steamer
4. storage container
5. frying pan
6. pot
7. ladle
8. double boiler
9. wooden spoon
10. casserole dish
11. garlic press
12. carving knife
13. roasting pan
14. roasting rack
15. vegetable peeler
16. paring knife
17. colander
18. kitchen timer
19. spatula
20. eggbeater
21. whisk
22. strainer
23. tongs
24. lid
25. saucepan
26. cake pan
27. cookie sheet
28. pie pan
29. potholders
30. rolling pin
31. mixing bowl

Pair practice. Make new conversations.

A: *Please hand me <u>the whisk</u>.*
B: *Here's <u>the whisk</u>. Do you need anything else?*
A: *Yes, pass me <u>the casserole dish</u>.*

Use the new words.
Look at page 77. Name the kitchen utensils you see.

A: *This is <u>a grater</u>.*
B: *This is <u>a mixing bowl</u>.*

A Fast Food Restaurant

1. hamburger
2. French fries
3. cheeseburger
4. onion rings
5. chicken sandwich
6. hot dog
7. nachos
8. taco
9. burrito
10. pizza
11. soda
12. iced tea
13. ice-cream cone
14. milkshake
15. donut
16. muffin
17. counterperson
18. straw
19. plastic utensils
20. sugar substitute
21. ketchup
22. mustard
23. mayonnaise
24. salad bar

Grammar Point: yes/no questions (do)

Do you like hamburgers? Yes, I do.
Do you like nachos? No, I don't.
Practice asking about the food on the page.

Think about it. Discuss.

1. Which fast foods are healthier than others? How do you know?
2. Compare the benefits of a fast food lunch and a lunch from home.

A Coffee Shop Menu

1. bacon
2. sausage
3. hash browns
4. toast
5. English muffin
6. biscuits
7. pancakes
8. waffles
9. hot cereal
10. grilled cheese sandwich
11. pickle
12. club sandwich
13. spinach salad
14. chef's salad
15. house salad / garden salad
16. soup
17. rolls
18. coleslaw
19. potato salad
20. pasta salad
21. fruit salad

Menu

Breakfast Special
Served 6 a.m. to 11 a.m.

 +  /  /

Two egg omelet with one side

 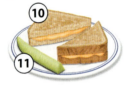  

Lunch
Served 11 a.m. to 2 p.m. • All sandwiches come with soup or salad.

Side salads

Dressings
 Thousand Island   Ranch   Italian   Blue Cheese

Survey your class. Record the responses.
1. Do you prefer soup or salad?
2. Which do you prefer, tea or coffee?

Report: _Five_ of us prefer _tea_. _Most_ of us prefer _soup_.

Pair practice. Make new conversations.

A: What's your favorite <u>side salad</u>?
B: I like <u>coleslaw</u>. How about you?
A: I like <u>potato salad</u>.

A Coffee Shop Menu

Dinner

Desserts

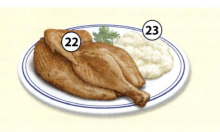

Beverages

22. roast chicken
23. mashed potatoes
24. steak
25. baked potato
26. spaghetti
27. meatballs
28. garlic bread
29. grilled fish
30. rice
31. meatloaf
32. steamed vegetables
33. layer cake
34. cheesecake
35. pie
36. mixed berries
37. coffee
38. decaf coffee
39. tea
40. herbal tea
41. cream
42. low-fat milk

Ways to order from a menu

I'd like <u>a grilled cheese sandwich</u>.
I'll have <u>a bowl of tomato soup</u>.
Could I get <u>the chef's salad</u> with <u>ranch dressing</u>?

Role play. Order a dinner from the menu.

A: *Are you ready to order?*
B: *I think so. I'll have <u>the roast chicken</u>.*
A: *Would you also like…?*

81

A Restaurant

1. dining room
2. hostess
3. high chair
4. booth
5. to-go box
6. patron / diner
7. menu
8. server / waiter

A. **set** the table
B. **seat** the customer
C. **pour** the water
D. **order** from the menu
E. **take** the order
F. **serve** the meal
G. **clear** / **bus** the dishes
H. **carry** the tray
I. **pay** the check
J. **leave** a tip

More vocabulary

eat out: to go to a restaurant to eat
get takeout: to buy food at a restaurant and take it home to eat

Look at the pictures.
Describe what is happening.

A: She's <u>seating the customer</u>.
B: He's <u>taking the order</u>.

A Restaurant

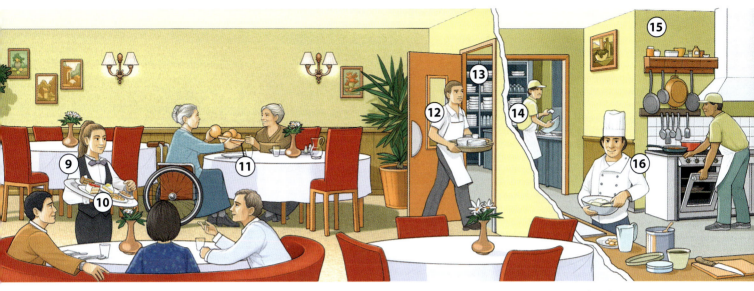

9. server / waitress
10. dessert tray
11. breadbasket
12. busser
13. dish room
14. dishwasher
15. kitchen
16. chef

 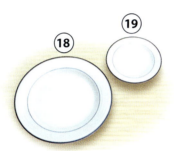 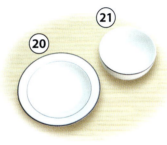 

17. place setting
18. dinner plate
19. bread-and-butter plate
20. salad plate
21. soup bowl
22. water glass
23. wine glass
24. cup
25. saucer
26. napkin
27. salad fork
28. dinner fork
29. steak knife
30. knife
31. teaspoon
32. soup spoon

Pair practice. Make new conversations.

A: *Excuse me, this <u>spoon</u> is dirty.*
B: *I'm so sorry. I'll get you a clean <u>spoon</u> right away.*
A: *Thanks.*

Role play. A new busser needs help.

A: *Do the <u>salad forks</u> go on <u>the left</u>?*
B: *Yes. They go <u>next to the dinner forks</u>.*
A: *What about the…?*

83

The Farmers' Market

1. live music
2. organic
3. lemonade
4. sour
5. samples
6. avocados
7. vendors
8. sweets
9. herbs
A. **count**

What do you see in the picture?

1. How many vendors are at the market today?
2. Which vegetables are organic?
3. What are the children eating?
4. What is the woman counting? Why?

 Read the story.

The Farmers' Market

On Saturdays, the Novaks go to the farmers' market. They like to visit the vendors. Alex Novak always goes to the hot food stand for lunch. His children love to eat the fruit samples. Alex's father usually buys some sweets and lemonade. The lemonade is very sour.

Nina Novak likes to buy organic herbs and vegetables. Today, she is buying avocados. The market worker counts eight avocados. She gives Nina one more for free.

There are other things to do at the market. The Novaks like to listen to the live music. Sometimes they meet friends there. The farmers' market is a great place for families on a Saturday afternoon.

Reread the story.

1. Read the first sentence of the story. How often do the Novaks go to the farmers' market? How do you know?
2. The story says, "The farmers' market is a great place for families." Find examples in the story that support this statement.

What do you think?

3. What's good, bad, or interesting about shopping at a farmers' market?
4. Imagine you are at the farmers' market. What will you buy?

Everyday Clothes

1. shirt
2. jeans
3. dress
4. T-shirt
5. baseball cap
6. socks
7. sneakers

A. **tie**

Listen and point. Take turns.
A: *Point to the dress.*
B: *Point to the T-shirt.*
A: *Point to the baseball cap.*

Dictate to your partner. Take turns.
A: *Write dress.*
B: *Is that spelled d-r-e-s-s?*
A: *Yes, that's right.*

8. blouse
9. handbag
10. skirt
11. suit
12. slacks / pants
13. shoes
14. sweater

B. **put on**

Ways to compliment clothes
That's a pretty <u>dress</u>!
Those are great <u>shoes</u>!
I really like your <u>baseball cap</u>!

Role play. Compliment a friend.
A: <u>That's a pretty dress</u>! <u>Green</u> is a great color on you.
B: Thanks! I really like your…

Casual, Work, and Formal Clothes

Casual Clothes

1. cap
2. cardigan sweater
3. pullover sweater
4. sport shirt
5. maternity dress
6. overalls
7. knit top
8. capris
9. sandals

Work Clothes

10. uniform
11. business suit
12. tie
13. briefcase

More vocabulary

in fashion / in style: clothes that are popular now
outfit: clothes that look nice together
three-piece suit: matching jacket, vest, and slacks

Describe the people. Take turns.

A: She's wearing a maternity dress.
B: He's wearing a uniform.

Casual, Work, and Formal Clothes

Formal Clothes

14. sport jacket / sport coat
15. vest
16. bow tie
17. tuxedo
18. evening gown
19. clutch bag
20. cocktail dress
21. high heels

Exercise Wear

22. sweatshirt / hoodie
23. sweatpants
24. tank top
25. shorts

Survey your class. Record the responses.
1. Do you prefer to wear formal or casual clothes?
2. Do you prefer to exercise in shorts or sweatpants?
Report: 25% of the class prefers to…

Think about it. Discuss.
1. Look at pages 170–173. Which jobs require uniforms?
2. What's good and what's bad about wearing a uniform?
3. Describe a popular style. Do you like it? Why or why not?

Seasonal Clothing

1. hat
2. (over)coat
3. headband
4. leather jacket
5. winter scarf
6. gloves
7. headwrap
8. jacket

9. parka
10. mittens
11. ski hat
12. leggings
13. earmuffs
14. down vest
15. ski mask
16. down jacket

17. umbrella
18. raincoat
19. poncho
20. rain boots
21. trench coat

22. swimming trunks
23. straw hat
24. windbreaker
25. cover-up
26. swimsuit / bathing suit
27. sunglasses

Grammar Point: *should*

It's raining. You **should** take an umbrella.
It's snowing. You **should** put on a scarf.
It's sunny. You **should** wear a straw hat.

Pair practice. Make new conversations.

A: It's <u>snowing</u>. You should put on <u>a scarf</u>.
B: Don't worry. I'm wearing my <u>parka</u>.
A: Good, and don't forget your <u>mittens</u>!

Underwear and Sleepwear

Unisex Underwear

1. undershirt
2. thermal undershirt
3. long underwear

Men's Underwear

4. boxer shorts
5. briefs
6. athletic supporter / jockstrap

Unisex Socks

7. ankle socks
8. crew socks
9. dress socks

Women's Socks

10. low-cut socks
11. anklets
12. knee highs

Women's Underwear

13. (bikini) panties
14. briefs / underpants
15. body shaper / girdle
16. tights
17. footless tights
18. pantyhose
19. bra
20. camisole
21. shapewear slip / slimming slip
22. half slip

Sleepwear

23. pajamas
24. nightgown
25. slippers
26. blanket sleeper
27. nightshirt
28. robe

More vocabulary

lingerie: underwear or sleepwear for women
loungewear: very casual clothing for relaxing around the home

Survey your class. Record the responses.

1. What color socks do you prefer?
2. What type of socks do you prefer?
Report: *Joe prefers white crew socks.*

Workplace Clothing

Construction Worker

Road Worker

Automotive Painter

Food Processor

1. hard hat
2. work shirt
3. tool belt
4. high visibility safety vest
5. work pants
6. steel toe boots
7. ventilation mask
8. coveralls
9. bump cap
10. safety glasses
11. apron

Manager   Salesperson

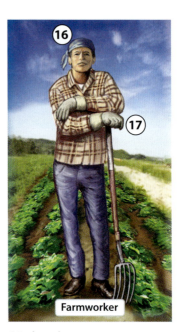
Farmworker

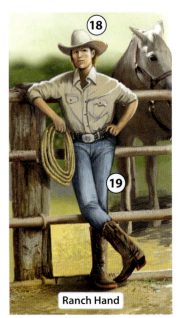
Ranch Hand

12. blazer
13. tie
14. polo shirt
15. name tag
16. bandana
17. work gloves
18. cowboy hat
19. jeans

Use the new words.
Look at pages 170–173. Name the workplace clothing you see.

A: *Look at #37. She's wearing a hard hat.*
B: *Look at #47. He's wearing a lab coat.*

Pair practice. Make sentences. Dictate them to your classmates.

A. *Farmworkers* wear *jeans* to work.
B. *A manager* often wears *a tie* to work.

Workplace Clothing

20. security shirt

21. badge

22. security pants

23. helmet

24. jumpsuit

25. hairnet

26. smock

27. disposable gloves

28. chef's hat

29. chef's jacket

30. waist apron

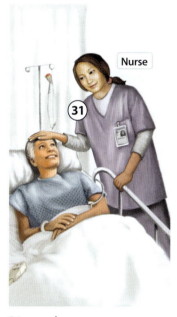

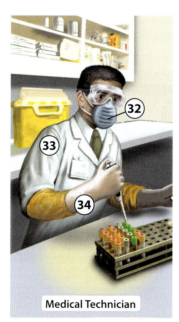

31. scrubs

32. face mask

33. lab coat

34. medical gloves

35. surgical scrub cap

36. surgical mask

37. surgical gown

38. surgical scrubs

Identify Anya's problem. Brainstorm solutions.

Anya works at a sandwich counter. Her bus ride to work is an hour. She has to wear a hairnet at work, but today she forgot it at home. What can she do?

Think about it. Discuss.

1. What other jobs require helmets? disposable gloves?
2. Is it better to have a uniform or wear your own clothes at work? Why?

Shoes and Accessories

A. **purchase**

B. **wait** in line

1. suspenders
2. purses / handbags

3. salesclerk
4. customer

5. display case
6. belts

13. wallet

14. change purse / coin purse

15. cell phone case

16. (wrist)watch

17. shoulder bag

18. backpack

19. tote bag

20. belt buckle

21. sole

22. heel

23. toe

24. shoelaces

More vocabulary

athletic shoes: tennis shoes, running shoes, etc.
gift / present: something you give to or receive from friends or family for a special occasion

Grammar Point: object pronouns

My **sister** loves jewelry. I'll buy **her** a necklace.
My **dad** likes belts. I'll buy **him** a belt buckle.
My **friends** love scarves. I'll buy **them** scarves.

Shoes and Accessories

7. shoe department
8. jewelry department
9. bracelets
10. necklaces
11. hats
12. scarves
C. **try on** shoes
D. **assist** a customer

25. high heels
26. pumps
27. flats
28. boots
29. oxfords
30. loafers
31. hiking boots
32. tennis shoes
33. chain
34. beads
35. locket
36. pierced earrings
37. clip-on earrings
38. pin
39. string of pearls
40. ring

Ways to talk about accessories

I need a hat to wear with this scarf.
I'd like a pair of earrings to match this necklace.
Do you have a belt that would go with my shoes?

Role play. Talk to a salesperson.

A: Do you have boots that would go with this skirt?
B: Let me see. How about these brown ones?
A: Perfect. I also need…

95

Describing Clothes

Sizes

1. extra small
2. small
3. medium
4. large
5. extra large
6. one-size-fits-all

Styles

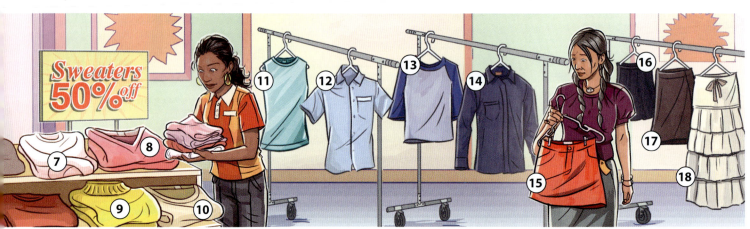

7. **crewneck** sweater
8. **V-neck** sweater
9. **turtleneck** sweater
10. **scoop neck** sweater

11. **sleeveless** shirt
12. **short-sleeved** shirt
13. **3/4-sleeved** shirt
14. **long-sleeved** shirt

15. **miniskirt**
16. **short** skirt
17. **mid-length** / **calf-length** skirt
18. **long** skirt

Patterns

19. solid
20. striped
21. polka-dotted
22. plaid
23. print
24. checked
25. floral
26. paisley

Survey your class. Record the responses.
1. What type of sweater do you prefer?
2. What patterns do you prefer?
Report: *Three* out of *ten* prefer ____.

Role play. Talk to a salesperson.
A: *Excuse me. I'm looking for this V-neck sweater in large.*
B: *Here's a large. It's on sale for $19.99.*
A: *Wonderful! I'll take it. I'm also looking for…*

Describing Clothes

Comparing Clothing

27. **heavy** jacket
28. **light** jacket
29. **tight** pants
30. **loose** / **baggy** pants
31. **low** heels
32. **high** heels
33. **plain** blouse
34. **fancy** blouse
35. **narrow** tie
36. **wide** tie

Clothing Problems

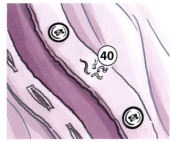

37. It's **too small**.
38. It's **too big**.
39. The zipper is **broken**.
40. A button is **missing**.

41. It's **ripped** / **torn**.
42. It's **stained**.
43. It's **unraveling**.
44. It's **too expensive**.

More vocabulary

complaint: a statement that something is not right
customer service: the place customers go with their complaints
refund: money you get back when you return an item to the store

Role play. Return an item to a salesperson.

A: *Welcome to Shopmart. How may I help you?*
B: <u>*This sweater*</u> *is new, but it's* <u>*unraveling*</u>.
A: *I'm sorry. Would you like a refund?*

Making Clothes

Types of Material

1. cotton

2. linen

3. wool

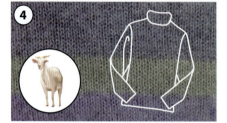

4. cashmere

5. silk

6. leather

A Garment Factory

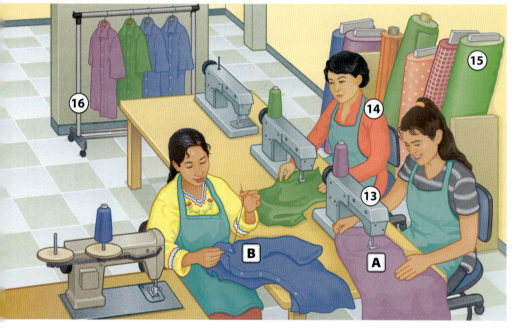

Parts of a Sewing Machine

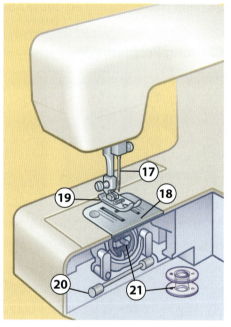

A. **sew** by machine

B. **sew** by hand

13. sewing machine

14. sewing machine operator

15. bolt of fabric

16. rack

17. needle

18. needle plate

19. presser foot

20. feed bar

21. bobbin

More vocabulary

fashion designer: a person who draws original clothes
natural materials: cloth made from things that grow in nature
synthetic materials: cloth made by people, such as nylon

Use the new words.
Look at pages 86–87. Name the materials you see.

A: *Look at her pants. They're denim.*
B: *Look at his shoes. They're leather.*

Making Clothes

Types of Material

7. denim

8. suede

9. lace

10. velvet

11. corduroy

12. nylon

A Fabric Store

Closures

Trim

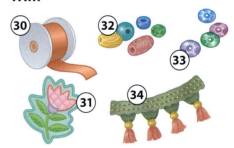

22. pattern
23. thread
24. button
25. zipper
26. snap
27. hook and eye
28. buckle
29. hook and loop fastener
30. ribbon
31. appliqué
32. beads
33. sequins
34. fringe

Survey your class. Record the responses.
1. Can you sew?
2. What's your favorite type of material to wear?

Report: *Five* of us can't sew. *Most* of us like to wear *denim*.

Think about it. Discuss.
1. Which jobs require sewing skills?
2. You're going to make a shirt. What do you do first?
3. Which is better, hand sewn or machine sewn? Why?

Making Alterations

An Alterations Shop

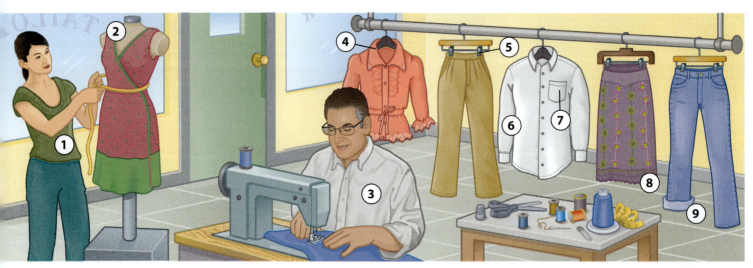

1. dressmaker
2. dressmaker's dummy
3. tailor
4. collar
5. waistband
6. sleeve
7. pocket
8. hem
9. cuff

Sewing Supplies

10. needle
11. thread
12. (straight) pin
13. pincushion
14. safety pin
15. thimble
16. pair of scissors
17. tape measure
18. seam ripper

Alterations

A. **Lengthen** the pants.
B. **Shorten** the pants.
C. **Let out** the pants.
D. **Take in** the pants.

Pair practice. Make new conversations.

A: *Would you hand me the thread?*
B: *OK. What are you going to do?*
A: *I'm going to take in these pants.*

Survey your class. Record the responses.

1. How many pockets do you have?
2. How many pairs of scissors do you have at home?

Report: *Most of us have two ____.*

Doing the Laundry

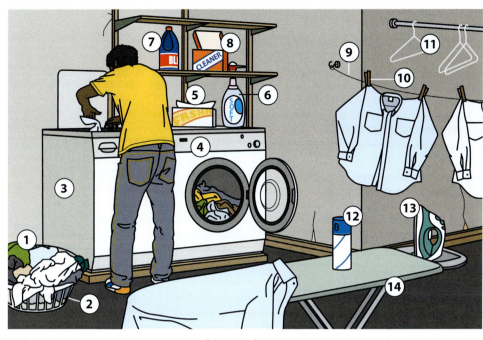
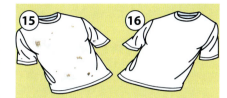

1. laundry
2. laundry basket
3. washer
4. dryer
5. dryer sheets
6. fabric softener
7. bleach
8. laundry detergent
9. clothesline
10. clothespin
11. hanger
12. spray starch
13. iron
14. ironing board
15. **dirty** T-shirt
16. **clean** T-shirt
17. **wet** shirt
18. **dry** shirt
19. **wrinkled** shirt
20. **ironed** shirt

A. **Sort** the laundry.

B. **Add** the detergent.

C. **Load** the washer.

D. **Clean** the lint trap.

E. **Unload** the dryer.

F. **Fold** the laundry.

G. **Iron** the clothes.

H. **Hang up** the clothes.

 wash in cold water

 line dry

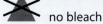 no bleach

 dry clean only, do not wash

Pair practice. Make new conversations.
A: *I have to sort the laundry. Can you help?*
B: *Sure. Here's the laundry basket.*
A: *Thanks a lot!*

1. flyer
2. used clothing
3. sticker
4. folding card table
5. folding chair
6. clock radio
7. VCR
8. CD / cassette player

A. bargain
B. browse

What do you see in the pictures?

1. What kinds of used clothing do you see?
2. What information is on the flyer?
3. Why are the stickers different colors?
4. How much is the clock radio? the VCR?

Read the story.

A Garage Sale

Last Sunday, I had a garage sale. At 5:00 a.m., I put up <u>flyers</u> in my neighborhood. Next, I put price <u>stickers</u> on my <u>used clothing</u>, my <u>VCR</u>, my <u>CD / cassette player</u>, and some other old things. At 7:00 a.m., I opened my <u>folding card table</u> and <u>folding chair</u>. Then I waited.

At 7:05 a.m., my first customer arrived. She asked, "How much is the sweatshirt?"

"Two dollars," I said.

She said, "It's stained. I can give you seventy-five cents." We <u>bargained</u> for a minute and she paid $1.00.

All day people came to <u>browse</u>, bargain, and buy. At 7:00 p.m., I had $85.00.

Now I know two things: garage sales are hard work, and nobody wants to buy an old <u>clock radio</u>!

Reread the story.

1. Look at the conversation. Circle the punctuation you see. What do you notice?

What do you think?

2. Do you like to buy things at garage sales? Why or why not?
3. Imagine you want the VCR. How will you bargain for it?

103

The Body

1. head
2. hair
3. neck
4. chest
5. back
6. nose
7. mouth
8. foot

Listen and point. Take turns.
A: Point to <u>the chest</u>.
B: Point to <u>the neck</u>.
A: Point to <u>the mouth</u>.

Dictate to your partner. Take turns.
A: Write <u>hair</u>.
B: Did you say <u>hair</u>?
A: That's right, <u>h-a-i-r</u>.

Inside and Outside the Body

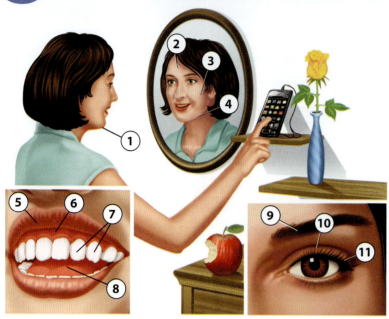

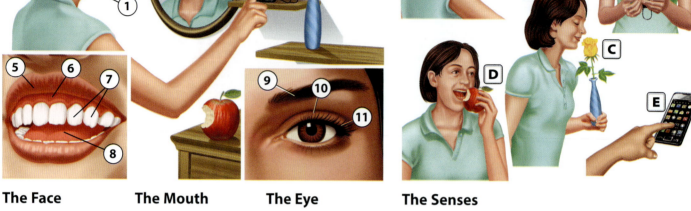

The Face
1. chin
2. forehead
3. cheek
4. jaw

The Mouth
5. lip
6. gums
7. teeth
8. tongue

The Eye
9. eyebrow
10. eyelid
11. eyelashes

The Senses
A. see
B. hear
C. smell
D. taste
E. touch

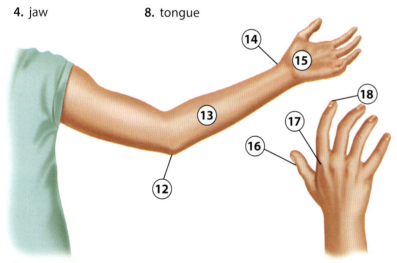

The Arm, Hand, and Fingers
12. elbow
13. forearm
14. wrist
15. palm
16. thumb
17. knuckle
18. fingernail

The Leg and Foot
19. thigh
20. knee
21. shin
22. calf
23. ankle
24. heel

More vocabulary
torso: the part of the body from the shoulders to the pelvis
limbs: arms and legs
toenail: the nail on your toe

Pair practice. Make new conversations.
A: Is your wrist OK?
B: Yes, but now my elbow hurts.
A: I'm sorry to hear that.

Inside and Outside the Body

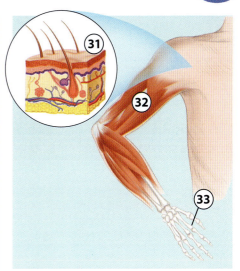

25. breast

26. abdomen

27. hip

28. shoulder blade

29. lower back

30. buttocks

31. skin

32. muscle

33. bone

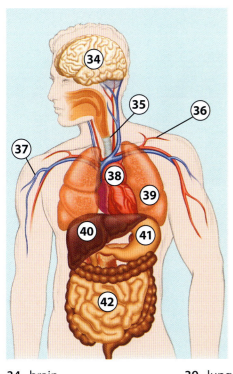

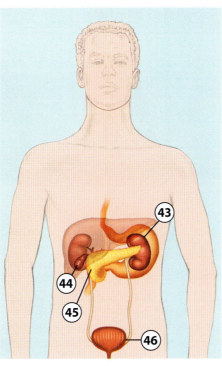

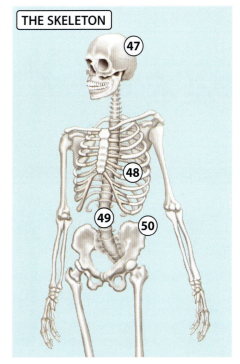

THE SKELETON

34. brain

35. throat

36. artery

37. vein

38. heart

39. lung

40. liver

41. stomach

42. intestines

43. kidney

44. gallbladder

45. pancreas

46. bladder

47. skull

48. rib cage

49. spinal column

50. pelvis

Personal Hygiene

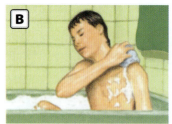

A. **take** a shower / **shower**
B. **take** a bath / **bathe**
C. **use** deodorant
D. **put on** sunscreen

1. shower cap
2. shower gel
3. soap
4. bath powder
5. deodorant / antiperspirant
6. perfume / cologne
7. sunscreen
8. sunblock
9. body lotion / moisturizer

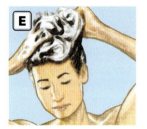
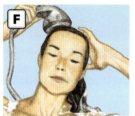
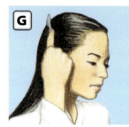

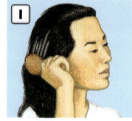

E. **wash**…hair
F. **rinse**…hair
G. **comb**…hair
H. **dry**…hair
I. **brush**…hair

10. shampoo
11. conditioner
12. hairspray
13. comb
14. brush
15. pick
16. hair gel
17. curling iron
18. blow dryer
19. hair clip
20. barrette
21. bobby pins

More vocabulary

hypoallergenic: a product that is better for people with allergies

unscented: a product without perfume or scent

Think about it. Discuss.

1. Which personal hygiene products are most important to use before a job interview? Why?
2. What is the right age to start wearing makeup? Why?

Personal Hygiene

J. **brush**…teeth

K. **floss**…teeth

L. **gargle**

M. **shave**

22. toothbrush

23. toothpaste

24. dental floss

25. mouthwash

26. electric shaver

27. razor

28. razor blade

29. shaving cream

30. aftershave

N. **cut**…nails

O. **polish**…nails

P. **put on / apply**

Q. **take off / remove**

Makeup

31. nail clippers

32. emery board

33. nail polish

34. eyebrow pencil

35. eye shadow

36. eyeliner

37. blush

38. lipstick

39. mascara

40. foundation

41. face powder

42. makeup remover

109

Symptoms and Injuries

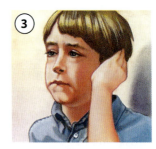

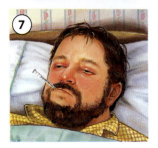

1. headache
2. toothache
3. earache

4. stomachache
5. backache
6. sore throat

7. fever / temperature
8. chills
9. cough

A. **feel** dizzy
B. **feel** nauseous
C. **throw up / vomit**

10. insect bite
11. bruise
12. cut
13. sunburn

14. sprained ankle
15. bloody nose
16. swollen finger
17. blister

WORKPLACE ACCIDENT NOTES

Name: Thiu An
Job Title: Packer
Date of accident: Monday, 9/16/24
Location of accident: warehouse, aisle 3
Description of accident: 3 boxes fell on me
Was safety equipment used? ✓ yes ☐ no
Were you injured? yes, sprained wrist and some bruises

PLEASE FILL OUT A COMPLETE ACCIDENT FORM AS SOON AS POSSIBLE.

18. accident report

Look at the pictures.
Describe the symptoms and injuries.
A: *He has a backache.*
B: *She has a toothache.*

Think about it. Discuss.
1. What do you recommend for a stomachache?
2. What is the best way to stop a bloody nose?
3. Who should stay home from work with a cold? Why?

Medical Care

In the Waiting Room

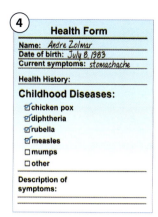

1. appointment
2. receptionist
3. health insurance card
4. health history form

In the Examining Room

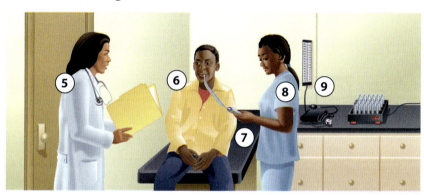
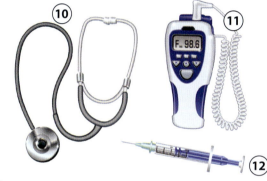

5. doctor
6. patient
7. examination table
8. nurse
9. blood pressure gauge
10. stethoscope
11. thermometer
12. syringe

Medical Procedures

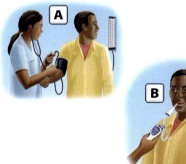

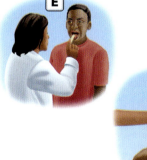

A. **check**…blood pressure
B. **take**…temperature
C. **listen** to…heart
D. **examine**…eyes
E. **examine**…throat
F. **draw**…blood

Grammar Point: future tense with *will* + verb

To describe a future action, use *will* + verb.
The contraction of *will* is *-'ll*.
She **will draw** your blood. = She**'ll draw** your blood.

Role play. Talk to a medical receptionist.

A: *Will the nurse examine my eyes?*
B: *No, but she'll draw your blood.*
A: *What will the doctor do?*

Illnesses and Medical Conditions

Patient

First name Last name Reason for visit

_____ _____ _____

Common Illnesses

1. cold
2. flu
3. ear infection
4. strep throat

Medical History
Childhood and Infectious Diseases

Vaccination date

5. measles _____
6. chicken pox _____
7. mumps _____
8. shingles _____
9. hepatitis _____
10. pneumonia _____

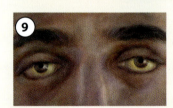 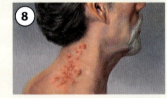
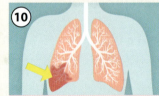

11. allergies

animals shellfish peanuts drugs

I am allergic to:

_____

_____

_____

Survey your class. Record the responses.
1. Are you allergic to cats?
2. Are you allergic to shellfish?

Report: *Five* of us are allergic to ____.

Identify Omar's problem. Brainstorm solutions.

Omar filled out only half of the medical history form at the clinic. Many words on the form were new to him, and two questions were very personal. The nurse was upset.

Illnesses and Medical Conditions

Allergic Reactions

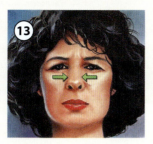

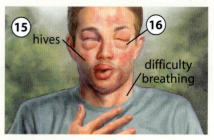

12. sneezing
13. nasal congestion
14. rash
15. anaphylaxis
16. swelling

Medical Conditions

	Patient Yes	Patient No	Family History		Patient Yes	Patient No	Family History
17. cancer	☐	☐	_____	23. TB / tuberculosis	☐	☐	_____
18. asthma	☐	☐	_____	24. high blood pressure / hypertension	☐	☐	_____
19. dementia	☐	☐	_____	25. intestinal parasites	☐	☐	_____
20. arthritis	☐	☐	_____	26. diabetes	☐	☐	_____
21. HIV / AIDS	☐	☐	_____	27. kidney disease	☐	☐	_____
22. malaria	☐	☐	_____	28. heart disease	☐	☐	_____

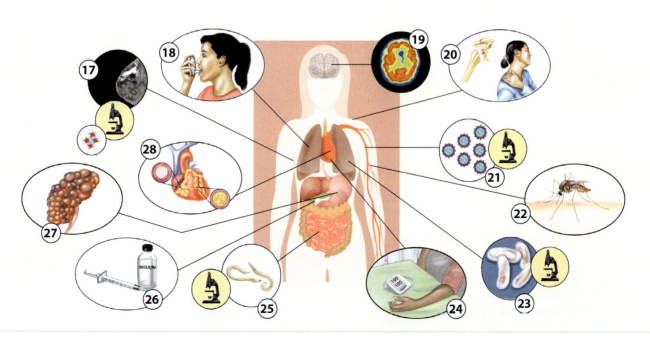

More vocabulary

AIDS (acquired immune deficiency syndrome): a medical condition that results from contracting the HIV virus
Alzheimer's disease: a disease that causes dementia

coronary disease: heart disease
influenza: the flu
contagious: to pass from person to person
Covid-19: a very contagious infectious disease

A Pharmacy

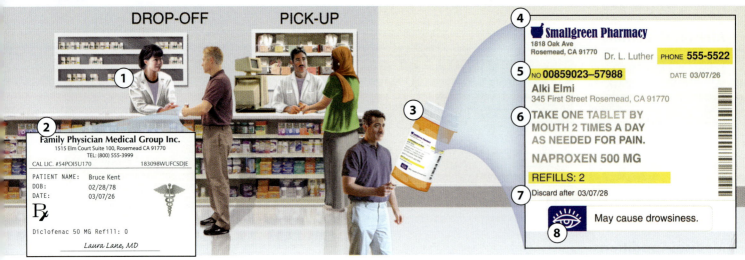

1. pharmacist
2. prescription
3. prescription medication
4. prescription label
5. prescription number
6. dosage
7. expiration date
8. warning label

Medical Warnings

A. **Take** with food or milk.

B. **Take** one hour before eating.

C. **Finish** all medication.

D. **Do not take** with dairy products.

E. **Do not drive or operate** heavy machinery.

F. **Do not drink** alcohol.

More vocabulary

prescribe medication: to write a prescription
fill prescriptions: to prepare medications for patients
pick up a prescription: to get prescription medication

Role play. Talk to the pharmacist.

A: *Hi. I need to pick up a prescription for Jones.*
B: *Here's your medication, Mr. Jones. Take these once a day with milk or food.*

A Pharmacy

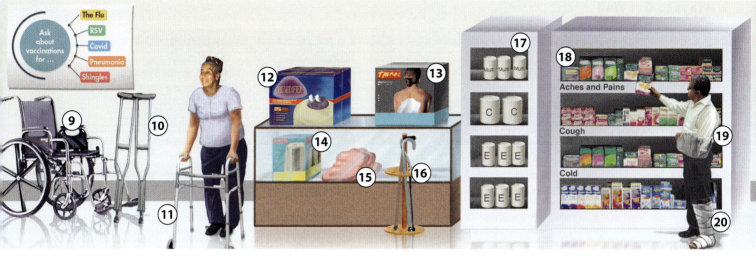

9. wheelchair
10. crutches
11. walker
12. humidifier
13. heating pad
14. air purifier
15. hot water bottle
16. cane
17. vitamins
18. over-the-counter medication
19. sling
20. cast

Types of Medication

21. pill
22. tablet
23. capsule
24. ointment
25. cream

Over-the-Counter Medication

26. pain reliever
27. cold tablets
28. antacid
29. cough syrup
30. throat lozenges
31. eye drops
32. nasal spray
33. inhaler

Ways to talk about medication

Use **take** for pills, tablets, capsules, and cough syrup.
Use **apply** for ointments and creams.
Use **use** for drops, nasal sprays, and inhalers.

Identify Dara's problem. Brainstorm solutions.

Dara's father is 85 and lives alone. She lives nearby. Her dad has many prescriptions. He often forgets to take his medication or takes the wrong pills.

115

Taking Care of Your Health

Ways to Get Well

A. **Seek** medical attention.

B. **Get** bed rest.

C. **Drink** fluids.

D. **Take** medicine.

Ways to Stay Well

E. **Stay** fit.

F. **Eat** a healthy diet.

G. **Don't smoke**.

H. **Have** regular checkups.

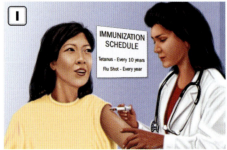

I. **Get** immunized.

J. **Follow** medical advice.

More vocabulary

injection: medicine in a syringe that is put into the body
immunization / vaccination: an injection that stops serious diseases

Survey your class. Record the responses.

1. How do you stay fit?
2. Which two foods are a part of your healthy diet?

Report: *I surveyed <u>ten</u> people who said they ____.*

Taking Care of Your Health

Types of Health Problems

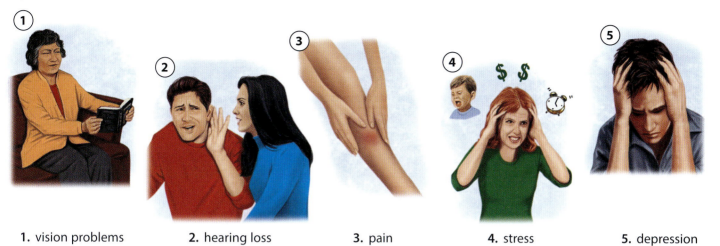

1. vision problems
2. hearing loss
3. pain
4. stress
5. depression

Help with Health Problems

6. optometrist
7. glasses
8. contact lenses
9. audiologist
10. hearing aid

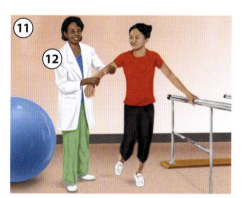

11. physical therapy
12. physical therapist

13. talk therapy
14. therapist

15. support group

Ways to ask about health problems

Are you <u>in pain</u>?
Are you having <u>vision problems</u>?
Are you experiencing <u>depression</u>?

Pair practice. Make new conversations.

A: *Do you know a good <u>optometrist</u>?*
B: *Why? <u>Are you having vision problems</u>?*
A: *Yes, I might need <u>glasses</u>.*

Medical Emergencies

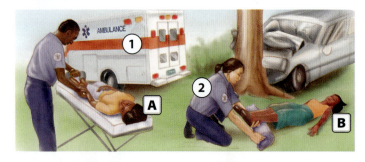

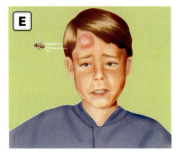

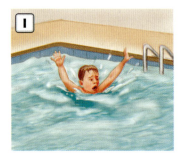

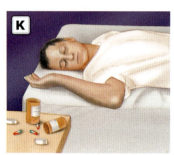

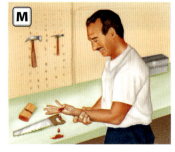

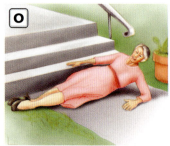
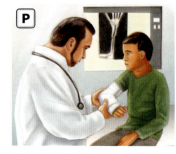

1. ambulance
2. paramedic

A. **be** unconscious
B. **be** in shock
C. **be** injured / **be** hurt
D. **have** a heart attack

E. **have** an allergic reaction
F. **get** an electric shock
G. **get** frostbite
H. **burn** (your)self
I. **drown**
J. **swallow** poison

K. **overdose** on drugs
L. **choke**
M. **bleed**
N. **can't breathe**
O. **fall**
P. **break** a bone

Grammar Point: past tense

For past tense, add *-d* or *-ed*.
burn**ed**, drown**ed**, swallow**ed**, overdose**d**, chok**ed**

These verbs are different (irregular):
be – was, were   bleed – bled   break – broke
have – had   can't – couldn't
get – got   fall – fell

First Aid

First Aid

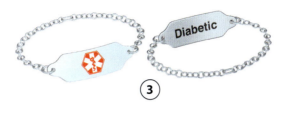
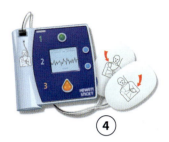

1. first aid kit
2. first aid manual
3. medical emergency bracelet
4. AED / automated external defibrillator

Inside the Kit

5. tweezers
6. adhesive bandage
7. sterile pad
8. sterile tape
9. gauze
10. hydrogen peroxide
11. antihistamine cream
12. antibacterial ointment
13. elastic bandage
14. ice pack
15. splint

First Aid Procedures

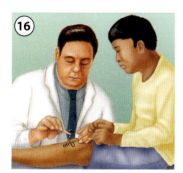

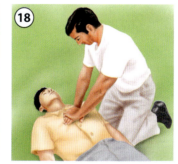
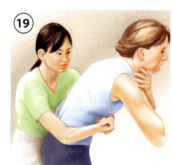

16. stitches
17. rescue breathing
18. CPR (cardiopulmonary resuscitation)
19. Heimlich maneuver

Pair practice. Make new conversations.

A: *What do we need in the first aid kit?*
B: *We need tweezers and gauze.*
A: *I think we need sterile tape, too.*

Internet Research: first aid class

Type "first aid," "class," and your ZIP code in the search bar. Look for a class near you.
Report: *I found a first aid class at ____.*

Dental Care

Dentistry

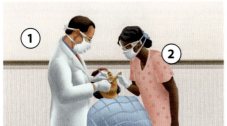

Orthodontics

1. dentist
2. dental assistant
3. dental hygienist
4. dental instruments
5. orthodontist
6. braces
7. clear aligner

Dental Problems

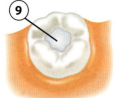

8. cavity / decay
9. filling
10. crown
11. dentures
12. gum disease
13. plaque

An Office Visit

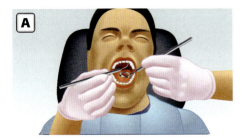
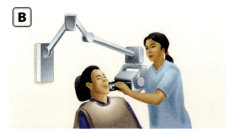
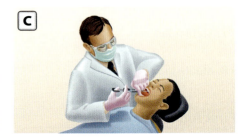

A. **clean** the teeth
B. **take** X-rays
C. **numb** the mouth

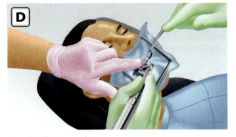
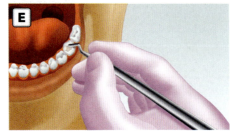

D. **drill** a tooth
E. **fill** a cavity
F. **pull** a tooth

Role play. Talk to a dentist.

A: *I think I have a cavity.*
B: *Let me see. Yes. I will need to drill that tooth.*
A: *Oh! How much will that cost?*

Identify Leo's problem. Brainstorm solutions.

Leo has a bad toothache. His wife says, "Call the dentist." Leo doesn't want to call. He takes pain medication. The toothache doesn't stop.

Health Insurance

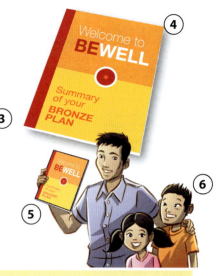

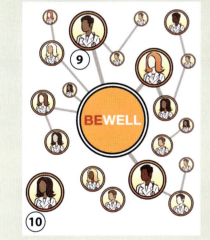

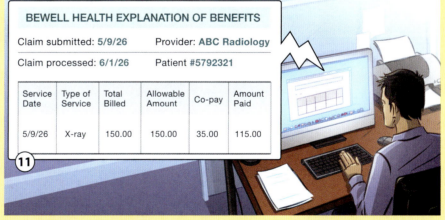

1. carrier
2. insurance plans
3. benefits
4. insurance policy
5. insured / policyholder
6. dependents
7. premium
8. co-pay
9. in-network doctor
10. out-of-network doctor
11. explanation of benefits / EOB

A. **compare** plans
B. **pay** a claim

A Hospital

Medical Specialists

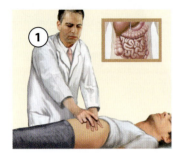 1. internist
 2. obstetrician
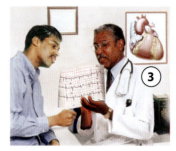 3. cardiologist
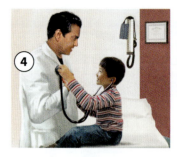 4. pediatrician

 5. oncologist
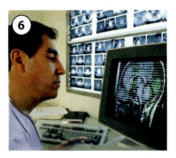 6. radiologist
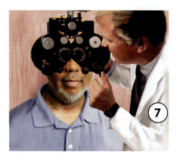 7. ophthalmologist
 8. psychiatrist

Nursing Staff

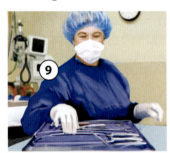 9. surgical nurse
 10. registered nurse (RN)
 11. licensed practical nurse (LPN)
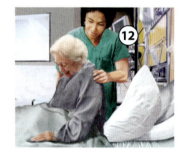 12. certified nursing assistant (CNA)

Hospital Staff

 13. administrator
 14. admissions clerk
 15. dietician
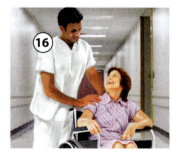 16. orderly

More vocabulary

Gynecologists examine and treat women.
Nurse practitioners can give medical exams.
Nurse midwives deliver babies.

Chiropractors move the spine to improve health.
Orthopedists treat bone and joint problems.
Dermatologists treat skin conditions.
Urologists treat bladder and kidney problems.

A Hospital

A Hospital Room

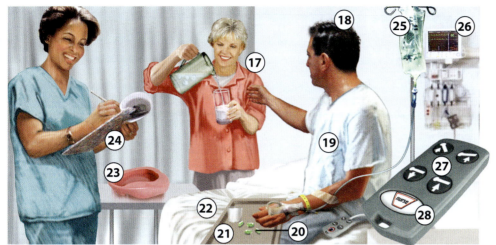

Lab

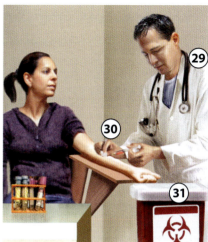

17. volunteer
18. patient
19. hospital gown
20. medication
21. bed table
22. hospital bed
23. bedpan
24. medical chart
25. IV (intravenous drip)
26. vital signs monitor
27. bed control
28. call button
29. phlebotomist
30. blood work / blood test
31. medical waste disposal

Emergency Room Entrance

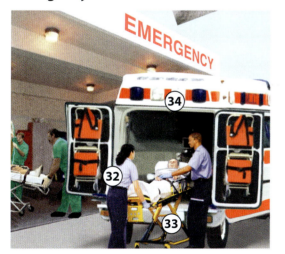

Operating Room

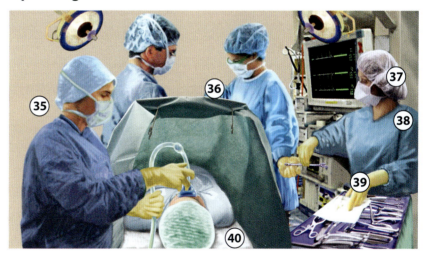

32. emergency medical technician (EMT)
33. stretcher / gurney
34. ambulance
35. anesthesiologist
36. surgeon
37. surgical cap
38. surgical gown
39. surgical gloves
40. operating table

Dictate to your partner. Take turns.

A: *Write this sentence: She's a volunteer.*
B: *She's a what?*
A: *Volunteer. That's v-o-l-u-n-t-e-e-r.*

Role play. Ask about a doctor.

A: *I need to find a good surgeon.*
B: *Dr. Jones is a great surgeon. You should call him.*
A: *I will! Please give me his number.*

A Health Fair

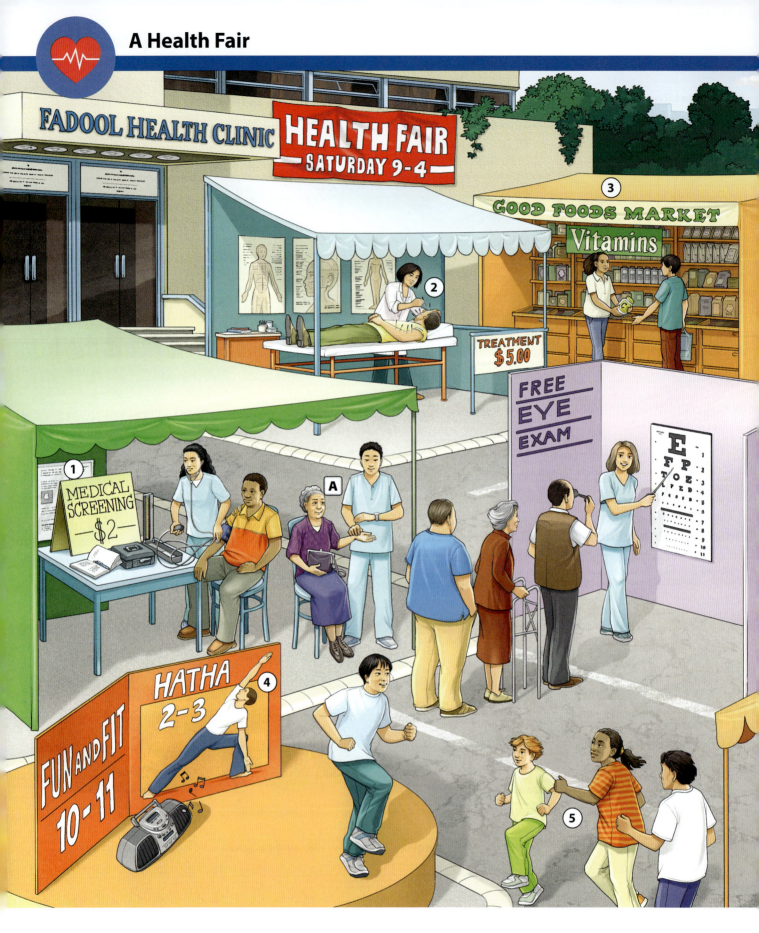

1. low-cost exam
2. acupuncture
3. booth
4. yoga
5. aerobic exercise
6. demonstration
7. sugar-free
8. nutrition label
A. **check**…pulse
B. **give** a lecture

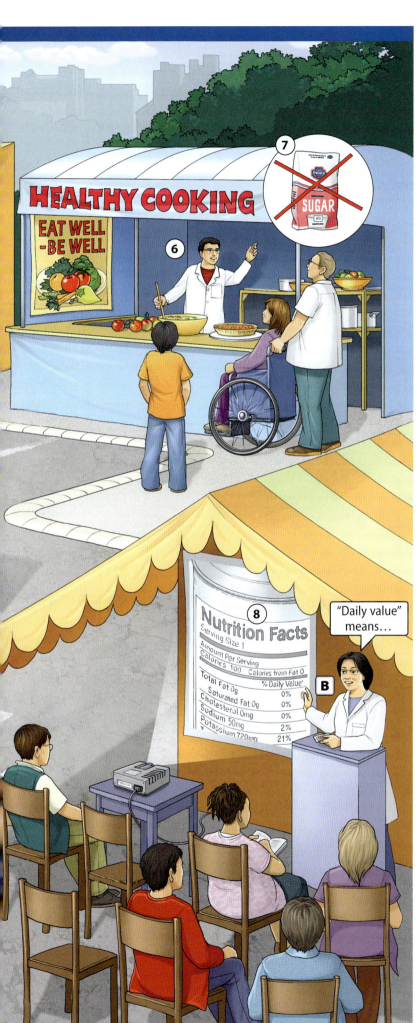

What do you see in the picture?

1. Where is this health fair?
2. What kinds of exams and treatments can you get at this fair?
3. What kinds of lectures and demonstrations can you attend here?
4. How much money should you bring? Why?

Read the article.

A Health Fair

Once a month the Fadool Health Clinic has a health fair. You can get a low-cost medical exam at one booth. The nurses check your blood pressure and check your pulse. At another booth, you can get a free eye exam. And an acupuncture treatment is only $5.00.

You can learn a lot at the fair. This month a doctor is giving a lecture on nutrition labels. There is also a demonstration on sugar-free cooking. You can learn to do aerobic exercise and yoga, too.

Do you want to get healthy and stay healthy? Then come to the Fadool Health Clinic Fair! We want to see you there!

Reread the article.

1. Who wrote this article? How do you know?
2. What information in the picture is *not* in the article?

What do you think?

3. Which booths at this fair look interesting to you? Why?
4. Do you read nutrition labels? Why or why not?

Downtown

1. parking garage
2. office building
3. hotel
4. Department of Motor Vehicles
5. bank
6. police station
7. bus station
8. city hall

Listen and point. Take turns.
A: *Point to the bank.*
B: *Point to the hotel.*
A: *Point to the restaurant.*

Dictate to your partner. Take turns.
A: *Write bank.*
B: *Is that spelled b-a-n-k?*
A: *Yes, that's right.*

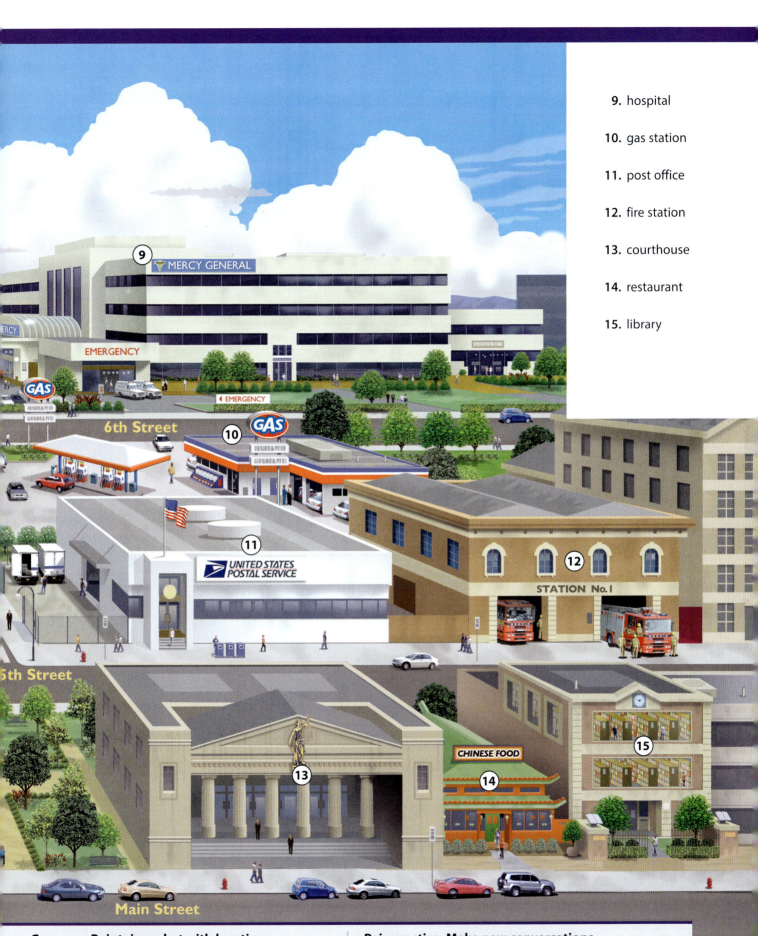

9. hospital
10. gas station
11. post office
12. fire station
13. courthouse
14. restaurant
15. library

Grammar Point: *in* and *at* with locations

Use *in* when you are inside the building. *I am in (inside) the bank.* Use *at* to describe your general location. *I am at the bank.*

Pair practice. Make new conversations.

A: *I'm in the <u>bank</u>. Where are you?*
B: *I'm at the <u>bank</u>, too, but I'm outside.*
A: *OK. I'll meet you there.*

127

City Streets

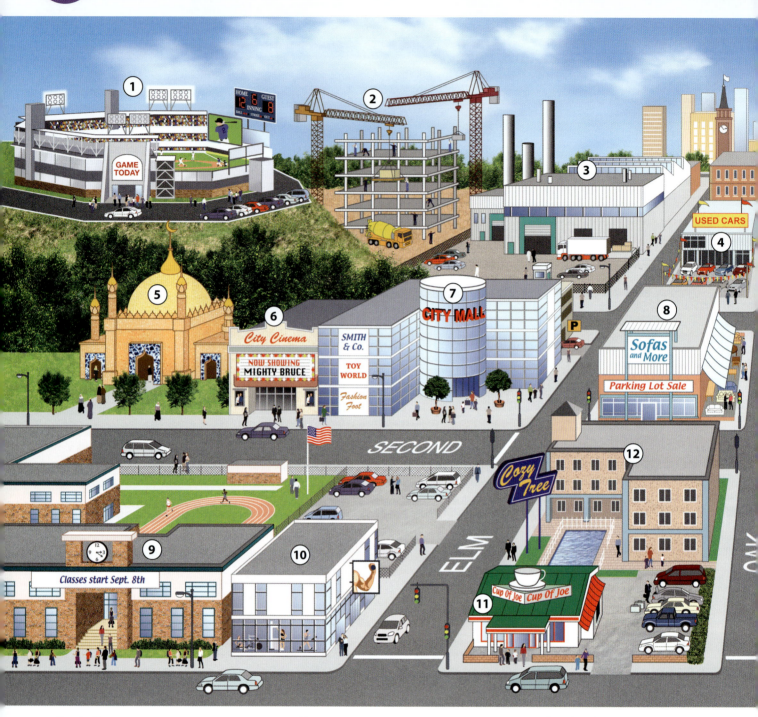

1. stadium
2. construction site
3. factory
4. car dealership
5. mosque
6. movie theater
7. shopping mall
8. furniture store
9. school
10. gym
11. coffee shop
12. motel

Ways to state your destination using *to* and *to the*
Use *to* for schools, churches, and synagogues.
I'm going to school.
Use *to the* for all other locations. *I have to go to the bakery.*

Pair practice. Make new conversations.
A: *Where are you going today?*
B: *I'm going to school. How about you?*
A: *I have to go to the bakery.*

City Streets

13. skyscraper / high-rise
14. church
15. cemetery
16. synagogue
17. community college
18. supermarket
19. bakery
20. home improvement store
21. office supply store
22. garbage truck
23. theater
24. convention center

Ways to give locations

The mall is on Second Street.
The mall is on the corner of Second and Elm.
The mall is next to the movie theater.

Survey your class. Record the responses.

1. Do you have a favorite coffee shop? Which one?
2. Which supermarkets do you go to?

Report: <u>Nine</u> out of <u>ten</u> students go to ____.

An Intersection

1. laundromat
2. dry cleaners
3. convenience store
4. pharmacy
5. parking space
6. handicapped parking
7. corner
8. traffic light
9. bus
10. fast food restaurant
11. drive-thru window
12. newsstand
13. mailbox
14. pedestrian
15. crosswalk

A. **cross** the street
B. **wait for** the light
C. **jaywalk**

More vocabulary

do errands: to make a short trip from your home to buy or pick up things

neighborhood: the area close to your home

Pair practice. Make new conversations.

A: *I have a lot of errands to do today.*
B: *Me too. First, I'm going to the <u>laundromat</u>.*
A: *I'll see you there after I stop at the <u>copy center</u>.*

An Intersection

16. bus stop
17. donut shop
18. copy center
19. barbershop
20. used book store
21. curb
22. bike
23. pay phone
24. sidewalk
25. parking meter
26. street sign
27. fire hydrant
28. cart
29. street vendor
30. childcare center

D. **ride** a bike
E. **park** the car
F. **walk** a dog

Internet Research: finding business listings

Type "pharmacy" and your city in the search bar. Count the pharmacy listings you see.
Report: *I found 25 pharmacies in Chicago.*

Think about it. Discuss.

1. How many different jobs are there at this intersection?
2. Which of these businesses would you like to own? Why?

A Mall

1. music store
2. jewelry store
3. nail salon
4. bookstore
5. toy store
6. pet store
7. card store
8. florist
9. optician
10. shoe store
11. play area
12. guest services

More vocabulary

beauty shop: hair salon
gift shop: a store that sells T-shirts, mugs, and other small gifts
men's store: men's clothing store

Pair practice. Make new conversations.

A: Where is <u>the florist</u>?
B: It's on the <u>first</u> floor, next to <u>the optician</u>.

A Mall

13. department store
14. travel agency
15. food court
16. ice cream shop
17. candy store
18. hair salon
19. maternity store
20. electronics store
21. elevator
22. kiosk
23. escalator
24. directory

Ways to talk about plans

Let's go to the card store.
I have to go to the card store.
I want to go to the card store.

Role play. Talk to a friend at the mall.

A: *Let's go to the card store. I need to buy a card for Maggie's birthday.*
B: *OK, but can we go to the shoe store next?*

133

The Bank

1. teller
2. customer
3. deposit
4. deposit slip
5. security guard
6. vault
7. safety deposit box
8. valuables

Bank Accounts

9. account manager
10. joint account
11. opening deposit
12. ATM card
13. checkbook
14. check
15. checking account number
16. savings account number

Online Banking

17. bank statement
18. balance

A. **Cash** a check.
B. **Make** a deposit.

The ATM (Automated Teller Machine)

C. **Insert** your ATM card.
D. **Enter** your PIN.*
E. **Withdraw** cash.
F. **Remove** your card.

*PIN = personal identification number

The Library

A. **get** a library card

B. **look for** a book

C. **check out** a book

D. **return** a book

E. **pay** a late fine

1. library clerk
2. circulation desk
3. library patron
4. periodicals
5. magazine
6. newspaper
7. headline
8. atlas
9. reference librarian
10. self-checkout
11. online catalog
12. picture book

13. biography
14. title

15. author
16. novel

17. audiobook
18. e-book

18. e-book

19. DVD

135

The Post Office

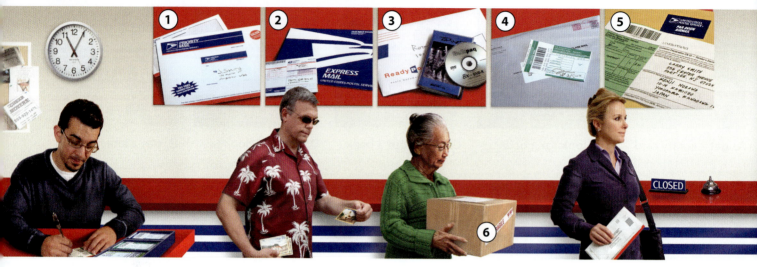

1. Priority Mail®
2. Express Mail®
3. Media Mail®
4. Certified Mail™
5. airmail
6. ground post / parcel post

13. letter
14. envelope
15. greeting card
16. postcard
17. package
18. book of stamps
19. postal forms
20. letter carrier

21. return address
22. mailing address
23. stamp
24. postmark

Ways to talk about sending mail

This letter has to get there tomorrow. (Express Mail®)
This letter has to arrive in two days. (Priority Mail®)
This letter can go in regular mail. (First Class)

Pair practice. Make new conversations.

A: Hi. This letter has to get there tomorrow.
B: You can send it by Express Mail®.
A: OK. I need a book of stamps, too.

The Post Office

7. postal clerk
8. scale
9. post office box (PO box)
10. automated postal center (APC)
11. post office lobby drop
12. mailbox

Sending a Card

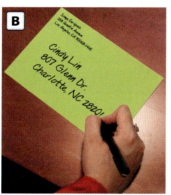

A. **Write** a note in a card.
B. **Address** the envelope.
C. **Put on** a stamp.
D. **Mail** the card.

E. **Deliver** the card.
F. **Receive** the card.
G. **Read** the card.
H. **Write** back.

More vocabulary
junk mail: mail you don't want
overnight / next-day mail: Express Mail®
postage: the cost to send mail

Survey your class. Record the responses.
1. Do you send greeting cards by mail or online?
2. Do you pay bills by mail or online?
Report: _25%_ of us _send cards_ _by mail_.

137

Department of Motor Vehicles (DMV)

1. DMV handbook
2. testing area
3. DMV clerk
4. photo
5. fingerprint
6. vision exam
7. window

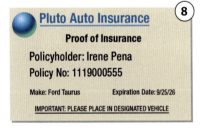

8. proof of insurance
9. driver's license
10. expiration date
11. driver's license number
12. license plate
13. registration sticker / tag

More vocabulary

expire: A license is no good, or **expires**, after the expiration date.
renew a license: to apply to keep a license before it expires
vanity plate: a more expensive, personal license plate

Internet Research: DMV locations

Type "DMV" and your ZIP code in the search bar. How many DMVs are there?
Report: I found ____ DMV office(s) near me.

Department of Motor Vehicles (DMV)

Getting Your First License

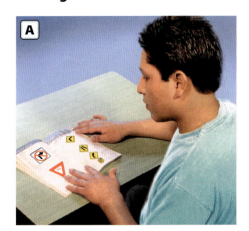

A. **Study** the handbook.

B. **Take** a driver education course.*

C. **Show** your identification.

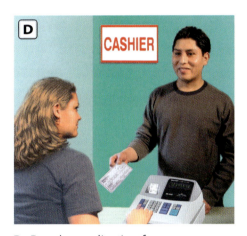

D. **Pay** the application fee.

E. **Take** a written test.

F. **Get** a learner's permit.

G. **Take** a driver's training course.*

H. **Pass** a driving test.

I. **Get** your license.

*Note: This is not required for drivers 18 and older.

Ways to request more information

What do I do next?
What's the next step?
Where do I go from here?

Role play. Talk to a DMV clerk.

A: *I want to apply for a driver's license.*
B: *Did you study the handbook?*
A: *Yes, I did. What do I do next?*

139

Government and Military Service

Federal Government

Legislative Branch

1. U.S. Capitol
2. Congress
3. House of Representatives
4. congressperson
5. Senate
6. senator

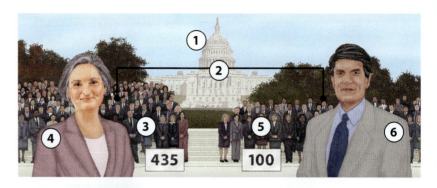

Executive Branch

7. White House
8. president
9. vice president
10. Cabinet

Judicial Branch

11. Supreme Court
12. justices
13. chief justice

State Government

14. governor
15. lieutenant governor
16. state capital

17. Legislature
18. assemblyperson
19. state senator

City Government

20. mayor
21. city council
22. councilperson

Government and Military Service

The U.S. Military

23. Pentagon
24. Secretary of Defense
25. general
26. admiral
27. officer

Military Service

A. **be** a recruit

B. **be** on active duty

C. **be** on reserve

D. **be** a veteran

Branches of the Military

28. Army
29. soldier

30. Navy
31. seaman / sailor

32. Air Force
33. airman

34. Marines
35. marine

36. Coast Guard
37. coast guardsman

38. National Guard*
39. national guardsman

*Each state has an Army National Guard. The national guardsmen are reservists.

Civic Engagement

Responsibilities

A. **vote**

B. **pay** taxes

C. **obey** the law

D. **register** with Selective Service*

E. **serve** on a jury

F. **be** informed

Citizenship Requirements

G. **be** 18 or older

H. **live** in the U.S. for five years

I. **take** a citizenship test

Rights

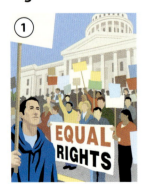
1. peaceful assembly

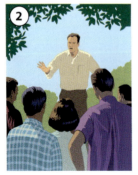
2. free speech

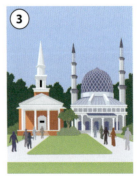
3. freedom of religion

4. freedom of the press

5. a fair trial

*__Note:__ All males 18 to 26 who live in the U.S. are required to register with Selective Service.

Civic Engagement

An Election

J. **run for** office   6. candidate

K. **campaign**   7. rally

L. **debate**   8. opponent

9. ballot   10. voting booth / polling booth

M. **get elected**   11. election results

N. **serve**   12. elected official

More vocabulary

political party: a group of people with the same political goals

term: the period of time an elected official serves

Think about it. Discuss.

1. Should everyone have to vote? Why or why not?
2. Are candidate debates important? Why or why not?
3. Would you prefer to run for city council or mayor? Why?

143

The Legal System

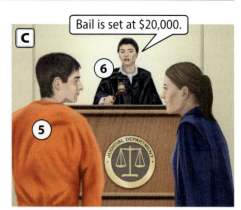

A. **arrest** a suspect

B. **hire** a lawyer / **hire** an attorney

C. **appear** in court

1. police officer
2. handcuffs

3. guard
4. defense attorney

5. defendant
6. judge

D. **stand** trial

8. jury

10. prosecuting attorney

12. court reporter

7. courtroom

9. evidence

11. witness

13. bailiff

E. **convict** the defendant

F. **sentence** the defendant

G. **go** to jail / **go** to prison

H. **be** released

14. verdict*

15. convict / prisoner

*Note: There are two possible verdicts, "guilty" and "not guilty."

Look at the pictures.
Describe what happened.

A: *The police officer arrested a suspect.*
B: *He put handcuffs on him.*

Think about it. Discuss.

1. Would you want to serve on a jury? Why or why not?
2. Look at the crimes on page 145. What sentence would you give for each crime? Why?

Crime

1. vandalism
2. burglary

3. assault
4. gang violence

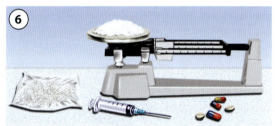

5. drunk driving
6. illegal drugs

7. arson
8. shoplifting

9. identity theft
10. victim

11. mugging
12. murder
13. gun

More vocabulary

commit a crime: to do something illegal
criminal: someone who does something illegal
steal: to take money or things from someone illegally

Identify the tenants' problem. Brainstorm solutions.

The apartment tenants at 65 Elm Street are upset. There were three burglaries on their block last month. This month there were five burglaries and a mugging!

145

Public Safety

A. **Walk** with a friend.

B. **Stay** on well-lit streets.

C. **Conceal** your PIN number.

D. **Protect** your purse or wallet.

E. **Lock** your doors.

F. Don't **open** your door to strangers.

G. Don't **drink** and **drive**.

H. **Shop** on secure websites.

I. **Be** aware of your surroundings.

J. **Report** suspicious packages.

K. **Report** crimes to the police.

L. **Join** a Neighborhood Watch.

More vocabulary

sober: not drunk

designated drivers: sober drivers who drive drunk people home safely

Survey your class. Record the responses.

1. Do you always lock your doors?
2. Do you belong to a Neighborhood Watch?

Report: _75%_ of us _always lock our doors_.

Cyber Safety

Online Dangers for Children

1. cyberbullying
2. online predators
3. inappropriate material

Ways to Protect Children

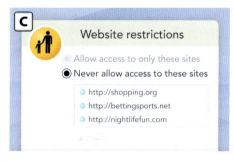

A. **Turn on** parental controls.
B. **Monitor** children's Internet use.
C. **Block** inappropriate sites.

Internet Crime

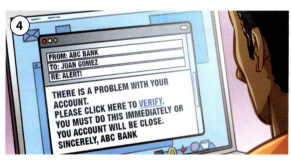

4. phishing
5. hacking

Safety Solutions

D. **Create** secure passwords.
E. **Update** security software.
F. **Use** encrypted / secure sites.
G. **Delete** suspicious emails.

147

Emergencies and Natural Disasters

1. lost child
2. car accident
3. airplane crash
4. explosion
5. earthquake
6. mudslide
7. forest fire
8. fire
9. firefighter
10. fire truck

Ways to report an emergency

First, give your name. *My name is <u>Tim Johnson</u>.*
Then, state the emergency and give the address.
There was <u>a car accident</u> at <u>219 Elm Street</u>.

Role play. Call 911.

A: *911 emergency operator.*
B: *My name is <u>Lisa Diaz</u>. There is <u>a fire</u> at <u>323 Oak Street</u>. Please hurry!*

Emergencies and Natural Disasters

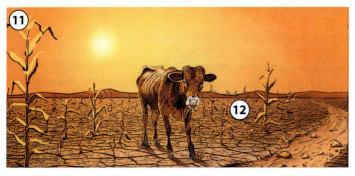

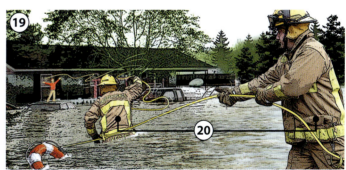

11. drought

12. famine

13. blizzard

14. hurricane

15. tornado

16. volcanic eruption

17. tidal wave / tsunami

18. avalanche

19. flood

20. search and rescue team

Survey your class. Record the responses.
1. Which natural disaster worries you the most?
2. Which natural disaster worries you the least?
Report: _Five_ of us are _most_ worried about _earthquakes_.

Think about it. Discuss.
1. What organizations can help you in an emergency?
2. What are some ways to prepare for natural disasters?
3. Where would you go in an emergency?

Emergency Procedures

Before an Emergency

A. **Plan** for an emergency.
1. meeting place
2. out-of-state contact
3. escape route
4. gas shut-off valve
5. evacuation route

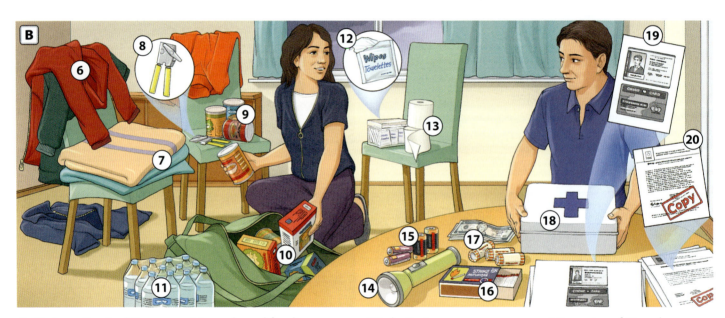

B. **Make** a disaster kit.
6. warm clothes
7. blankets
8. can opener
9. canned food
10. packaged food
11. bottled water
12. moist towelettes
13. toilet paper
14. flashlight
15. batteries
16. matches
17. cash and coins
18. first aid kit
19. copies of ID and credit cards
20. copies of important papers

Pair practice. Make new conversations.

A: *What do we need for our disaster kit?*
B: *We need blankets and matches.*
A: *I think we also need batteries.*

Survey your class. Record the responses.

1. Do you have a disaster kit?
2. Do you have an out-of-state contact?

Report: *Ten of us have a disaster kit.*

Emergency Procedures

During an Emergency

C. **Watch** the weather.

D. **Pay attention** to warnings.

E. **Remain** calm.

F. **Follow** directions.

G. **Help** people with disabilities.

H. **Seek** shelter.

I. **Stay away** from windows.

J. **Take** cover.

K. **Evacuate** the area.

After an Emergency

L. **Call** out-of-state contacts.

M. **Clean up** debris.

N. **Inspect** utilities.

Ways to say you're OK

I'm fine.
We're OK here.
Everything's under control.

Ways to say you need help

We need help.
Someone is hurt.
I'm injured. Please get help.

Role play. Prepare for an emergency.

A: They just issued a hurricane warning.
B: OK. We need to stay calm and follow directions.
A: What do we need to do first?

Community Cleanup

1. graffiti
2. litter
3. streetlight
4. hardware store
5. petition
A. **give** a speech
B. **applaud**
C. **change**

What do you see in the pictures?

1. What were the problems on Main Street?
2. What was the petition for?
3. Why did the city council applaud?
4. How did the volunteers change the street?

 Read the story.

Community Cleanup

Marta Lopez has a donut shop on Main Street. One day she looked at her street and was very upset. She saw <u>graffiti</u> on her donut shop and the other stores. <u>Litter</u> was everywhere. All the <u>streetlights</u> were broken. Marta wanted to fix the lights and clean up the street.

Marta started a <u>petition</u> about the streetlights. Five hundred people signed it. Then she <u>gave a speech</u> to the city council. The council members voted to repair the streetlights. Everyone <u>applauded</u>. Marta was happy, but her work wasn't finished.

Next, Marta asked for volunteers to clean up Main Street. The <u>hardware store</u> manager gave the volunteers free paint. Marta gave them free donuts and coffee. The volunteers painted and cleaned. They <u>changed</u> Main Street. Now Main Street is beautiful and Marta is proud.

Reread the story.

1. Find "repair" in paragraph 2. Find another word for "repair" in the story.

What do you think?

2. What are the benefits of being a volunteer?
3. What do you think Marta said in her speech? How do you know?

153

Basic Transportation

1. car
2. passenger
3. taxi
4. motorcycle
5. street
6. truck
7. train
8. (air)plane

Listen and point. Take turns.
A: *Point to the motorcycle.*
B: *Point to the truck.*
A: *Point to the train.*

Dictate to your partner. Take turns.
A: *Write motorcycle.*
B: *Could you repeat that for me?*
A: *I said motorcycle.*

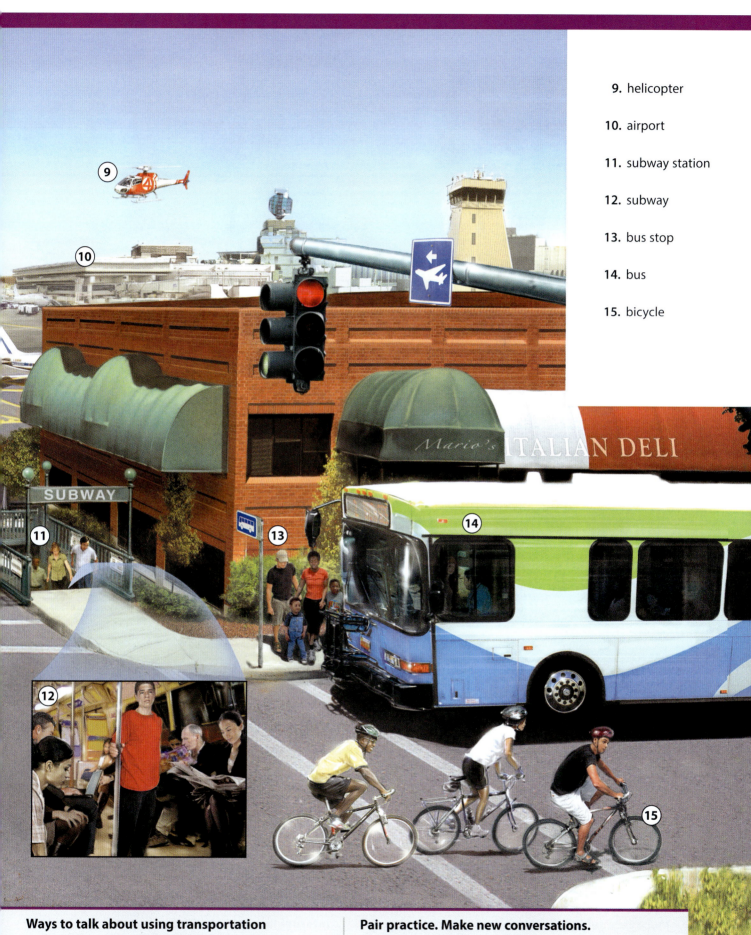

9. helicopter
10. airport
11. subway station
12. subway
13. bus stop
14. bus
15. bicycle

Ways to talk about using transportation

Use **take** for buses, trains, subways, taxis, planes, and helicopters. Use **drive** for cars and trucks. Use **ride** for bicycles and motorcycles.

Pair practice. Make new conversations.

A: *How do you get to school?*
B: *I take the bus. How about you?*
A: *I ride a bicycle to school.*

Public Transportation

A Bus Stop

A Subway Station

1. bus route
2. fare
3. rider
4. schedule
5. transfer

6. subway car
7. platform
8. turnstile
9. vending machine
10. token
11. fare card

A Train Station

Airport Transportation

12. ticket window
13. conductor
14. track
15. ticket
16. one-way trip
17. round trip

18. taxi stand
19. shuttle
20. town car
21. taxi driver
22. taxi license
23. meter

More vocabulary
hail a taxi: to raise your hand to get a taxi
miss the bus: to get to the bus stop after the bus leaves

Internet Research: taxi fares
Type "taxi fare finder" and your city in the search bar. Enter a starting address and an ending address.
Report: *The fare from* <u>my house</u> *to* <u>school</u> *is* <u>$10.00</u>.

Prepositions of Motion

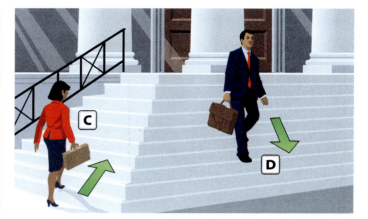

A. **go under** the bridge
B. **go over** the bridge
C. **walk up** the steps
D. **walk down** the steps

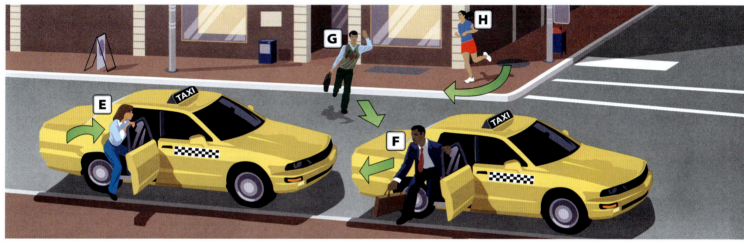

E. **get into** the taxi
F. **get out of** the taxi
G. **run across** the street
H. **run around** the corner

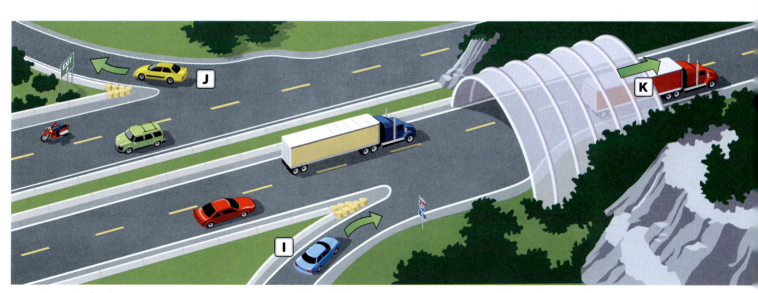

I. **get on** the highway
J. **get off** the highway
K. **drive through** the tunnel

Grammar Point: *into, out of, on, off*

Use *get into* for taxis and cars.
Use *get on* for buses, trains, planes, and highways.

Use *get out of* for taxis and cars.
Use *get off* for buses, trains, planes, and highways.

Traffic Signs

1. stop

2. do not enter / wrong way

3. one way

4. speed limit

5. U-turn OK

6. no outlet / dead end

7. right turn only

8. no left turn

9. yield

10. merge

11. no parking

12. handicapped parking

13. pedestrian crossing

14. railroad crossing

15. school crossing

16. roadwork

17. U.S. route / highway marker

18. hospital

Pair practice. Make new conversations.

A: *Watch out! The sign says <u>no left turn</u>.*
B: *Sorry, I was looking at the <u>stop</u> sign.*
A: *That's OK. Just be careful!*

Survey your class. Record the responses.

1. Which traffic signs are different in your native country?
2. Which traffic signs are similar in your native country?

Report: *The U.S. and <u>Mexico</u> have similar <u>stop</u> signs.*

Directions and Maps

Directions

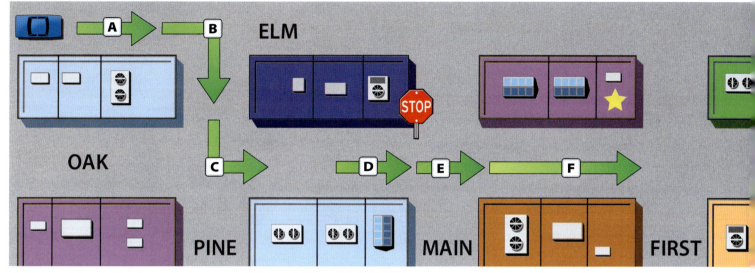

A. **Go straight** on Elm Street.

B. **Turn right** on Pine Street.

C. **Turn left** on Oak Street.

D. **Stop** at the corner.

E. **Go past** Main Street.

F. **Go** one block to First Street.

Maps

1. north
2. west
3. south
4. east
5. symbol
6. key
7. scale
8. street
9. highway
10. river
11. GPS (global positioning system)
12. Internet map

Role play. Ask for directions.

A: *I'm lost. I need to get to Elm and Pine.*
B: *Go straight on Oak and make a right on Pine.*
A: *Thanks so much.*

Think about it. Discuss.

1. What are the pros and cons of using a GPS?
2. Which types of jobs require map-reading skills?

Cars and Trucks

1. hybrid
2. electric vehicle / EV
3. EV charging station
4. sports car

5. convertible
6. hatchback
7. SUV (sport utility vehicle)
8. minivan

9. camper
10. RV (recreational vehicle)
11. limousine / limo

12. pickup truck
13. cargo van

14. tow truck
15. tractor-trailer / semi

16. cab
17. trailer

18. moving van
19. dump truck

20. tank truck
21. school bus

More vocabulary
sedan: a 4-door car
coupe: a 2-door car
make and model: the car manufacturer and style: *Ford Fiesta*

Pair practice. Make new conversations.
A: *I have a new car!*
B: *Did you get a hybrid?*
A: *Yes, but I really wanted a sports car.*

Buying and Maintaining a Car

Buying a Used Car

A. **Look at** car ads.
B. **Ask** the seller about the car.
C. **Take** the car to a mechanic.

D. **Negotiate** a price.
E. **Get** the title from the seller.
F. **Register** the car.

Taking Care of Your Car

G. **Fill** the tank with gas.
H. **Check** the oil.
I. **Put in** coolant.

J. **Go** for a smog and safety check.*
K. **Replace** the windshield wipers.
L. **Fill** the tires with air.

*smog check = emissions test

Ways to request service
Please check the oil.
Could you fill the tank?
Put in coolant, please.

Think about it. Discuss.
1. What's good and bad about a used car?
2. Do you like to negotiate car prices? Why or why not?
3. Do you know any good mechanics? Why are they good?

Parts of a Car

At the Dealer

1. windshield
2. windshield wipers
3. side-view mirror
4. hood
5. tire
6. turn signal
7. headlight
8. bumper

At the Mechanic

9. hubcap / wheel cover
10. gas tank
11. trunk
12. license plate
13. taillight
14. brake light
15. tailpipe
16. muffler

Under the Hood

17. fuel injection system
18. engine
19. radiator
20. battery

Inside the Trunk

21. jumper cables
22. lug wrench
23. spare tire
24. jack

Parts of a Car

The Dashboard and Instrument Panel

25. door lock
26. steering wheel
27. speedometer
28. odometer
29. oil gauge
30. temperature gauge
31. gas gauge
32. horn
33. ignition
34. turn signal
35. rearview mirror
36. hazard lights
37. touch screen / audio display
38. temperature control dial
39. fan speed
40. air conditioning / AC button
41. defroster
42. power outlet
43. airbag
44. glove compartment

An Automatic Transmission

45. brake pedal
46. gas pedal / accelerator
47. gearshift
48. handbrake

A Manual Transmission

49. clutch
50. stick shift

Inside the Car

51. front seat
52. seat belt
53. child safety seat
54. back seat

An Airport

In the Airline Terminal

At the Security Checkpoint

1. skycap
2. check-in kiosk
3. ticket agent
4. screening area
5. TSA* agent / security screener
6. bin

Taking a Flight

A. **Check in** electronically.

B. **Check** your bags.

C. **Show** your boarding pass and ID.

D. **Go through** security.

E. **Board** the plane.

F. **Find** your seat.

G. **Stow** your carry-on bag.

H. **Fasten** your seat belt.

I. **Put** your cell phone in airplane mode.

J. **Take off**. / **Leave**.

K. **Land**. / **Arrive**.

L. **Claim** your baggage.

*Transportation Security Administration

An Airport

At the Gate

7. arrival and departure monitors
8. gate
9. boarding area

On the Airplane

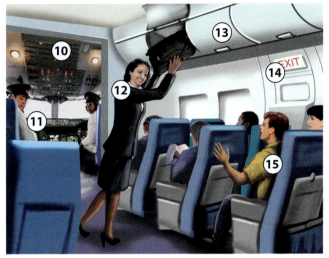

10. cockpit
11. pilot
12. flight attendant
13. overhead compartment
14. emergency exit
15. passenger

At Customs

16. declaration form
17. customs officer
18. luggage / bag

19. e-ticket
20. mobile boarding pass
21. tray table
22. turbulence
23. baggage carousel
24. oxygen mask
25. life vest
26. emergency card
27. reclined seat
28. upright seat
29. on time
30. delayed

More vocabulary
departure time: the time the plane takes off
arrival time: the time the plane lands
nonstop flight: a trip with no stops

Pair practice. Make new conversations.
A: *Excuse me. Where do I check in?*
B: *At the check-in kiosk.*
A: *Thanks.*

A Road Trip

1. ranger
2. wildlife
3. stars
4. scenery
5. automobile club card
6. destination

A. **pack**
B. **be** lost
C. **have** a flat tire
D. **get** a ticket
E. **run out** of gas
F. **break down**

What do you see in the pictures?

1. Where are the young men from? What's their destination?
2. Do they have a good trip? How do you know?

Read the story.

A Road Trip

On July 7, Joe and Rob <u>pack</u> their bags and start their road trip to New York City.

Their first stop is Yellowstone National Park. They listen to a <u>ranger</u> talk about the <u>wildlife</u> in the park. That night they go to bed under a sky full of <u>stars</u>, but Rob can't sleep. He's nervous about the wildlife.

The next day, their GPS breaks. "We're not going in the right direction!" Rob says. "<u>We're lost</u>!"

"No problem," says Joe. "We can take the southern route. We'll see some beautiful <u>scenery</u>."

But there are *a lot* of problems. They <u>have a flat tire</u> in west Texas and <u>get a</u> speeding <u>ticket</u> in east Texas. In South Carolina, they <u>run out of gas</u>. Then, five miles from New York City, their car <u>breaks down</u>. "Now, *this* is a problem," Joe says.

"No, it isn't," says Rob. He calls the number on his <u>automobile club card</u>. Help arrives in 20 minutes.

After 5,000 miles of problems, Joe and Rob finally reach their <u>destination</u>—by tow truck!

Reread the story.

1. Find the phrase "Help arrives." What does that phrase mean?

What do you think?

2. What is good, bad, or interesting about taking a road trip?
3. Imagine you are planning a road trip. Where will you go?

167

Job Search

A. **set** a goal

B. **write** a resume

C. **contact** references

D. **research** local companies

E. **talk** to friends / **network**

F. **go** to an employment agency

G. **look** for help wanted signs

H. **check** employment websites

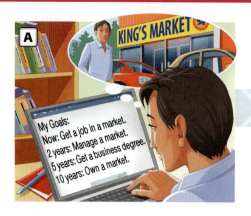
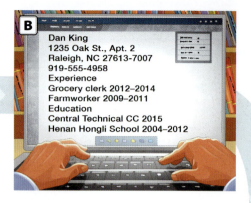

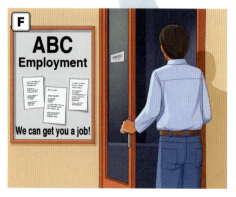

Listen and point. Take turns.

A: *Point to a resume.*
B: *Point to a help wanted sign.*
A: *Point to an application.*

Dictate to your partner. Take turns.

A: *Write contact.*
B: *Is it spelled c-o-n-t-a-c-t?*
A: *Yes, that's right, contact.*

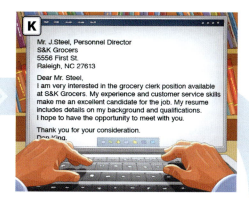

I. **apply** for a job

J. **complete** an application

K. **write** a cover letter

L. **submit** an application

M. **set up** an interview

N. **go on** an interview

O. **get** a job / **be** hired

P. **start** a new job

Ways to talk about the job search

It's important to <u>set a goal</u>.
You have to <u>write a resume</u>.
It's a good idea to <u>network</u>.

Role play. Talk about a job search.

A: *I'm looking for a job. What should I do?*
B: *Well, it's important to <u>set a goal</u>.*
A: *Yes, and I have to <u>write a resume</u>.*

169

Jobs and Occupations A–C

1. accountant

2. actor

3. administrative assistant

4. appliance repairperson

5. architect

6. artist

7. assembler

8. auto mechanic

9. babysitter

10. baker

11. business owner

12. businessperson

13. butcher

14. carpenter

15. cashier

16. childcare worker

Ways to ask about someone's job

What's her job?
What does he do?
What does he do for a living?

Pair practice. Make new conversations.

A: What does she do for a living?
B: She's an accountant. What do they do?
A: They're actors.

Jobs and Occupations C–H

17. commercial fisher

18. computer software engineer

19. computer technician

20. customer service representative

21. delivery person

22. dental assistant

23. dock worker

24. electronics repairperson

25. engineer

26. firefighter

27. florist

28. gardener

29. garment worker

30. graphic designer

31. hairdresser / hairstylist

32. home healthcare aide

Ways to talk about jobs and occupations

Sue's <u>a garment worker</u>. She works **in** a factory.
Tom's <u>an engineer</u>. He works **for** a large company.
Luis is <u>a gardener</u>. He's self-employed.

Role play. Talk about a friend's new job.

A: Does your friend like <u>his</u> new job?
B: Yes, <u>he</u> does. <u>He's a graphic designer</u>.
A: Who does <u>he</u> work for?

171

Jobs and Occupations H–P

33. homemaker

34. housekeeper

35. interpreter / translator

36. lawyer

37. machine operator

38. manicurist

39. medical records technician

40. messenger / courier

41. model

42. mover

43. musician

44. nurse

45. occupational therapist

46. (house) painter

47. physician assistant

48. police officer

Grammar Point: past tense of *be*

*I **was** a machine operator for five years.*
*She **was** a model from 2010 to 2012.*
*Before they **were** movers, they **were** painters.*

Pair practice. Make new conversations.

A: *What was your first job?*
B: *I was a musician. How about you?*
A: *I was a messenger for a small company.*

Jobs and Occupations P–W

 49. postal worker
 50. printer
 51. receptionist
 52. reporter

 53. retail clerk
 54. sanitation worker
 55. security guard
 56. server

 57. social worker
 58. soldier
 59. stock clerk
 60. telemarketer

 61. truck driver
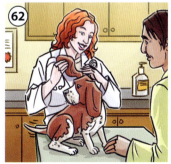 62. veterinarian
 63. welder
 64. writer / author

Survey your class. Record the responses.
1. What is one job you don't want to have?
2. Which jobs do you want to have?
Report: _Tom_ wants to be a(n) ____, but not a(n) ____.

Think about it. Discuss.
Q: What kind of person makes a good <u>interpreter</u>? Why?
A: To be a(n) ____, you need to be able to ____ and have ____, because…

Career Planning

Planning and Goal Setting

A. **visit** a career planning center

B. **explore** career options

C. **take** an interest inventory

D. **identify** your technical skills

E. **list** your soft skills

F. **consult** with a career counselor

G. **set** a long-term goal

H. **set** a short-term goal

I. **attend** a job fair

J. **speak** with a recruiter

Career Planning

Career Path

1. basic education
2. entry-level job
3. training
4. new job

5. college degree
6. career advancement
7. continuing education / professional development
8. promotion

Types of Training

 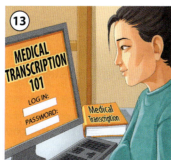 

9. career and technical training / vocational training
10. apprenticeship
11. internship
12. on-the-job training
13. online course
14. workshop

Job Skills

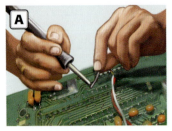
A. **assemble** components

B. **assist** medical patients

C. **cook**

D. **do** manual labor

E. **drive** a truck

F. **fly** a plane

G. **make** furniture

H. **operate** heavy machinery

I. **program** computers/**code**

J. **repair** appliances

K. **sell** cars

L. **sew** clothes

M. **solve** math problems

N. **speak** another language

O. **supervise** people

P. **take care of** children

Q. **teach**

R. **type**

S. **use** a cash register

T. **wait on** customers

Grammar Point: *can, can't*

I am a chef. I **can** cook.
I'm not a pilot. I **can't** fly a plane.
I **can't** speak French, but I **can** speak Spanish.

Role play. Talk to a job counselor.

A: *Let's talk about your skills. Can you <u>type</u>?*
B: *<u>No, I can't, but</u> I can <u>use a cash register</u>.*
A: *That's good. What else can you do?*

Office Skills

Office Skills

A. **type** a letter

B. **enter** data

C. **transcribe** notes

D. **make** copies

E. **collate** papers

F. **staple**

G. **fax** a document

H. **scan** a document

I. **print** a document

J. **schedule** a meeting

K. **take** notes

L. **organize** materials

Telephone Skills

M. **greet** the caller

N. **put** the caller on hold

O. **transfer** the call

P. **leave** a message

Q. **take** a message

R. **check** messages

Soft Skills

Leadership Skills

A. **solve** problems

B. **think** critically

C. **make** decisions

D. **manage** time

Interpersonal Skills

E. **communicate** clearly

F. **cooperate** with teammates

G. **clarify** instructions

H. **respond** well to feedback

Personal Qualities

1. patient

2. positive

3. willing to learn

4. honest

Ways to talk about your skills
I **can** solve problems. I communicate clearly.
Ways to talk about your qualities
I **am** patient and honest.

Talk about your skills and abilities.
A: Tell me about your leadership skills.
B: I can solve problems. How about you?
A: I can think critically.

Interview Skills

A. **Prepare** for the interview.

B. **Dress** appropriately.

C. **Be** neat.

D. **Bring** your resume and ID.

E. **Don't be** late.

F. **Be** on time.

G. **Turn off** your cell phone.

H. **Greet** the interviewer.

I. **Shake** hands.

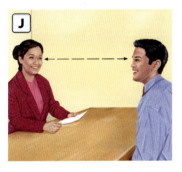

J. **Make** eye contact.

K. **Listen** carefully.

L. **Talk** about your experience.

M. **Ask** questions.

N. **Thank** the interviewer.

O. **Write** a thank-you note.

More vocabulary

benefits: health insurance, vacation pay, or other things the employer can offer an employee

inquire about benefits: to ask about benefits

Identify Dan's problem. Brainstorm solutions.

Dan has an interview tomorrow. Making eye contact with strangers is hard for him. He doesn't like to ask questions. What can he do?

First Day on the Job

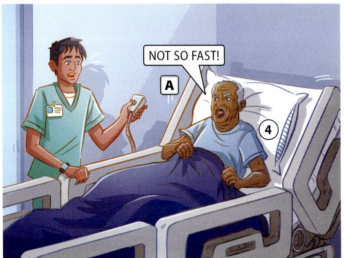

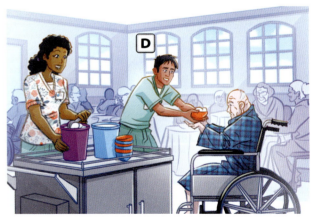

1. facility
2. staff
3. team player
4. resident
5. co-worker
6. shift

A. **yell**
B. **complain**
C. **direct**
D. **distribute**

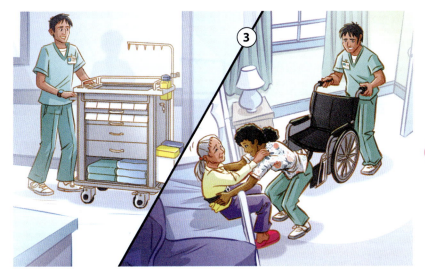

What do you see in the pictures?

1. What time does Leo arrive at the nursing home?
2. What other types of workers are on the staff?
3. Is Leo a team player? How do you know?
4. How long was Leo's shift on his first day?

Read the story.

First Day on the Job

Leo Reyes arrives at the Lakeview nursing home <u>facility</u> at 7 a.m. It's his first day as a CNA. The nurse, Ms. Castro, introduces him to the <u>staff</u>. He meets Lakeview's receptionist, cook, social worker, physical therapists, and the other CNAs. Then it's time for work.

Leo has a positive attitude. He is a <u>team player</u>. He also makes mistakes.

One elderly <u>resident</u> <u>yells</u> at Leo. Another <u>complains</u> about him. Leo goes to the wrong room, but a <u>co-worker</u> <u>directs</u> him to the right one.

The afternoon is better. Leo listens to the residents talk about their careers. He drives the van to the mall. He helps another CNA <u>distribute</u> the afternoon snacks.

At the end of his <u>shift</u>, Ms. Castro asks Leo about his day. He tells her, "I worked hard, made mistakes, and learned a lot!" Ms. Castro smiles and says, "Sounds like a good first day!"

Reread the story.

1. Highlight the word "distribute" in paragraph 4. What other words can you use here?
2. Underline two examples of negative feedback in the story.

What do you think?

3. Should Leo respond to the residents' feedback? Why or why not?

The Workplace

1. entrance
2. customer
3. office
4. employer / boss
5. receptionist
6. safety regulations

Listen and point. Take turns.

A: Point to the <u>front entrance</u>.
B: Point to the <u>receptionist</u>.
A: Point to the <u>time clock</u>.

Dictate to your partner. Take turns.

A: Can you spell <u>employer</u>?
B: I'm not sure. Is it <u>e-m-p-l-o-y-e-r</u>?
A: Yes, that's right.

Inside a Company

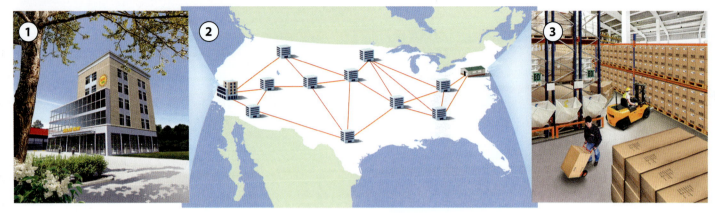

1. corporate offices / headquarters
2. branch locations
3. warehouse

4. human resources
5. research and development
6. marketing

7. sales
8. logistics
9. accounting

10. IT / information technology
11. customer service
12. building maintenance
13. security

Use the new words.

Look at pages 170–173. Find jobs for each department.
A: *Accountants* work in *accounting*.
B: *Security guards* work in *security*.

Survey your class. Record the responses.

Which department(s) would you like to work in?
Report: *Ten* of us would like to work in *logistics*.
Nobody wants to work in *security*.

Manufacturing

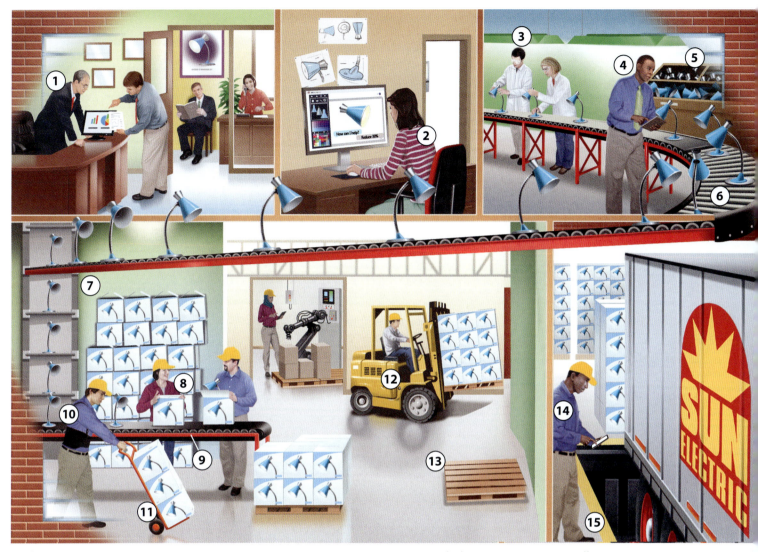

1. factory owner
2. designer
3. factory worker
4. line supervisor
5. parts
6. assembly line
7. warehouse
8. packer
9. conveyer belt
10. order puller
11. hand truck
12. forklift
13. pallet
14. shipping clerk
15. loading dock

A. design

B. manufacture

C. assemble

D. ship

Landscaping and Gardening

1. gardening crew
2. leaf blower
3. wheelbarrow
4. gardening crew leader
5. landscape designer
6. lawn mower
7. shovel
8. rake
9. pruning shears
10. trowel
11. hedge clippers
12. weed whacker / weed eater

A. **mow** the lawn
B. **trim** the hedges
C. **rake** the leaves
D. **fertilize** / **feed** the plants
E. **plant** a tree
F. **water** the plants
G. **weed** the flower beds
H. **install** a sprinkler system

Use the new words.
Look at page 53. Name what you can do in the yard.

A: I can <u>mow the lawn</u>.
B: I can <u>weed the flower bed</u>.

Identify Inez's problem. Brainstorm solutions.
Inez works on a gardening crew. She wants to learn to install sprinklers. The crew leader has no time to teach her. What can she do?

186

Farming and Ranching

Crops

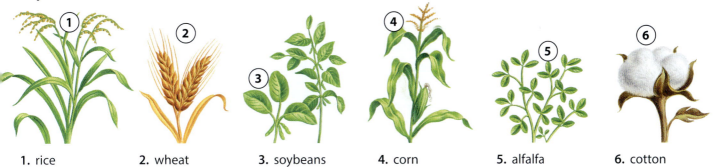

1. rice
2. wheat
3. soybeans
4. corn
5. alfalfa
6. cotton

7. field
8. farmworker
9. tractor
10. orchard
11. barn
12. farm equipment
13. farmer / grower
14. vegetable garden
15. livestock
16. vineyard
17. corral
18. hay
19. fence
20. hired hand
21. cattle
22. rancher

A. **plant**
B. **harvest**
C. **milk**
D. **feed**

187

Office Work

1. supply cabinet
2. clerk
3. janitor
4. conference room
5. executive
6. presentation
7. cubicle
8. office manager
9. desk
10. file clerk
11. file cabinet
12. computer technician
13. PBX
14. receptionist
15. reception area
16. waiting area

Ways to greet a receptionist

Good <u>morning</u>. I'm here for a <u>job interview</u>.
Hello. I have a <u>9 a.m.</u> appointment with <u>Mr. Lee</u>.
Hi. I'm here to see <u>Mr. Lee</u>. <u>He's</u> expecting me.

Role play. Talk to a receptionist.

A: Hello. How can I help you?
B: <u>I'm here for a job interview with Mr. Lee</u>.
A: OK. What is your name?

Office Work

Office Equipment

17. computer
18. inkjet printer
19. laser printer
20. scanner
21. fax machine
22. paper cutter
23. photocopier
24. paper shredder
25. calculator
26. electric pencil sharpener
27. postal scale

Office Supplies

28. stapler
29. staples
30. clear tape
31. paper clip
32. packing tape
33. glue
34. rubber band
35. pushpin
36. correction fluid
37. correction tape
38. legal pad
39. sticky notes
40. mailer
41. mailing label
42. letterhead / stationery
43. envelope
44. rotary card file
45. ink cartridge
46. ink pad
47. stamp
48. appointment book
49. organizer
50. file folder

189

Information Technology (IT)

1. mainframe computer
2. computer operations specialist
3. data
4. cybersecurity
5. virus alert
6. tablet

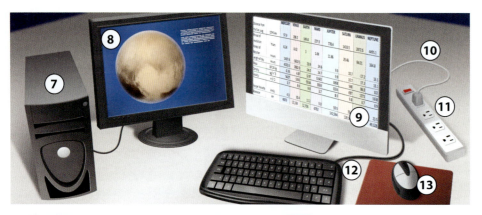

7. tower	13. mouse	19. hard drive	25. flash drive / thumb drive
8. monitor	14. power supply unit	20. USB port	26. hub
9. desktop computer	15. DVD and CD-ROM drive	21. printer	27. external hard drive
10. power cord	16. microprocessor / CPU	22. laptop computer	28. speaker
11. surge protector	17. RAM (random access memory)	23. keyboard	
12. cable	18. motherboard	24. track pad	

Information Technology (IT)

Software / Applications

29. word processing program

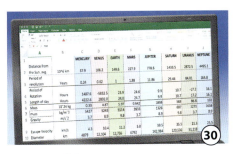
30. spreadsheet program

31. presentation program

Internet Connectivity

32. Wi-Fi connection
34. modem
33. router

Web Conferencing

35. headset
37. webcam
36. mic / microphone

A. The computer **won't start**.

B. The screen **froze**.

C. I **can't install** the update.

D. I **can't log on**.

E. It **won't print**.

F. I **can't stream** video.

A Hotel

1. doorman
2. revolving door
3. parking attendant
4. concierge
5. gift shop
6. bell captain
7. bellhop
8. luggage cart
9. elevator
10. guest
11. desk clerk
12. front desk

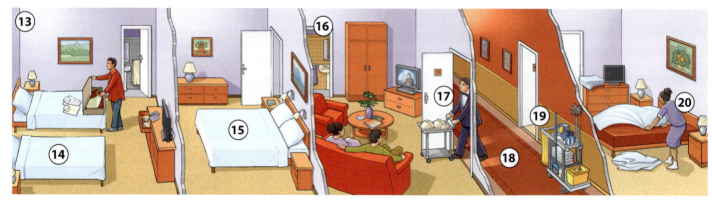

13. guest room
14. double bed
15. king-size bed
16. suite
17. room service
18. hallway
19. housekeeping cart
20. housekeeper

21. pool service
22. pool
23. maintenance
24. gym
25. meeting room
26. ballroom

Food Service

A Restaurant Kitchen

1. short-order cook
2. dishwasher
3. walk-in freezer
4. food preparation worker
5. storeroom
6. sous-chef
7. head chef / executive chef

Restaurant Dining

 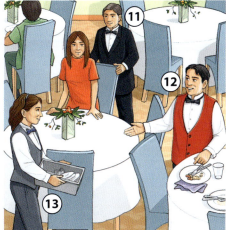 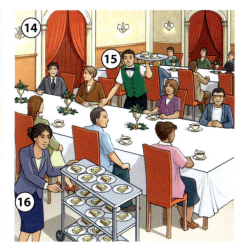

8. server
9. diner
10. buffet
11. maitre d'
12. headwaiter
13. bus person
14. banquet room
15. runner
16. caterer

More vocabulary
line cook: short-order cook
wait staff: servers, headwaiters, and runners

Think about it. Discuss.
1. What is the hardest job in a hotel or restaurant? Explain. (Being a ____ is hard because these workers have to ____.)
2. Pick two jobs on these pages. Compare them.

Tools and Building Supplies

HAND TOOLS / HARDWARE / POWER TOOLS

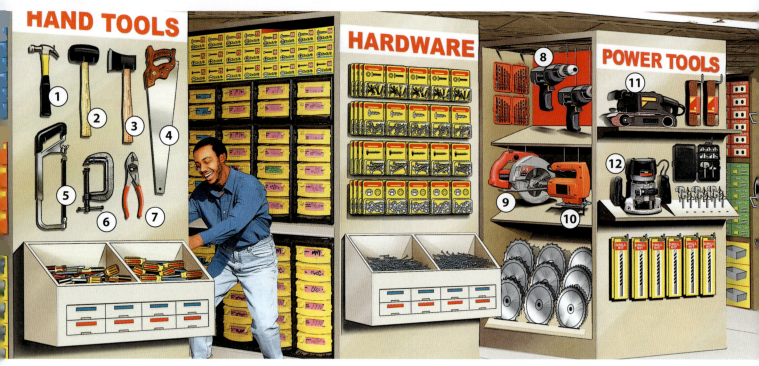

1. hammer
2. mallet
3. ax
4. handsaw
5. hacksaw
6. C-clamp
7. pliers
8. electric drill
9. circular saw
10. jigsaw
11. power sander
12. router

26. vise
27. blade
28. drill bit
29. level
30. screwdriver
31. Phillips screwdriver
32. machine screw
33. wood screw
34. nail
35. bolt
36. nut
37. washer
38. toggle bolt
39. hook
40. eye hook
41. chain

Use the new words.
Look at pages 62–63. Name the tools you see.

A: *There's a hammer.*
B: *There's a pipe wrench.*

Survey your class. Record the responses.
1. Are you good with tools?
2. Which tools do you have at home?
Report: *75% of us are… Most of us have…*

194

Tools and Building Supplies

13. wire
14. extension cord
15. bungee cord
16. yardstick
17. pipe
18. fittings
19. 2 x 4 (two by four)
20. particle board
21. spray gun
22. paintbrush
23. paint roller
24. wood stain
25. paint

42. wire stripper
43. electrical tape
44. work light
45. tape measure
46. outlet cover
47. pipe wrench
48. adjustable wrench
49. duct tape
50. plunger
51. paint pan
52. scraper
53. masking tape
54. drop cloth
55. chisel
56. sandpaper
57. plane

Role play. Find an item in a building supply store.

A: Where can I find <u>particle board</u>?
B: It's <u>on the back wall</u>, in the <u>lumber</u> section.
A: Great. And where <u>are the nails</u>?

Identify Jean's problem. Brainstorm solutions.

Jean borrowed Jody's drill last month. Now she can't find it. She doesn't know what to do!

195

Construction

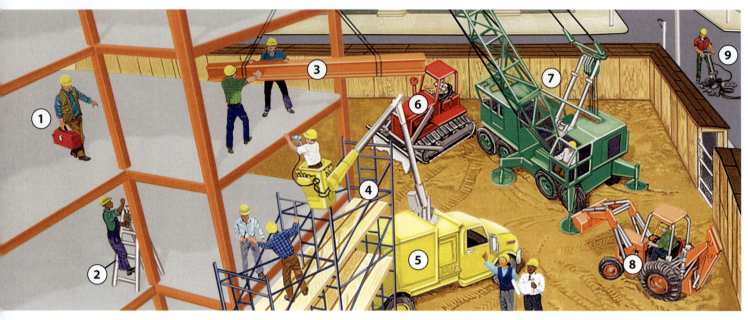

1. construction worker
2. ladder
3. I beam / girder
4. scaffolding
5. cherry picker
6. bulldozer
7. crane
8. backhoe
9. jackhammer / pneumatic drill

10. concrete
11. tile
12. bricks
13. trowel
14. insulation
15. stucco
16. windowpane
17. wood / lumber
18. plywood
19. drywall
20. shingles
21. pickax
22. shovel
23. sledgehammer

A. paint

B. lay bricks

C. install tile

D. hammer

Job Safety

Safety Hazards and Hazardous Materials

1. careless worker
2. careful worker
3. poisonous fumes
4. broken equipment
5. frayed cord
6. slippery floor
7. radioactive materials
8. flammable liquids

Safety Equipment

9. hard hat
10. safety glasses
11. safety goggles
12. safety visor
13. respirator
14. particle mask
15. earplugs
16. earmuffs
17. work gloves
18. back support belt
19. knee pads
20. safety boots
21. fire extinguisher
22. two-way radio

197

A Bad Day at Work

1. dangerous
2. clinic
3. budget
4. floor plan
5. contractor
6. electrical hazard
7. wiring
8. bricklayer

A. **call in** sick

What do you see in the pictures?

1. How many workers are there? How many are working?
2. Why did two workers call in sick?
3. What is dangerous at the construction site?

Read the story.

A Bad Day at Work

Sam Lopez is the <u>contractor</u> for a new building. He makes the schedule and supervises the <u>budget</u>. He also solves problems. Today there are a lot of problems.

Two <u>bricklayers</u> <u>called in sick</u> this morning. So Sam has only one bricklayer at work. One hour later, a construction worker fell. He had to go to the <u>clinic</u>.

Construction work is <u>dangerous</u>. Sam always tells his workers to be careful. Yesterday he told them about the new <u>wiring</u> on the site. It's an <u>electrical hazard</u>.

Right now, the building owner is in Sam's office. Her new <u>floor plan</u> has 25 more offices. Sam has a headache. Maybe he needs to call in sick tomorrow.

Reread the story.

1. Make a timeline of the events in this story. What happened first? next? last?
2. Find the sentence "He had to go to the clinic" in paragraph 2. Is "he" the worker or Sam? How do you know?

What do you think?

3. Give examples of good reasons (or excuses) to give when you can't come in to work. Give an example of a bad excuse. Why is it bad?
4. Imagine you are Sam. What do you tell the building owner? Why?

Schools and Subjects

1. preschool / nursery school
2. elementary school
3. middle school / junior high school
4. high school
5. career and technical school / vocational school
6. community college
7. college / university
8. adult school

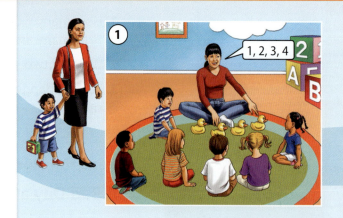
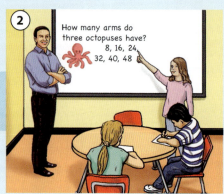

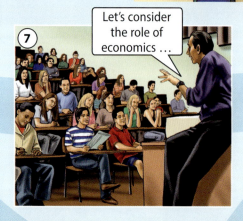

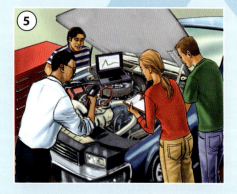

Listen and point. Take turns.

A: *Point to the preschool.*
B: *Point to the high school.*
A: *Point to the adult school.*

Dictate to your partner. Take turns.

A: *Write preschool.*
B: *Is that p-r-e-s-c-h-o-o-l?*
A: *Yes, that's right.*

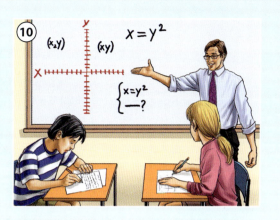

9. language arts

10. math

11. science

12. history

13. world languages

14. English language instruction

15. arts

16. music

17. physical education

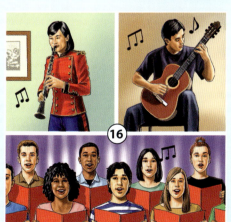
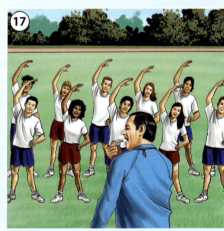

More vocabulary

core course: a subject students have to take. Math is a core course.
elective: a subject students choose to take. Art is an elective.

Pair practice. Make new conversations.

A: *I go to a community college.*
B: *What subjects are you taking?*
A: *I'm taking history and science.*

English Composition

1. word — factory
2. sentence — I worked in a factory.
3. paragraph — Little by little, work and success came to me. My first job wasn't good. I worked in a small factory. Now, I help manage two factories.
4. essay

Parts of an Essay

5. title
6. introduction
7. evidence
8. body
9. conclusion
10. quotation
11. citation
12. footnote
13. source

Carlos Lopez
Eng. Comp.
10/03/26

Success in the U.S. (5)

(6) I came to Los Angeles from Mexico in 2006. I had no job, no friends, and no family here. I was homesick and scared, but I did not go home. I took English classes (always at night) and I studied hard. I believed in my future success!

(8) According to the PEW Research Center, more than 1.5 million immigrants come to the U.S. every year.¹ (7) Most of us need to find work. During my first year here, my routine was the same: get up; look for work; go to class; go to bed. I had to take jobs with long hours and low pay. Often I had two or three jobs.

Little by little, work and success came to me. My first job wasn't good. I worked in a small factory. Now, I help manage two factories.

(9) Hard work makes success possible, and "men were born to succeed, not to fail" (10) (Thoreau, 1853). (11) My story demonstrates the truth of that statement.

(12) ¹ PEW Research Center, 2020 (13)

Punctuation

14. . period
15. ? question mark
16. ! exclamation mark / exclamation point
17. , comma
18. " " quotation marks
19. ' apostrophe
20. : colon
21. ; semicolon
22. ( ) parentheses
23. - hyphen

Writing Rules

A
Carlos
Mexico
Los Angeles

A. **Capitalize** names.

B
Hard work makes success possible.

B. **Capitalize** the first letter in a sentence.

C
I was homesick and scared, but I did not go home.

C. **Use** punctuation.

D
   I came to Los Angeles from Mexico in 2006. I had no job, no friends, and no family here. I was homesick and scared, but I did not go home. I took English classes (always at night) and I studied hard. I believed in my future success!

D. **Indent** the first sentence in a paragraph.

Ways to ask for suggestions on your compositions

What do you think of this *title*?
Is this *paragraph* OK? Is the *punctuation* correct?
Do you have any suggestions for the *conclusion*?

Pair practice. Make new conversations.

A: What do you think of this *title*?
B: I think you need to *revise* it.
A: Thanks. How would you *revise* it?

English Composition

The Writing Process

PREWRITING

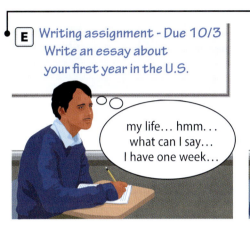

E. **Think about** the assignment.

F. **Brainstorm** ideas.

G. **Organize** your ideas.

WRITING AND REVISING

H. **Write** a first draft.

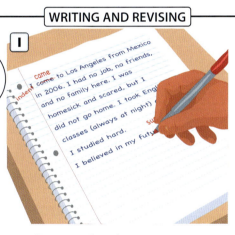

I. **Edit**. / **Proofread**.

J. **Revise**. / **Rewrite**.

SHARING AND RESPONDING

K. **Get** feedback.

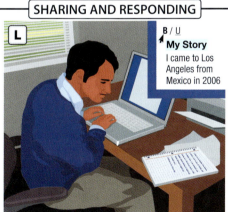

L. **Write** a final draft.

M. **Turn in** / **Hand in** your paper.

Survey your class. Record the responses.
1. Do you prefer to write essays or read them?
2. Which is more difficult: writing a first draft or revising?

Report: _Five_ people I surveyed said ___.

Think about it. Discuss.
1. What are interesting topics for essays?
2. Do you like to read quotations? Why or why not?
3. In which jobs are writing skills important?

Mathematics

Integers

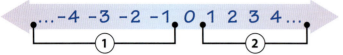

1. negative integers
2. positive integers

Fractions

3. 1, 3, 5, 7, 9, 11 …
4. 2, 4, 6, 8, 10 …

$\frac{3}{8}$ $\frac{3}{8}$

3. odd numbers
4. even numbers
5. numerator
6. denominator

Math Operations

A. **add**   B. **subtract**   C. **multiply**   D. **divide**

7. sum
8. difference
9. product
10. quotient

A Math Problem

11.
Tom is 10 years older than Kim. Next year he will be twice as old as Kim. How old is Tom this year?

12.
$x =$ Kim's age now
$x + 10 =$ Tom's age now
$x + 1 =$ Kim's age next year
$2(x + 1) =$ Tom's age next year

$x + 10 + 1 = 2(x + 1)$
$x + 11 = 2x + 2$ **13.**
$11 - 2 = 2x - x$

$x = 9$, Kim is 9, Tom is 19   **14.**

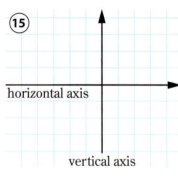

horizontal axis

vertical axis

11. word problem
12. variable
13. equation
14. solution
15. graph

Types of Math

$x =$ the sale price
$x = 79.00 - .40 (79.00)$
$x = \$47.40$

16. algebra

area of path = 24 square ft.
area of brick = 2 square ft.
24 / 2 = 12 bricks

17. geometry

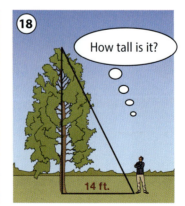

$\tan 63° =$ height / 14 feet
height = 14 feet $(\tan 63°)$
height $\simeq 27.48$ feet

18. trigonometry

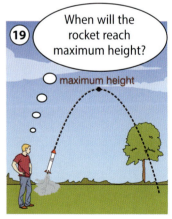

$s(t) = -\frac{1}{2} g t^2 + V_0 t + h$
$s'(t) = -gt + V_0 = 0$
$t = V_0 / g$

19. calculus

Mathematics

Lines

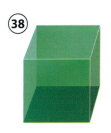

20. line segment
21. endpoint
22. straight line
23. curved line
24. perpendicular lines
25. parallel lines

Angles

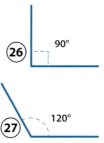

26. right angle / 90° angle
27. obtuse angle
28. acute angle

Shapes

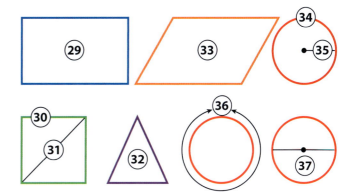

29. rectangle
30. square
31. diagonal
32. triangle
33. parallelogram
34. circle
35. radius
36. circumference
37. diameter

Geometric Solids

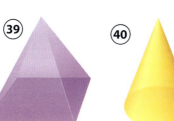

38. cube
39. pyramid
40. cone

41. cylinder
42. sphere

Measuring Area and Volume

$\ell \times w$ = area

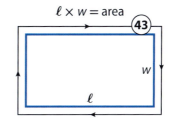

$6 \times f$ = surface area

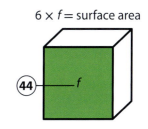

43. perimeter
44. face

$\pi \times r^2 \times h$ = volume

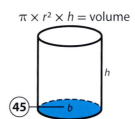

$\frac{4}{3} \times \pi \times r^3$ = volume

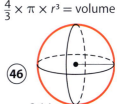

$\pi \approx 3.14$

45. base
46. pi

Survey your class. Record the responses.

1. Is division easy or difficult?
2. Is algebra easy or difficult?

Report: <u>50%</u> of the class thinks ____ is difficult.

Think about it. Discuss.

1. What's the best way to learn mathematics?
2. How can you find the area of your classroom?
3. Which jobs use math? Which don't?

Science

Biology

1. organisms
2. biologist
3. slide
4. cell
5. cell wall
6. cell membrane
7. nucleus
8. chromosome
9. cytoplasm

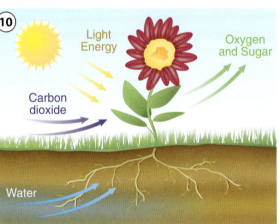
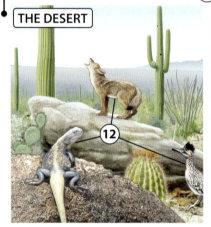
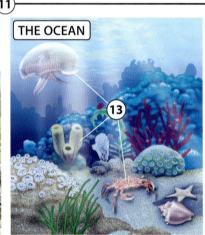

10. photosynthesis
11. habitat
12. vertebrates
13. invertebrates

A Microscope

14. eyepiece
15. revolving nosepiece
16. objective
17. stage
18. diaphragm
19. light source
20. base
21. stage clips
22. fine adjustment knob
23. arm
24. coarse adjustment knob

206

Science

Chemistry

Physics

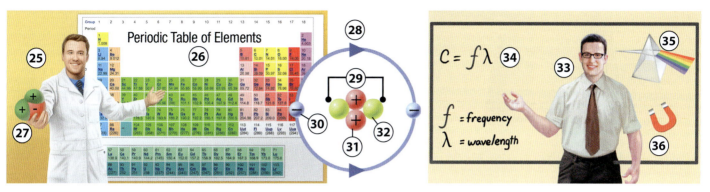

25. chemist
26. periodic table
27. molecule
28. atom
29. nucleus
30. electron
31. proton
32. neutron
33. physicist
34. formula
35. prism
36. magnet

A Science Lab

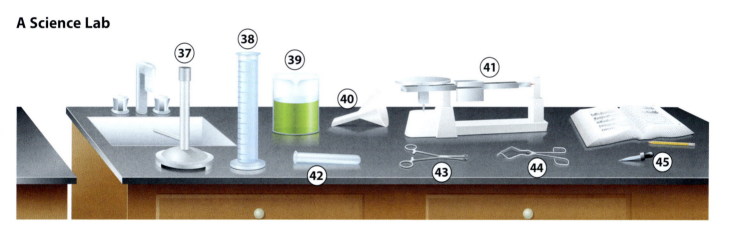

37. Bunsen burner
38. graduated cylinder
39. beaker
40. funnel
41. balance / scale
42. test tube
43. forceps
44. crucible tongs
45. dropper

An Experiment

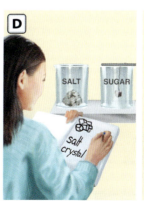

A. **State** a hypothesis.
B. **Do** an experiment.
C. **Observe.**
D. **Record** the results.
E. **Draw** a conclusion.

U.S. History

Colonial Period

1. thirteen colonies
2. colonists
3. Native American
4. enslaved people
5. Declaration of Independence
6. First Continental Congress
7. founders
8. Revolutionary War
9. redcoat
10. minuteman
11. first president
12. Constitution
13. Bill of Rights

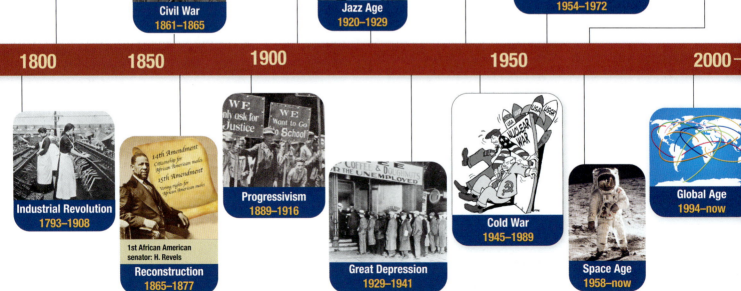

World History

Civilizations

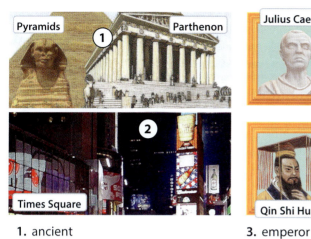
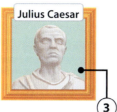

1. ancient
2. modern
3. emperor
4. monarch
5. president
6. dictator
7. prime minister

Historical Terms

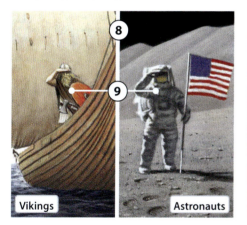

8. exploration
9. explorer
10. war
11. army
12. immigration
13. immigrant

14. composer
15. composition
16. political movement
17. activist
18. inventor
19. invention

209

Digital Literacy: Digital Skills

Creating a Document

A. **open/launch** the program

B. **create** a new document

C. **type**

D. **save** the document

E. **close** the document

F. **quit** the program

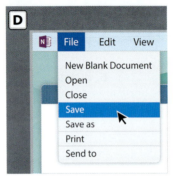
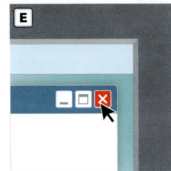

Selecting and Changing Text

G. **click** on the screen

H. **double-click** to select a word

I. **delete** a word

J. **drag** to select text

K. **copy** text

L. **paste** text

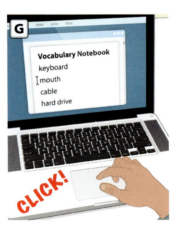

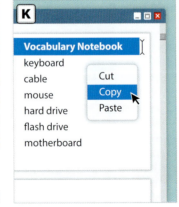

More vocabulary

keyboard shortcut: Use the keyboard to copy, paste, cut, etc. Click Ctrl (PC) or ⌘ (Mac) + X to cut text.

Use mobile gestures: to move around a phone screen

Identify Diego's problem. Brainstorm solutions.

Diego is nervous around computers. He needs to complete an online job application. His brother, Luis, offers to apply for him. What could Diego do?

Digital Literacy: Digital Skills

Moving around the Screen

Registering an Account

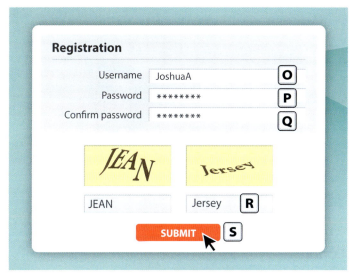

M. **scroll**

N. **use** the arrow keys

O. **create** a username

P. **create** a password

Q. **reenter** the password / **type** the password again

R. **type** the verification code

S. **click** submit

Sending Email

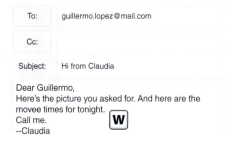

T. **log in** to your account

U. **address** the email

V. **type** the subject

W. **compose** / **write** the message

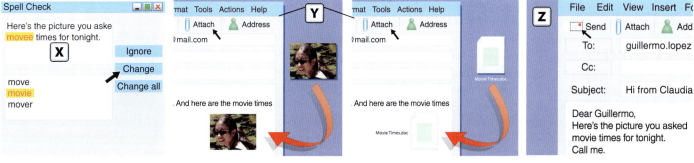

X. **check** your spelling

Y. **attach** a file

Z. **send** the email

211

Internet Research

1. research question
2. search engine
3. search box
4. keywords
5. search results
6. links

Conducting Research

A. **select** a search engine

B. **type** in a phrase

C. **type** in a question

D. **click** the search icon / **search**

E. **look** at the results

F. **click** on a link

G. **bookmark** a site

H. **keep** a record of sources

I. **cite** sources

Domain Extensions for Websites.
.com, .net = business site
.gov = government site
.edu = school site
.org = non profit site

More vocabulary

research: to search for and record information that answers a question

investigate: to research a problem or situation

Ways to talk about your research

My research shows _____.
According to my research, _____.
These are the results of my research: _____.

Internet Research

7. menu bar
8. browser window
9. back button
10. URL / website address
11. refresh button
12. web page
13. source
14. tab
15. drop-down menu
16. content
17. pop-up ad
18. video player
19. social media links
20. date

Internet Research: online practice

Type "practice" in the search bar. Add more keywords. ("ESL vocabulary," etc.)

Report: *I found <u>vocabulary</u> practice on a site called ____.*

Think about it. Discuss.

1. Which is better for Internet research: searching with a question, a phrase, or keywords? Explain.
2. Do you enjoy research? Why or why not?

Geography and Habitats

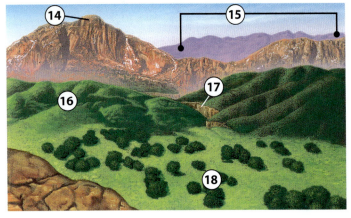
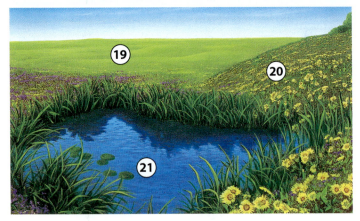

1. rain forest
2. waterfall
3. river
4. desert
5. sand dune
6. ocean
7. peninsula
8. island
9. bay
10. beach
11. forest
12. shore
13. lake
14. mountain peak
15. mountain range
16. hills
17. canyon
18. valley
19. plains
20. meadow
21. pond

More vocabulary

body of water: a river, a lake, or an ocean
stream / creek: a very small river
inhabitants: the people and animals living in a habitat

Survey your class. Record the responses.

1. Would you rather live by the ocean or a lake?
2. Would you rather live in a desert or a rainforest?

Report: *Fifteen* of us would rather ____ than ____.

The Universe

The Solar System and the Planets

1. Mercury
2. Venus
3. Earth
4. Mars
5. Jupiter
6. Saturn
7. Uranus
8. Neptune

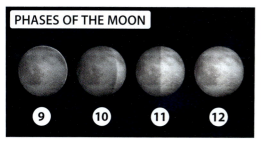

PHASES OF THE MOON

9. new moon
10. crescent moon
11. quarter moon
12. full moon

SPACE

13. star
14. constellation
15. galaxy
16. solar eclipse

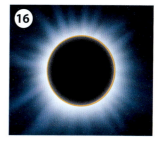

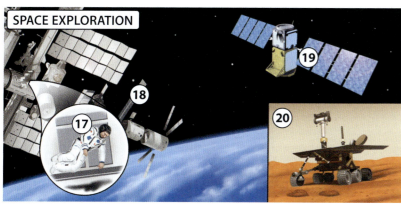

SPACE EXPLORATION

17. astronaut
18. space station
19. satellite
20. probe / rover

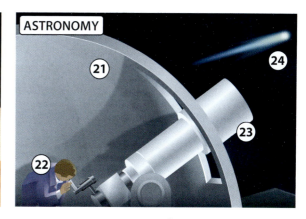

ASTRONOMY

21. observatory
22. astronomer
23. telescope
24. comet

More vocabulary

lunar eclipse: when the moon is in the earth's shadow
Big Dipper: a famous part of the constellation Ursa Major
Sirius: the brightest star in the night sky

Think about it. Discuss.

1. Do you want to travel in space? Why or why not?
2. Who should pay for space exploration? Why?
3. What do you like best about the night sky?

Trees and Plants

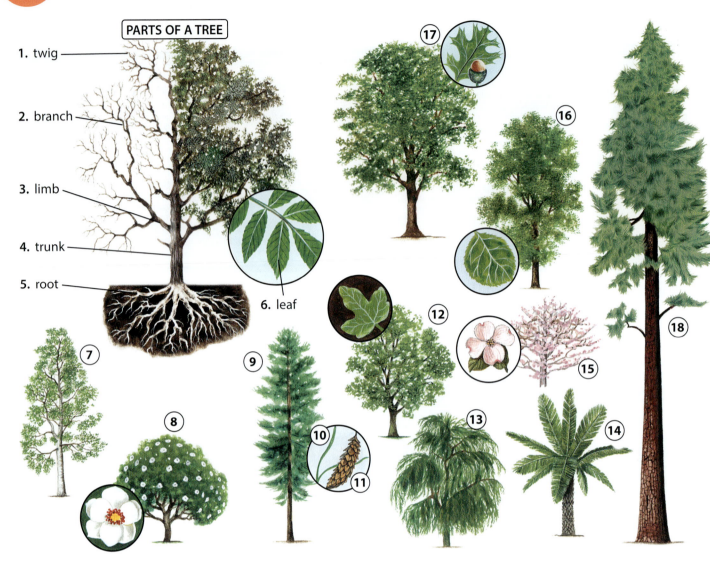

PARTS OF A TREE

1. twig
2. branch
3. limb
4. trunk
5. root
6. leaf

7. birch
8. magnolia
9. pine

10. needle
11. pine cone
12. maple

13. willow
14. palm
15. dogwood

16. elm
17. oak
18. redwood

Plants

19. holly
20. berries

21. cactus
22. vine

23. poison sumac
24. poison oak

25. poison ivy

Flowers

Parts of a Flower

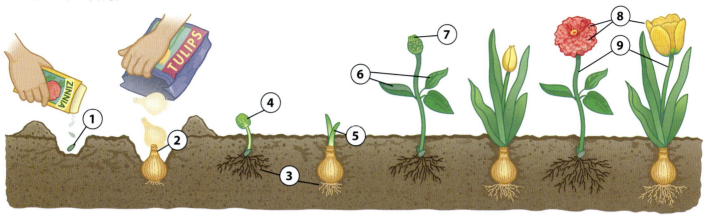

1. seed
2. bulb
3. roots
4. seedling
5. shoot
6. leaves
7. bud
8. petals
9. stems

10. sunflower
11. tulip
12. hibiscus
13. marigold
14. daisy
15. rose
16. iris
17. crocus
18. gardenia
19. orchid
20. carnation
21. chrysanthemum
22. jasmine
23. violet
24. poinsettia
25. daffodil
26. lily
27. houseplant
28. bouquet
29. thorn

217

Marine Life, Amphibians, and Reptiles

Sea Animals

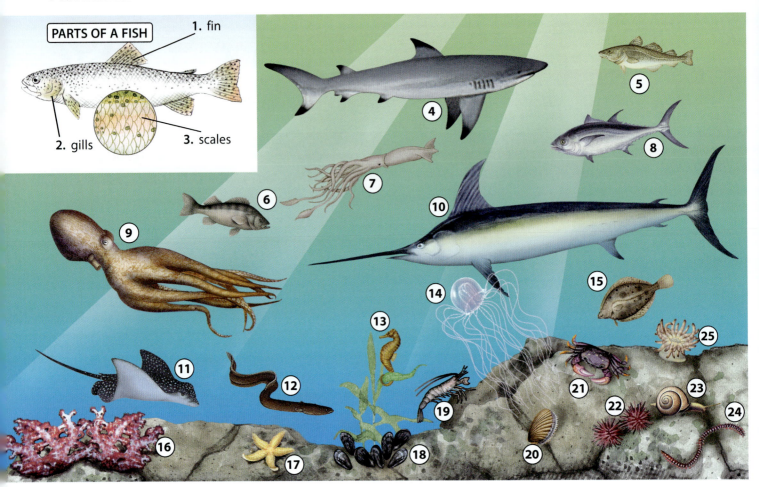

4. shark	9. octopus	14. jellyfish	19. shrimp	24. worm
5. cod	10. swordfish	15. flounder	20. scallop	25. sea anemone
6. bass	11. ray	16. coral	21. crab	
7. squid	12. eel	17. starfish	22. sea urchin	
8. tuna	13. seahorse	18. mussel	23. snail	

Amphibians

26. frog
27. newt
28. salamander
29. toad

Marine Life, Amphibians, and Reptiles

Sea Mammals

30. water
31. dolphin
32. porpoise
33. whale
34. walrus
35. sea lion
36. seal
37. sea otter
38. rock

Reptiles

39. alligator
40. crocodile
41. tortoise
42. turtle
43. lizard
44. cobra
45. rattlesnake
46. garter snake

Mammals

1. moose	5. wolf	9. beaver	13. raccoon
2. mountain lion	6. buffalo / bison	10. porcupine	14. deer
3. coyote	7. bat	11. bear	15. fox
4. opossum	8. armadillo	12. skunk	

 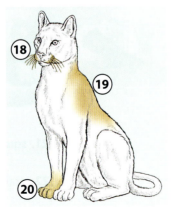  

16. antlers	18. whiskers	20. paw	22. tail
17. hooves	19. coat / fur	21. horn	23. quill

Mammals

24. anteater	29. gorilla	34. leopard	39. orangutan	44. kangaroo
25. llama	30. hyena	35. antelope	40. panther	45. koala
26. monkey	31. baboon	36. lion	41. panda	46. platypus
27. chimpanzee	32. giraffe	37. tiger	42. elephant	
28. rhinoceros	33. zebra	38. camel	43. hippopotamus	

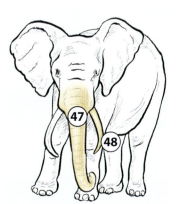  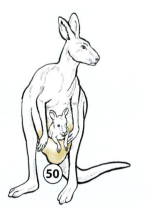 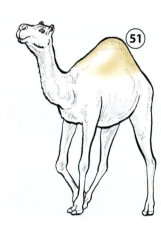

47. trunk   48. tusk   49. mane   50. pouch   51. hump

223

Energy and the Environment

Energy Sources

1. solar energy

2. wind power

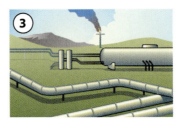
3. natural gas

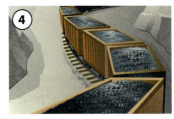
4. coal

5. hydroelectric power

6. oil / petroleum

7. geothermal energy

8. nuclear energy

9. biomass / bioenergy

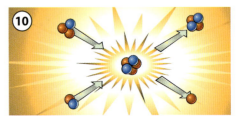
10. fusion

Pollution

11. air pollution / smog

12. hazardous waste

13. acid rain

14. water pollution

15. radiation

16. pesticide poisoning

17. oil spill

More vocabulary

Environmental Protection Agency (EPA): the federal group that responds to pollution and environmental disasters

Internet Research: recycling

Type "recycle" and your city in the search bar. Look for information on local recycling centers.
Report: *You can recycle cans at ____.*

Energy and the Environment

Ways to Conserve Energy and Resources

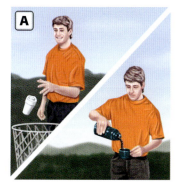
A. **reduce** trash

B. **reuse** shopping bags

C. **recycle**

D. **buy** recycled products

E. **save** water

F. **fix** leaky faucets

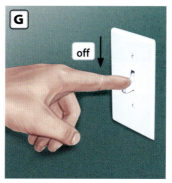
G. **turn off** lights

H. **use** energy-efficient bulbs

I. **carpool**

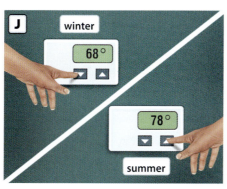
J. **adjust** the thermostat

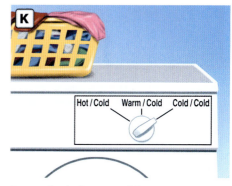
K. **wash** clothes in cold water

L. **don't litter**

M. **compost** food scraps

N. **plant** a tree

225

A Graduation

MySpot.Edu | Help | SignOut
Home | Search | Invite | Mail
All Adelia's photos

I loved Art History.

My last economics lesson

Marching Band is great!

The photographer was upset.

We look good!

I get my diploma.

Dad and his digital camera

1. photographer
2. funny photo
3. serious photo
4. guest speaker
5. podium
6. ceremony
7. cap
8. gown

A. **take** a picture
B. **cry**
C. **celebrate**

226

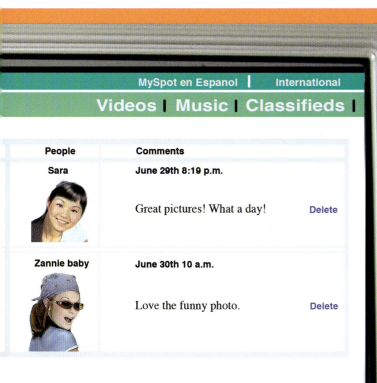

I'm behind the mayor.

We're all very happy.

What do you see in the pictures?

1. Which classes are Adelia's favorites?
2. Do you prefer the funny or the serious graduation photo? Why?
3. Who is standing at the podium?
4. What are the graduates throwing in the air? Why?

Read the story.

A Graduation

Look at these great photos on my web page! The first three are from my favorite classes, but the other pictures are from graduation day.

There are two pictures of my classmates in caps and gowns. In the first picture, we're laughing and the photographer is upset. In the second photo, we're serious. I like the serious photo, but I love the funny photo!

There's also a picture of our guest speaker, the mayor. She is standing at the podium. Next, you can see me at the graduation ceremony. My dad wanted to take a picture of me with my diploma. That's my mom next to him. She cries when she's happy.

After the ceremony, everyone was happy, but no one cried. We wanted to celebrate and we did!

Reread the story.

1. Which events happened before the graduation? After?
2. Why does the author say, "but no one cried" in paragraph 4?

What do you think?

3. What kinds of ceremonies are important for children? for teens? for adults?

Places to Go

1. zoo
2. movies
3. botanical garden
4. bowling alley
5. rock concert
6. swap meet / flea market
7. aquarium

Places to Go in Our City

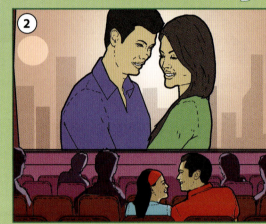

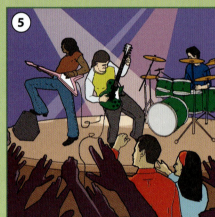

Listen and point. Take turns.
A: *Point to the zoo.*
B: *Point to the flea market.*
A: *Point to the rock concert.*

Dictate to your partner. Take turns.
A: *Write these words: zoo, movies, aquarium.*
B: *Zoo, movies, and what?*
A: *And aquarium.*

8. play
9. art museum
10. amusement park
11. opera
12. nightclub
13. county fair
14. classical concert

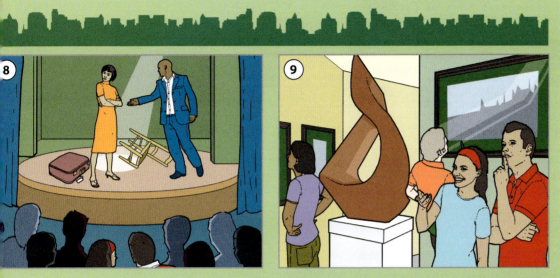

Ways to make plans using *Let's go*

Let's go to the amusement park tomorrow.
Let's go to the opera on Saturday.
Let's go to the movies tonight.

Pair practice. Make new conversations.

A: Let's go to the zoo this afternoon.
B: OK. And let's go to the movies tonight.
A: That sounds like a good plan.

The Park and Playground

1. ball field
2. cyclist
3. bike path
4. jump rope
5. fountain
6. tennis court
7. skateboard
8. picnic table
9. water fountain
10. bench
11. swings
12. tricycle
13. slide
14. climbing apparatus
15. sandbox
16. outdoor grill

A. **pull** the wagon
B. **push** the swing
C. **climb** the bars
D. **picnic** / **have** a picnic

230

The Beach

1. ocean / water
2. sailboat
3. kite
4. sky
5. wetsuit
6. scuba tank
7. diving mask
8. fins
9. cooler
10. sunscreen / sunblock
11. blanket
12. sandcastle
13. shade
14. beach umbrella
15. surfer
16. surfboard
17. wave
18. pier
19. lifeguard
20. lifesaving device
21. lifeguard station
22. beach chair
23. sand
24. seashell

More vocabulary

seaweed: a plant that grows in the ocean
tide: the level of the ocean. The tide goes in and out every 12 hours.

Grammar Point: prepositions *in, on, under*

Where are the little kids? They're **under** the umbrella.
Where's the cooler? It's **on** the blanket.
Where's the kite? It's **in** the sky.

231

Outdoor Recreation

1. boating
2. rafting
3. canoeing
4. fishing
5. camping
6. backpacking
7. hiking
8. mountain biking
9. horseback riding

10. tent
11. campfire
12. sleeping bag
13. foam pad
14. life vest
15. backpack
16. camping stove
17. fishing net
18. fishing pole
19. rope
20. multi-use knife
21. matches
22. lantern
23. insect repellent
24. canteen

Winter and Water Sports

1. downhill skiing

2. snowboarding

3. cross-country skiing

4. ice skating

5. figure skating

6. sledding

7. waterskiing

8. sailing

9. surfing

10. windsurfing

11. snorkeling

12. scuba diving

More vocabulary

speed skating: racing while ice skating
kitesurfing: surfing with a small surfboard and a kite

Internet Research: popular winter sports

Type "popular winter sports" in the search bar. Compare the information on two sites.
Report: *Two sites said ____ is a popular winter sport.*

Individual Sports

1. archery

2. billiards / pool

3. bowling

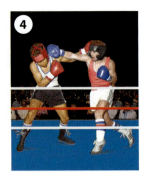
4. boxing

5. cycling / biking

6. badminton

7. fencing

8. golf

9. gymnastics

10. inline skating

11. martial arts

12. racquetball

13. skateboarding

14. table tennis

15. tennis

16. weightlifting

17. wrestling

18. track and field

19. horse racing

Pair practice. Make new conversations.

A: *What sports do you like?*
B: *I like <u>bowling</u>. What do you like?*
A: *I like <u>gymnastics</u>.*

Internet Research: dangerous sports

Type *"most dangerous sports"* in the search bar.
Look for information on two or more sites.
Report: *According to my research, ____ is dangerous.*

Team Sports

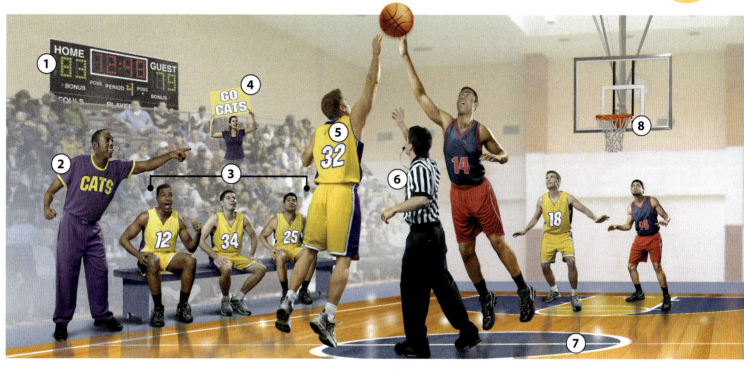

1. score
2. coach
3. team
4. fan
5. player
6. official / referee
7. basketball court
8. basketball hoop

9. basketball

10. baseball

11. softball

12. football

13. soccer

14. ice hockey

15. volleyball

16. water polo

More vocabulary

win: to have the best score
lose: the opposite of win
tie: to have the same score

captain: the team leader
goalie: the team member who protects the goal in soccer, ice hockey, and water polo
umpire: the referee in baseball
Little League: a baseball and softball program for children

Sports Verbs

A. pitch

B. hit

C. throw

D. catch

E. kick

F. tackle

G. pass

H. shoot

I. jump

J. dribble

K. dive

L. swim

M. stretch

N. exercise / work out

O. bend

P. serve

Q. swing

R. start

S. race

T. finish

U. skate

V. ski

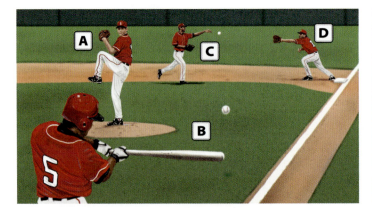
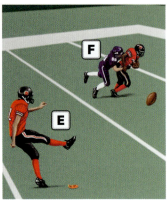

Use the new words.
Look at page 235. Name the actions you see.

A: He's <u>throwing</u>.
B: She's <u>jumping</u>.

Ways to talk about your sports skills

I can <u>throw</u>, but I can't <u>catch</u>.
I <u>swim</u> well, but I don't <u>dive</u> well.
I'm good at <u>skating</u>, but I'm terrible at <u>skiing</u>.

Sports Equipment

1. golf club
2. tennis racket
3. volleyball
4. basketball
5. bowling ball
6. bow
7. target
8. arrows
9. ice skates
10. inline skates
11. hockey stick
12. soccer ball
13. shin guards
14. baseball bat
15. catcher's mask
16. uniform
17. glove
18. baseball
19. football helmet
20. shoulder pads
21. football
22. weights
23. snowboard
24. skis
25. ski poles
26. ski boots
27. flying disc*

* **Note:** one brand is Frisbee®, of Wham-O, Inc.

Use the new words.
Look at pages 234–235. Name the sports equipment you see.

A: *Those are <u>ice skates</u>.*
B: *That's <u>a football</u>.*

Survey your class. Record the responses.
1. What sports equipment do you own?
2. What sports stores do you recommend?
Report: <u>Sam</u> owns a ____. <u>He</u> recommends ____.

Hobbies and Games

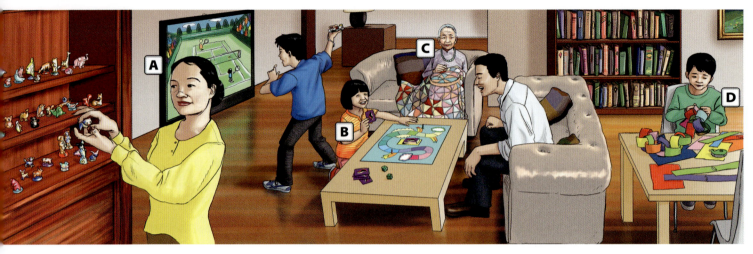

A. **collect** things   B. **play** games   C. **quilt**   D. **do** crafts

Collectibles

1. figurine
2. baseball cards
3. video game console
4. video game controller

5. board game
6. dice
7. checkers
8. chess

9. model kit
10. acrylic paint
11. glue stick
12. glue gun

13. construction paper
14. woodworking kit
15. quilt block
16. rotary cutter

Grammar Point: *used to*

When I was a kid, I **used to** play cards every day.
Now, I don't play very often.

Pair practice. Make new conversations.

A: What were your hobbies when you were a kid?
B: I used to <u>collect baseball cards</u>. And you?
A: I used to <u>play video games</u>.

Hobbies and Games

E. **paint** F. **knit** G. **pretend** H. **play** cards

17. canvas
18. easel
19. oil paint
20. paintbrush

21. watercolors
22. yarn
23. knitting needles
24. embroidery

25. crochet
26. action figure
27. model train
28. dolls

29. diamonds
30. spades
31. hearts
32. clubs

Ways to talk about hobbies and games

This <u>board game</u> is **interesting**. It makes me think.
That <u>video game</u> is **boring**. Nothing happens.
I love to <u>play cards</u>. It's **fun** to play with my friends.

Internet Research: popular hobbies

Type "most popular hobbies" in the search bar.
Look for information on one or more sites.
Report: *I read that ____ is a popular hobby.*

239

Electronics and Photography

1. boom box
2. video MP3 player
3. dock / charging station
4. lightweight headphones
5. earbuds / in-ear headphones
6. noise-canceling headphones
7. personal CD player
8. flat-screen TV / flat-panel TV
9. Blu-ray player
10. universal remote
11. DVD player
12. turntable
13. tuner
14. speakers
15. portable charger
16. microphone

240

Electronics and Photography

17. digital camera
18. memory card
19. zoom lens
20. tripod
21. camcorder
22. camera case / bag
23. battery pack
24. battery charger
25. plug
26. international power adapter
27. LCD projector
28. screen

29. photo album
30. digital photo album
31. out of focus
32. overexposed
33. underexposed

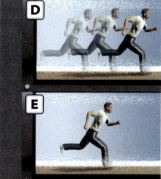

A. record
B. play
C. rewind
D. fast forward
E. pause

Entertainment

Types of TV Programs

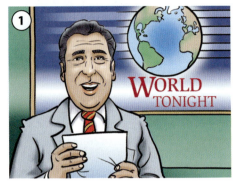
1. news program

2. sitcom (situation comedy)

3. cartoon

4. talk show

5. soap opera

6. reality show

7. nature program

8. game show

9. children's program

10. shopping program

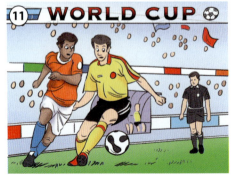
11. sports program

12. drama

Entertainment

Types of Movies

13. comedy

14. tragedy

15. western

16. romance

17. horror story

18. science fiction story

19. action story / adventure story

20. mystery / suspense

Types of Music

21. classical

22. blues

23. rock

24. jazz

25. pop

26. hip-hop

27. country

28. R&B / soul

29. folk

30. gospel

31. reggae

32. world music

Music

A. **play** an instrument

B. **sing** a song

C. **conduct** an orchestra

D. **be** in a rock band

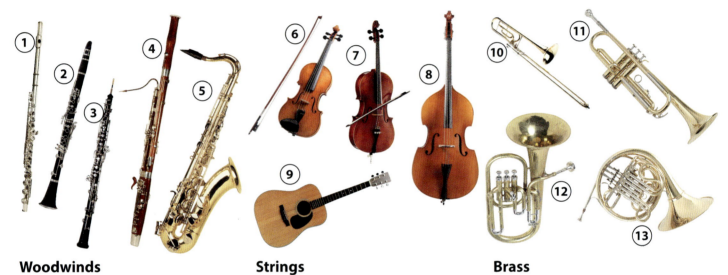

Woodwinds

1. flute
2. clarinet
3. oboe
4. bassoon
5. saxophone

Strings

6. violin
7. cello
8. bass
9. guitar

Brass

10. trombone
11. trumpet / horn
12. tuba
13. French horn

Percussion

14. piano
15. xylophone
16. drums
17. tambourine

Other Instruments

18. electric keyboard
19. accordion
20. organ
21. harmonica

244

Holidays

1. parade
2. float
3. confetti
4. couple
5. card
6. heart
7. fireworks
8. flag
9. mask
10. jack-o'-lantern
11. costume
12. candy
13. feast
14. turkey
15. ornament
16. Christmas tree
17. candy cane
18. string lights

*Thanksgiving is on the fourth Thursday in November.

A Birthday Party

1. decorations
2. deck
3. present / gift

A. **videotape**
B. **make** a wish
C. **blow out**
D. **hide**
E. **bring**
F. **wrap**

What do you see in the picture?

1. What kinds of decorations do you see?
2. What are people doing at this birthday party?
3. What wish did the teenager make?
4. How many presents did people bring?

Read the story.

A Birthday Party

Today is Lou and Gani Bombata's birthday barbecue. There are <u>decorations</u> around the backyard, and food and drinks on the <u>deck</u>. There are also <u>presents</u>. Everyone in the Bombata family likes to <u>bring</u> presents.

Right now, it's time for cake. Gani <u>is blowing out</u> the candles, and Lou <u>is making a wish</u>. Lou's mom wants to <u>videotape</u> everyone, but she can't find Lou's brother, Todd. Todd hates to sing, so he always <u>hides</u> for the birthday song.

Lou's sister, Amaka, has to <u>wrap</u> some <u>gifts</u>. She doesn't want Lou to see. Amaka isn't worried. She knows her family loves to sing. She can put her gifts on the present table before they finish the first song.

Reread the story.

1. Which paragraph gives you the most information about the Bombata family? Explain why.
2. Tell the story in your own words.

What do you think?

3. What wish do you think Gani made? Give your reasons.
4. Imagine you are invited to this party. You want to get one special gift for Gani *and* Lou to share. What's one gift they could both enjoy?

247

Verb Guide

Verbs in English are either regular or irregular in the past tense and past participle forms.

Regular Verbs
The regular verbs below are marked 1, 2, 3, or 4 according to four different spelling patterns. (See page 250 for the irregular verbs, which do not follow any of these patterns.)

Spelling Patterns for the Past and the Past Participle	Example	
1. Add -ed to the end of the verb.	ASK	ASKED
2. Add -d to the end of the verb.	LIVE	LIVED
3. Double the final consonant and add -ed to the end of the verb.	DROP	DROPPED
4. Drop the final y and add -ied to the end of the verb.	CRY	CRIED

The Oxford Picture Dictionary List of Regular Verbs

accept (1)
add (1)
address (1)
adjust (1)
agree (2)
answer (1)
apologize (2)
appear (1)
applaud (1)
apply (4)
arrange (2)
arrest (1)
arrive (2)
ask (1)
assemble (2)
assist (1)
attach (1)
attend (1)
bake (2)
bargain (1)
bathe (2)
block (1)
board (1)
boil (1)
bookmark (1)
borrow (1)
bow (1)
brainstorm (1)
breathe (2)
browse (2)
brush (1)
bubble (2)
buckle (2)
burn (1)
bus (1)
calculate (2)
call (1)

capitalize (2)
carpool (1)
carry (4)
cash (1)
celebrate (2)
change (2)
check (1)
chill (1)
choke (2)
chop (3)
circle (2)
cite (2)
claim (1)
clarify (4)
clean (1)
clear (1)
click (1)
climb (1)
close (2)
collate (2)
collect (1)
color (1)
comb (1)
comfort (1)
commit (3)
compare (2)
complain (1)
complete (2)
compliment (1)
compose (2)
compost (1)
conceal (1)
conduct (1)
consult (1)
contact (1)
convert (1)
convict (1)

cook (1)
cooperate (2)
copy (4)
correct (1)
cough (1)
count (1)
create (2)
cross (1)
cry (4)
dance (2)
debate (2)
decline (2)
delete (2)
deliver (1)
design (1)
dial (1)
dice (2)
dictate (2)
die (2)
direct (1)
disagree (2)
discipline (2)
discuss (1)
disinfect (1)
distribute (2)
dive (2)
divide (2)
double-click (1)
drag (3)
dress (1)
dribble (2)
drill (1)
drop (3)
drown (1)
dry (4)
dust (1)
dye (2)

earn (1)
edit (1)
empty (4)
end (1)
enter (1)
erase (2)
evacuate (2)
examine (2)
exchange (2)
exercise (2)
expire (2)
explain (1)
explore (2)
exterminate (2)
fast forward (1)
fasten (1)
fax (1)
fertilize (2)
fill (1)
finish (1)
fix (1)
floss (1)
fold (1)
follow (1)
garden (1)
gargle (2)
graduate (2)
grate (2)
grease (2)
greet (1)
hail (1)
hammer (1)
hand (1)
harvest (1)
help (1)
hire (2)
hug (3)

identify (4)
immigrate (2)
indent (1)
inquire (2)
insert (1)
inspect (1)
install (1)
introduce (2)
investigate (2)
invite (2)
iron (1)
jaywalk (1)
join (1)
jump (1)
kick (1)
kiss (1)
knit (3)
label (1)
land (1)
laugh (1)
learn (1)
lengthen (1)
lift (1)
list (1)
listen (1)
litter (1)
live (2)
load (1)
lock (1)
log (3)
look (1)
mail (1)
manufacture (2)
match (1)
measure (2)
microwave (2)
milk (1)
misbehave (2)
miss (1)
mix (1)
monitor (1)
mop (3)
move (2)
mow (1)
multiply (4)
negotiate (2)
network (1)
numb (1)
nurse (2)

obey (1)
observe (2)
offer (1)
open (1)
operate (2)
order (1)
organize (2)
overdose (2)
pack (1)
paint (1)
park (1)
participate (2)
pass (1)
paste (2)
pause (2)
peel (1)
perm (1)
pick (1)
pitch (1)
plan (3)
plant (1)
play (1)
polish (1)
pour (1)
praise (2)
preheat (1)
prepare (2)
prescribe (2)
press (1)
pretend (1)
print (1)
program (3)
protect (1)
pull (1)
purchase (2)
push (1)
quilt (1)
race (2)
raise (2)
rake (2)
receive (2)
record (1)
recycle (2)
redecorate (2)
reduce (2)
reenter (1)
refuse (2)
register (1)
relax (1)

remain (1)
remove (2)
renew (1)
repair (1)
replace (2)
report (1)
request (1)
research (1)
respond (1)
retire (2)
return (1)
reuse (2)
revise (2)
rinse (2)
rock (1)
sauté (1)
save (2)
scan (3)
schedule (2)
scroll (1)
scrub (3)
search (1)
seat (1)
select (1)
sentence (2)
separate (2)
serve (2)
share (2)
shave (2)
ship (3)
shop (3)
shorten (1)
shower (1)
sign (1)
simmer (1)
skate (2)
ski (1)
slice (2)
smell (1)
smile (2)
smoke (2)
solve (2)
sort (1)
spell (1)
spoon (1)
staple (2)
start (1)
state (2)
stay (1)

steam (1)
stir (3)
stop (3)
stow (1)
stretch (1)
study (4)
submit (3)
subtract (1)
supervise (2)
swallow (1)
tackle (2)
talk (1)
taste (2)
thank (1)
tie (2)
touch (1)
transcribe (2)
transfer (3)
translate (2)
travel (1)
trim (3)
try (4)
turn (1)
type (2)
underline (2)
undress (1)
unload (1)
unpack (1)
unscramble (2)
update (2)
use (2)
vacuum (1)
videotape (2)
visit (1)
volunteer (1)
vomit (1)
vote (2)
wait (1)
walk (1)
wash (1)
watch (1)
water (1)
wave (2)
weed (1)
weigh (1)
wipe (2)
work (1)
wrap (3)
yell (1)

Verb Guide

Irregular Verbs

These verbs have irregular endings in the past and/or the past participle.

The Oxford Picture Dictionary List of Irregular Verbs

simple	past	past participle	simple	past	past participle
be	was	been	make	made	made
beat	beat	beaten	meet	met	met
become	became	become	pay	paid	paid
bend	bent	bent	picnic	picnicked	picnicked
bleed	bled	bled	proofread	proofread	proofread
blow	blew	blown	put	put	put
break	broke	broken	quit	quit	quit
bring	brought	brought	read	read	read
buy	bought	bought	rewind	rewound	rewound
catch	caught	caught	rewrite	rewrote	rewritten
choose	chose	chosen	ride	rode	ridden
come	came	come	run	ran	run
cut	cut	cut	say	said	said
do	did	done	see	saw	seen
draw	drew	drawn	seek	sought	sought
drink	drank	drunk	sell	sold	sold
drive	drove	driven	send	sent	sent
eat	ate	eaten	set	set	set
fall	fell	fallen	sew	sewed	sewn
feed	fed	fed	shake	shook	shaken
feel	felt	felt	shoot	shot	shot
find	found	found	show	showed	shown
fly	flew	flown	sing	sang	sung
freeze	froze	frozen	sit	sat	sat
get	got	gotten	speak	spoke	spoken
give	gave	given	stand	stood	stood
go	went	gone	steal	stole	stolen
hang	hung	hung	sweep	swept	swept
have	had	had	swim	swam	swum
hear	heard	heard	swing	swung	swung
hide	hid	hidden	take	took	taken
hit	hit	hit	teach	taught	taught
hold	held	held	think	thought	thought
keep	kept	kept	throw	threw	thrown
lay	laid	laid	wake	woke	woken
leave	left	left	win	won	won
lend	lent	lent	withdraw	withdrew	withdrawn
let	let	let	write	wrote	written
lose	lost	lost			

Index

Index Key

Font
bold type = verbs or verb phrases (example: **catch**)
ordinary type = all other parts of speech (example: baseball)
ALL CAPS = unit titles (example: MATHEMATICS)
Initial caps = subunit titles (example: Equivalencies)

Numbers/Letters
first number in **bold** type = page on which word appears
second number, or letter, following number in **bold** type = item number on page
(examples: cool **13**–5 means that the word *cool* is item number 5 on page 13; across **157**–G means that the word *across* is item G on page 157).

Symbols
PLUS+ = word found on the **PLUS+** page
(example: hyflex **PLUS+** **7**–53 means that the word *hyflex* is item number 53 on the PLUS+ Page associated with page 7 of the book).

♦ = word found in exercise band at bottom of page

🔑 = The keywords of the **Oxford 3000**™ have been carefully selected by a group of language experts and experienced teachers as the words which should receive priority in vocabulary study because of their importance and usefulness.

AWL = **The Academic Word List** is the most principled and widely accepted list of academic words. Averil Coxhead gathered information from academic materials across the academic disciplines to create this word list.

Abbreviations **48**
abdomen **107**–26
about **48**–B, **179**–L, **203**–E 🔑
above **25**–4 🔑
accelerator **163**–46
accept **12** ♦, **12**–H, **12**–J 🔑
access number **15**–24 🔑 AWL
Accessibility **PLUS+** **32** AWL
Accessories **59**, **94**–**95**
ACCESSORIES **94**–**95**
accident **148**–2 🔑
   accident report **110**–18 🔑
accordion **244**–19
account **211**–T 🔑
   account manager **134**–9 🔑
   checking account number **134**–15 🔑
   joint account **134**–10 🔑
   log in to your account **211**–T
   savings account number **134**–16 🔑
Account **134**, **211** 🔑
accountant **170**–1
accounting **184**–9
ache
   backache **110**–5
   earache **110**–3
   headache **110**–1 🔑
   stomachache **110**–4
   toothache **110**–2
acid rain **224**–13 🔑
across **157**–G 🔑
acrylic paint **238**–10 🔑
action 🔑
   action figure **239**–26 🔑
   action story **243**–19 🔑
activist **209**–17
actor **170**–2 🔑
acupuncture **124**–2
acute angle **205**–28 🔑
ad
   classified ad **48**–2
   pop-up ad **213**–17
adapter **241**–26
add **33**–C, **77**–N, **101**–B, **204**–A 🔑

additional charges **15**–32 🔑
address 🔑
   mailing address **136**–22
   return address **136**–21 🔑
   street address **4**–5 🔑
   website address **213**–10 🔑
address **137**–B, **211**–U
adhesive bandage **119**–6 🔑
adjust **225**–J 🔑 AWL
   adjustable wrench **195**–48
   adjustment **206**–22, **206**–24 AWL
administrative assistant **170**–3 🔑 AWL
administrator **122**–13 AWL
Administrators **5** AWL
admiral **141**–26
admissions clerk **122**–14 🔑
adult school **200**–8 🔑 AWL
ADULTS AND CHILDREN **30**–**31** 🔑 AWL
adventure story **243**–19 🔑
AED / automated external defibrillator **119**–4
aerobic exercise **124**–5 🔑
afraid **43**–23 🔑
after 🔑
   afternoon **18**–17 🔑
   aftershave **109**–30
   five after one **18**–7 🔑
   quarter after one **18**–9 🔑
   ten after one **18**–8 🔑
   twenty after one **18**–10 🔑
After an Emergency **151** 🔑
Age **32** 🔑
agency **133**–14, **168**–F 🔑
agent **164**–3, **164**–5 🔑
agree **12**–L 🔑
agreement **51**–28 🔑
aid 🔑 AWL
   first aid kit **119**–1, **150**–18
   first aid manual **119**–2 🔑 AWL
   hearing aid **117**–10 🔑
AID **119** 🔑
Aid **119** 🔑
aide **5**–16, **171**–32

AIDS (acquired immune deficiency syndrome) **113**–21, **113** ♦
air 🔑
   air conditioning **163**–40
   Air Force **141**–32
   air pollution **224**–11 🔑
   air purifier **115**–14
   airbag **163**–43 🔑
   airmail **136**–5
   airplane **154**–8
   airplane crash **148**–3 🔑
   airport **155**–10 🔑
Airline Terminal **164** AWL
airman **141**–33
Airplane **165**
AIRPORT **164**–**165** 🔑
Airport Transportation **156** 🔑 AWL
aisle **72**–7
alarm clock **58**–24 🔑
Alaska time **19**–28
album **241**–29, **241**–30
alfalfa **187**–5
algebra **204**–16
align **PLUS+** **203**–P
allergic reaction **118**–E 🔑 AWL
Allergic Reactions **113** 🔑 AWL
allergies **112**–11
alley **51**–24, **228**–4
alligator **219**–39
alphabet **7**–13 🔑
Alteration Shop **100** 🔑 AWL
ALTERATIONS **100** AWL
Alterations **100** AWL
aluminum foil **72**–23
Alzheimer's disease **113** ♦
a.m. **18**–4 🔑
ambulance **118**–1, **123**–34 🔑
American **208**–3
American cheese **71**–26
AMPHIBIANS **218**–**219**
Amphibians **218**
amusement park **229**–10 🔑
anaphylaxis **113**–15

ancient **209**–1
anemone **218**–25
anesthesiologist **123**–35
angle
    acute angle **205**–28
    90º angle **205**–26
    obtuse angle **205**–27
    right angle **205**–26
Angles **205**
angry **43**–29
animals **59**–15
ANIMALS **221**
Animals **218**, **221**
ankle **106**–23, **110**–14
    ankle socks **91**–7
anklets **91**–11
anniversary **22**–3
announcement **PLUS+** **213**–21
answer **8**–L
answer sheet **10**–2
antacid **115**–28
anteater **223**–24
antelope **223**–35
antibacterial ointment **119**–12
antihistamine cream **119**–11
antiperspirant **108**–5
antlers **222**–16
ants **63**–23
apartment **48**–3, **48**–4
    apartment building **50**–1
    apartment number **4**–6
Apartment **48**
Apartment Complex **51** AWL
Apartment Entryway **51**
apartment search tool **48**–1
APARTMENTS **50**–**51**
APC (automated postal center) **137**–10
apologize **12**–G
apostrophe **202**–19
apparatus **230**–14
appear **144**–C
Appearance **32**
applaud **152**–B
apples **68**–1
    apple juice **73**–32
appliance repairperson **170**–4
application **48**–C, **139**–D, **169**–J, **169**–L
Applications **191**
appliqué **99**–31
apply **109**–P, **169**–I
appointment **22**–4, **111**–1
    appointment book **189**–48
apprenticeship **175**–10
apricots **68**–12
April **21**–28
apron **92**–11, **93**–30
aquarium **228**–7
ARACHNIDS **220**
Arachnids **220**
archery **234**–1
architect **170**–5
area AWL
    area code **4**–10, **15**–28 AWL

boarding area **165**–9
dining area **46**–8
play area **132**–11 AWL
reception area **188**–15 AWL
rural area **52**–4 AWL
screening area **164**–4
testing area **138**–2 AWL
waiting area **188**–16
urban area **52**–1 AWL
AREA **55**
Area and Volume **205** AWL
arm **105**–14, **206**–23
    armchair **56**–22
Arm, Hand, and Fingers **106**
armadillo **222**–8
Army **141**–28, **209**–11
around **157**–H
Around Campus **5**
arrange **49**–Q
arrest **144**–A
arrival and departure monitors **165**–7
arrival time **165** ♦
arrive **164**–K
arrows **237**–8
arson **145**–7
artery **107**–36
arthritis **113**–20
artichokes **69**–22
Artificial Intelligence (AI) **PLUS+** **185**
artist **170**–6
arts **201**–15
    art museum **229**–9
    language arts **201**–9
    martial arts **234**–11
ask **2**–B
    ask about **48**–B, **161**–B
    ask for help **10**–F
    ask questions **8**–K, **179**–M
asparagus **69**–26
assault **145**–3
assemble **176**–A, **185**–C AWL
assembler **170**–7
assembly AWL
    assembly line **185**–6 AWL
    peaceful assembly **142**–1 AWL
    assemblyperson **140**–18
assignment **PLUS+** **213**–J AWL
assist **95**–D, **176**–B AWL
assistance **14**–21 AWL
assistant AWL
    administrative assistant **170**–3 AWL
    assistant principal **5**–5 AWL
    certified nursing assistant (CNA) **122**–12
    dental assistant **120**–2, **171**–22
    physician assistant **172**–47
Assistant **93** AWL
asthma **113**–18
astronaut **215**–17
astronomer **215**–22
Astronomy **215**
At Customs **165**
At the Dealer **162**
At the Gate **165**

At the Mechanic **162**
At the Security Checkpoint **164** AWL
athletic
    athletic shoes **94** ♦
    athletic supporter **91**–6
Atlantic time **19**–33
atlas **135**–8
ATM (Automated Teller Machine) **134**
ATM card **134**–12
atom **207**–28
attach **211**–Y AWL
attachments **61**–11 AWL
attack **118**–D
attend **PLUS+** **7**–K
    attend in person **PLUS+** **7**–K
    attend remotely **PLUS+** **7**–L
    attend virtually **PLUS+** **7**–L
attendant
    flight attendant **165**–12
    parking attendant **192**–3
attic **47**–9
attorney
    defense attorney **144**–4
    hire an attorney **144**–B
    prosecuting attorney **144**–10
attractive **32**–13
audio display / touch screen **163**–37
audiobook **135**–17
audiologist **117**–9
auditorium **5**–18
August **21**–32
aunt **34**–7
author **135**–15, **173**–64 AWL
auto
    auto mechanic **170**–8
    automobile club card **166**–5
automated AWL
    automated external defibrillator / AED **119**–4
    automated phone system **14**–22 AWL
    automated postal center (APC) **137**–10 AWL
Automated Teller Machine **134**
Automatic Transmission **163** AWL
automation **PLUS+** **185**–16 AWL
Automotive Painter **92**
autumn **21**–39
avalanche **149**–18
average
    average height **32**–5
    average weight **32**–8
avocados **84**–6
ax **194**–3

baboon **223**–31
baby **31**–7
    baby carrier **37**–17
    baby food **37**–4
    baby lotion **37**–13
    baby monitor **59**–7 AWL
    baby powder **37**–14
    baby's room **47**–11
    babysitter **170**–9
back **104**–5
    back button **213**–9

back seat **163**–54
back support belt **197**–18
backache **110**–5
backhoe **196**–8
backpack **94**–18, **232**–15
backpacking **232**–6
go back **11**–M
hatchback **160**–6
horseback riding **232**–9
lower back **107**–29
write back **137**–H
pay back 26–D
BACK FROM THE MARKET **66**–**67**
Backyard **53**
bacon **70**–11, **80**–1
bacteria **76** ♦
bad **23**–17
BAD DAY AT WORK **198**–**199**
badge **93**–21
badminton **234**–6
bag **69**–31, **74**–7, **74**–19, **165**–18
 airbag **163**–43
 camera case / bag **241**–22
 clutch bag **89**–19
 diaper bag **37**–11
 grocery bag **67**–13
 handbag **87**–9, **94**–2
 plastic storage bags **72**–25
 shopping bag **67**–13
 shoulder bag **94**–17
 sleeping bag **232**–12
 tote bag **94**–19
 trash bags **61**–24
 vacuum cleaner bag **61**–12
bagels **73**–40
baggage
 baggage carousel **165**–23
bagger **73**–15
baggy **97**–30
bailiff **144**–13
bake 77–H
Baked Goods **73**
baked potato **81**–25
baker **170**–10
bakery **129**–19
balance **134**–18, **207**–41
balcony **51**–20
bald **33**–24
ball **59**–12, **237**–5, **237**–12
 ball field **230**–1
 ballroom **192**–26
 baseball **235**–10, **237**–18
 basketball **235**–9, **237**–4
 basketball court **235**–7
 basketball hoop **235**–8
 football **235**–12, **237**–21
 meatballs **81**–27
 racquetball **234**–12
 softball **235**–11
 volleyball **235**–15, **237**–3
balloons **44**–4
ballot **143**–9
bananas **68**–2
 a bunch of bananas **68**–29

ripe banana **68**–30
rotten banana **68**–32
unripe banana **68**–31
band **189**–34
 headband **90**–3
 waistband **100**–5
bandage **119**–6, **119**–13
bandana **92**–16
bangs **33**–8
bank **126**–5
 bank statement **134**–17
BANK **134**
Bank Accounts **134**
banner **44**–1
banquet room **193**–14
bar
 bar code **27**–4
 candy bar **73**–37
 feed bar **98**–20
 grab bar **57**–11
 menu bar **213**–7
 salad bar **79**–24
barbecued ribs **76**–2
barbershop **131**–19
bargain 102–A
barista PLUS+ **131**–37
barn **187**–11
barrette **108**–20
base **14**–3, **205**–45, **206**–20
baseball **235**–10, **237**–18
 baseball bat **237**–14
 baseball cap **86**–5
 baseball cards **238**–2
 baseball game **44**–2
basement **47**–14
Basement **50**
Basic Colors **24**
basic education **175**–1
BASIC TRANSPORTATION **154**–**155** AWL
basket **56**–3
 basketball **235**–9, **237**–4
 basketball court **235**–7
 basketball hoop **235**–8
 breadbasket **83**–11
 laundry basket **101**–2
 shopping basket **73**–9
 wastebasket **57**–26
bass **218**–6, **244**–8
bassoon **244**–4
bat **222**–7, **237**–14
bath
 bath mat **57**–28
 bath powder **108**–4
 bath towel **57**–16
 bathroom **46**–5
 bathtub **57**–2
 take a bath **108**–B
 half bath **57** ♦
bathe 36–F, **108**–B
bathing suit **90**–26
BATHROOM **57**
battery / batteries **150**–15, **162**–20
 battery charger **241**–24
 battery pack **241**–23

bay **214**–9
be
 be a recruit **141**–A
 be a veteran **141**–D
 be aware **146**–I AWL
 be born **40**–A
 be down PLUS+ **63**–29
 be 18 or older **142**–G
 be exposed PLUS+ **113**–B AWL
 be hired **169**–O
 be hurt **118**–C
 be in a rock band **244**–D
 be in class **38**–J
 be in shock **118**–B
 be informed **142**–F
 be injured **118**–C AWL
 be lost **166**–B
 be neat **179**–C
 be on active duty **141**–B
 be on reserve **141**–C
 be on time **179**–F
 be released **144**–H AWL
 be unconscious **118**–A
 don't **be** late **179**–E
beach **214**–10
 beach chair **231**–22
 beach umbrella **231**–14
BEACH **231**
beads **95**–34, **99**–32
beak **220**–3
beaker **207**–39
beam **196**–3
beans **72**–17
 string beans **69**–8
 soybeans **187**–3
bear **37**–24, **222**–11
beard **33**–6
beat 77–S
beater
 eggbeater **78**–20
beautiful **23**–21
beauty shop **132** ♦
beaver **222**–9
become 40–G, **41**–N
bed **58**–9
 bed control **123**–27
 bed frame **58**–18
 bed table **123**–21
 bedbugs **63**–24
 bedpan **123**–23
 bedroom **46**–3
 bedspread **59**–11
 bunk beds **59**–9
 double bed **192**–14
 flower bed **53**–20
 hospital bed **123**–22
 kids' bedroom **47**–10
 king-size bed **192**–15
BEDROOM **58**, **59**
bee
 honeybee **220**–26
beef
 beef ribs **70**–5
 corned beef **71**–22

253

ground beef **70**–4
roast beef **71**–21
stewing beef **70**–3
stir-fried beef **76**–6
Beef 70
beetle **220**–19
beets **69**–5
Before an Emergency **150**
behind **25**–8
beige / tan **24**–18
bell
 bell captain **192**–6
 bell peppers **69**–7
 bellhop **192**–7
 doorbell **53**–14
below **25**–5
belts **94**–6
 back support belt **197**–18
 belt buckle **94**–20
 conveyer belt **185**–9
 seat belt **163**–52
 tool belt **92**–3
bench **230**–10
bend 236–O
benefits **121**–3, **179** ♦ AWL
 explanation of benefits **121**–11
berries **216**–20
 blackberries **68**–17
 blueberries **68**–16
 mixed berries **81**–36
 raspberries **68**–15
 strawberries **68**–14
between **25**–12
Beverages **73**, **81**
bib **37**–5
bicycle / bike **131**–22, **155**–15
 bike path **230**–3
big **23**–2, **97**–38
 Big Dipper **215** ♦
 big-screen TV **50**–14
bike / bicycle **131**–22
 bike path **230**–3
biking **232**–8, **234**–5
bikini panties **91**–13
bill **220**–3
Bill **15**
Bill of Rights **208**–13
billiards **234**–2
billing period **15**–30
Bills **26**
bin **164**–6
 recycling bin **61**–2
 trash bin **51**–23
bioenergy **224**–9
biography **135**–13
biologist **206**–2
Biology **206**
biomass **224**–9
birch **216**–7
Bird **220**
BIRDS, INSECTS, AND ARACHNIDS **220**
birth
 birth certificate **40**–1
 birthday **22**–1

date of birth **4**–14
place of birth **4**–15
BIRTHDAY PARTY **246**–**247**
biscuits **80**–6
bison **222**–6
bit **194**–28
bite **110**–10
black **24**–13
 black hair **33**–12
 blackberries **68**–17
bladder **107**–46
blade **194**–27
 razor blade **109**–28
 shoulder blade **107**–28
blankets **58**–15, **150**–7, **231**–11
 blanket sleeper **91**–26
blazer **92**–12
bleach **101**–7
bleachers **5**–3
bleed 118–M
blender **54**–12
blind **32**–11
blister **110**–17
blizzard **13**–24, **149**–13
block 147–C
blocks **59**–19
 go one block **159**–F
 quilt block **238**–15
 sunblock **108**–8, **231**–10
blog PLUS+ **243**–34
blond hair **33**–14
blood
 blood pressure gauge **111**–9
 blood test **123**–30
 blood work **123**–30
 bloody nose **110**–15
 check blood pressure **111**–A
 draw blood **111**–F
 high blood pressure **113**–24
blouse **87**–8
blow dryer **33**–21, **108**–18
blow out 246–C
blower **186**–2
blue **24**–3
 blue jay **220**–7
 blueberries **68**–16
 bright blue **24**–12
 dark blue **24**–10
 light blue **24**–11
 navy blue **28**–5
blues **243**–22
Bluetooth headset **14**–14
Blu-ray player **240**–9
blush **109**–37
board
 board game **238**–5
 bulletin board **7**–14
 chalkboard **6**–3
 cutting board **54**–27
 electric keyboard **244**–18
 emery board **109**–32
 headboard **58**–10
 ironing board **101**–14
 keyboard **190**–23

keyboard shortcut **210** ♦
motherboard **190**–18
particle board **195**–20
skateboard **230**–7
snowboard **237**–23
surfboard **231**–16
whiteboard **6**–1
board 164–E
boarding
 boarding area **165**–9 AWL
 boarding pass **165**–20
 skateboarding **234**–13
 snowboarding **233**–2
boat
 sailboat **231**–2
boating **232**–1
bobbin **98**–21
bobby pins **108**–21
body **202**–8
 body lotion **108**–9
 body of water **214** ♦
 body shaper **91**–15
BODY **104**–**105**, **106**–**107**
boil 77–M
boiled ham **76**–5
boiler **78**–8
bok choy **69**–15
bolt **51**–35, **194**–35
 bolt of fabric **98**–15
 toggle bolt **194**–38
bone **107**–33, **118**–P
 boneless **70** ♦
book
 appointment book **189**–48
 audiobook **135**–17
 book of stamps **136**–18
 bookcase **7**–10
 bookstore **132**–4
 checkbook **134**–13
 coloring book **59**–13
 DMV handbook **138**–1
 e-book **135**–18
 notebook **7**–28
 picture book **135**–12
 spiral notebook **7**–30
 test booklet **10**–1
 textbook **7**–26
 used book store **131**–20
 workbook **7**–27
bookmark a site **212**–G
boom box **240**–1
booster PLUS+ **113**–33
booster car seat **37**–21
booth **82**–4, **124**–3
boots **95**–28
 hiking boots **95**–31
 rain boots **90**–20
 safety boots **197**–20
 ski boots **237**–26
 steel toe boots **92**–6
bored **43**–25
borrow 26–B
boss **182**–4
botanical garden **228**–3

254

bottle 37–1, 74–1, 74–13
   hot water bottle 115–15
bottled water 150–11
bouquet 217–28
bow 237–6
   bow tie 89–16
bow 3–I
bowl 55–2
   mixing bowl 54–28, 78–31
   serving bowl 55–21
   soup bowl 83–21
   sugar bowl 55–14
bowling 234–3
   bowling alley 228–4
   bowling ball 237–5
box / boxes 74–6, 74–18
   boom box 240–1
   box spring 58–19
   fuse box 62–13
   mailbox 53–1, 130–13, 137–12
   mailboxes 50–11
   post office box (PO box) 137–9
   safety deposit box 134–7
   sandbox 230–15
   search box 212–3
   to-go box 82–5
boxer shorts 91–4
boxing 234–4
boy 31–9
bra 91–19
bracelets 95–9, 119–3
braces 120–6
braille PLUS+ 32–22
brain 107–34
brainstorm 8–H, 203–F
brake
   brake light 162–14
   brake pedal 163–45
   handbrake 163–48
branch 216–2
   branch locations 184–2 AWL
   Branches of the Military 141 AWL
Branch 140
Brass 244
bread 67–11
   bread-and-butter plate 83–19
   breadbasket 83–11
   garlic bread 81–28
   loaf of bread 74–22
   rye bread 71–20
   wheat bread 71–19
   white bread 71–18
break 77–Q, 118–P
   break down 166–F
Breakfast Special 80
breast 70–19, 107–25
breathe 118–N
breathing 119–17
bricklayer 198–8
bricks 196–12, 196–B
briefcase 88–13
briefs 91–5, 91–14
bright blue 24–12
bring 179–D, 246–E
broccoli 69–13

broiled steak 76–3
broiler 54–21
broken 62–5, 62–6, 62–7, 63–15, 97–39
   broken equipment 197–4
broom 61–16
brother 34–6
   brother-in-law 34–17
   half brother 35–28
   stepbrother 35–30
brown 24–17
   brown hair 33–15
   hash browns 80–3
browse 102–B
   browser window 213–8
bruise 110–11
brush 33–20, 108–14
   paintbrush 195–22, 239–20
   scrub brush 61–20
   toilet brush 57–20
   toothbrush 57–23, 109–22
brush 108–I, 109–J
bubble in 10–K
bucket 61–7
buckle 94–20, 99–28
buckle up 36–L
bud 217–7
budget 198–3
buffalo 222–6
buffet 55–24, 193–10
bugs
   bedbugs 63–24
building 50–1, 126–2
   building maintenance 184–12 AWL
   BUILDING SUPPLIES 194–195
bulb 217–2
bulldozer 196–6
bulletin board 7–14
bullets PLUS+ 203–25
bump cap 92–9
bumper 162–8
   bumper pad 59–4
bunch
   bunch of bananas 68–29
bungee cord 195–15
bunk beds 59–9
Bunsen burner 207–37
bureau 58–1
burger
   cheeseburger 79–3
   hamburger 79–1
burglary 145–2
burn
   sunburn 110–13
burn 118–H
burner 54–19, 207–37
burrito 79–9
bus 130–9, 155–14
   bus person 193–13
   bus route 156–1 AWL
   bus station 126–7
   bus stop 131–16, 155–13
   miss the bus 156 ✦
   school bus 160–21
bus 82–G

Bus Stop 156
business
   business owner 170–11
   business suit 88–11
   businessperson 170–12
busser 83–12
butcher 170–13
butter 66–6, 83–19
butterfly 220–20
buttocks 107–30
button 99–24
   AC button 163–40
   back button 213–9
   call button 123–28
   refresh button 213–11
buy 27–G
   buy a home 41–M
   buy a snack 11–K
   buy recycled products 225–D
Buying a House 49
Buying a Used Car 161
BUYING AND MAINTAINING A CAR 161 AWL
buzzer 51–32

cab 160–16
cabbage 69–2
cabinet 54–1
   file cabinet 188–11 AWL
   medicine cabinet 57–22
   supply cabinet 188–1
Cabinet 140–10
cables 162–21, 190–12
cactus 216–21
cafeteria 5–14
cage 107–48
cake 73–39
   cake pan 78–26
   cheesecake 81–34
   layer cake 81–33
   pancakes 80–7
Cake 77
calculate 17–B
calculator 17–6, 189–25
calculus 204–19
CALENDAR 20–21
CALENDAR EVENTS 22
calf 106–22
   calf-length 96–17
call
   call button 123–28
   international call 15–35
   Internet phone call 14–19
   local call 15–33
   missed call 14–16
   long-distance call 15–34
call 48–A, 151–L
   call in 198–A
Call 15
calm 42–8
camcorder 241–21
camel 223–38
camera
   camera case / bag 241–22
   digital camera 241–17

255

document camera **7**–16 🔑 AWL
security camera **50**–19 🔑 AWL
camisole **91**–20
campaign 143–K
camper **160**–9 🔑
campfire **232**–11
camping **232**–5 🔑
camping stove **232**–16 🔑
Campus **5**
can **74**–3, **74**–15
can opener **78**–1, **150**–8
electric can opener **54**–14
garbage can **53**–24 🔑
cancer **113**–17 🔑
candidate **143**–6 🔑
candle **56**–20
candle holder **56**–21
candy **245**–12 🔑
candy bar **73**–37 🔑
candy cane **245**–17
candy store **133**–17 🔑
cane **115**–16
canned food **150**–9 🔑
Canned Foods **72** 🔑
canoeing **232**–3
can't breathe 118–N 🔑
can't install 191–C 🔑
can't log on 191–D
can't stream 191–F
canteen **232**–24
canvas **239**–17
canyon **214**–17
cap **88**–1, **226**–7 🔑
baseball cap **86**–5 🔑
bump cap **92**–9
shower cap **108**–1 🔑
surgical cap **123**–37
surgical scrub cap **93**–35
capital **140**–16 🔑
capitalize 202–A, **202**–B
Capitol **140**–1
capris **88**–8
capsule **115**–23
captain **235** ♦ 🔑
car **154**–1 🔑
car accident **148**–2 🔑
car dealership **128**–4
car safety seat **37**–20 🔑
sports car **160**–4
subway car **156**–6
town car **156**–20 🔑
2-door car **160** ♦
CAR **160**, **161**, **162** 🔑
Car **161**, **163** 🔑
card **245**–5 🔑
ATM card **134**–12
automobile club card **166**–5 🔑
baseball cards **238**–2 🔑
card store **132**–7 🔑
copies of ID and credit cards **150**–19 🔑
emergency card **165**–26 🔑
fare card **156**–11
folding card table **102**–4 🔑
green card **40**–2 🔑

greeting card **136**–15
health insurance card **111**–3 🔑
memory card **241**–18 🔑
phone card **15**–23 🔑
postcard **136**–16
Resident Alien card **40**–2
rotary card file **189**–44 🔑
Social Security card **40**–5
Card **137** 🔑
cardigan sweater **88**–2 🔑
Cardinal Numbers **16**
cardiologist **122**–3
cardiopulmonary resuscitation (CPR) **119**–18
care **171**–32 🔑
careful worker **197**–2 🔑
careless worker **197**–1 🔑
childcare worker **170**–16
CARE **111**, **116**–**117**, **120** 🔑
Care of Your Car **161** 🔑
career 🔑
career advancement **175**–6
career and technical school **200**–5 🔑
career and technical training **175**–9 🔑
Career Path **175** 🔑
CAREER PLANNING **174**–**175** 🔑
cargo van **160**–13 🔑
carnation **217**–20
carousel
baggage carousel **165**–23
carpenter **62**–12, **170**–14
carpet **56**–24 🔑
carpool 225–I
carriage **37**–19
carrier **15**–27, **121**–1
baby carrier **37**–17
letter carrier **136**–20
carrots **69**–3 🔑
carry 11–F, **82**–H 🔑
CARS AND TRUCKS **160** 🔑
cart **73**–12, **131**–28
housekeeping cart **192**–19
luggage cart **192**–8
cartons **74**–4, **74**–16
cartoon **242**–3
cartridge **189**–45
carving knife **78**–12
case 🔑
camera case / bag **241**–22 🔑
cell phone case **94**–15 🔑
display case **94**–5 🔑
cash 🔑
cash and coins **150**–17 🔑
cash register **27**–10, **73**–16 🔑 AWL
cash 27–F, **134**–A
cashier **73**–14, **170**–15
cashmere **98**–4
Casserole **77**
casserole dish **78**–10
cassette
CD / cassette player **102**–8 🔑
cast **115**–20 🔑
castle **231**–12 🔑

CASUAL, WORK, AND FORMAL CLOTHES **88**–**89** 🔑
Casual Clothes **88**
cat **221**–9 🔑
catfish **71**–2
catalog **135**–11
catch 236–D 🔑
catcher's mask **237**–15
caterer **193**–16
caterpillar **220**–21
cattle **187**–21
cauliflower **69**–14
cavity **120**–8
C-clamp **194**–6
CD 🔑
CD / cassette player **102**–8 🔑
CD-ROM drive **190**–15 🔑
personal CD player **240**–7 🔑
celebrate 226–C 🔑
celery **69**–9
cell **206**–4 🔑
cell membrane **206**–6
cell phone **4**–13, **14**–8 🔑
cell phone case **94**–15 🔑
cell wall **206**–5 🔑
cello **244**–7
Celsius **13**–2
cemetery **129**–15
cent **26**–1, **26**–2, **26**–3, **26**–4 🔑
center 🔑
automated postal center (APC) **137**–10
childcare center **131**–30
convention center **129**–24 🔑 AWL
copy center **131**–18 🔑
entertainment center **56**–5 🔑
visit a career planning center **174**–A 🔑
centimeter [cm] **17**–14 🔑
Central time **19**–31
cereal **80**–9
box of cereal **74**–18
ceremony **226**–6 🔑
certificate 🔑
birth certificate **40**–1 🔑
Certificate of Naturalization **40**–6
death certificate **41**–11 🔑
certified
Certified Mail® **136**–4
certified nursing assistant (CNA) **122**–12 🔑
chain **51**–34, **95**–33, **194**–41 🔑
chair **7**–11 🔑
armchair **56**–22
beach chair **231**–22 🔑
dining room chair **55**–8
easy chair **56**–22 🔑
folding chair **102**–5 🔑
hard chair **23**–5 🔑
high chair **37**–6, **82**–3 🔑
rocking chair **37**–22
soft chair **23**–6 🔑
wheelchair **115**–9
chalk **7**–18
chalkboard **6**–3
challenged **32**–10 🔑

change 36–G, 60–P, 152–C
change purse 94–14
changing
   changing pad 59–2
   changing table 59–1
Changing Text 210 AWL
charger 240–15, 241–24
   charger cord 14–9
   charger plug 14–10
   portable charger 240–15
charging station / dock 240–3
chart 123–24 AWL
chat PLUS+ 191–K
cheap 23–20
check 134–14
   checkbook 134–13
   check-in kiosk 164–2
   checkstand 73–13
   paycheck 183–14
check
   check blood pressure 111–A
   check email 39–W
   check employment websites 168–H
   check in 164–A
   check messages 177–R
   check out 135–C
   check pulse 124–A
   check the correct boxes 9–U
   check the oil 161–H
   check the pronunciation 8–D
   check your bags 164–B
   check your spelling 211–X
   check your understanding 12–O
   check your work 10–L
checked 96–24
checker / cashier 73–14
checkers 238–7
checking account number 134–15
checkout
   self-checkout 73–10, 135–10
Checkpoint 164
cheddar cheese 71–28
cheek 106–3
cheese 66–4
   American cheese 71–26
   cheddar cheese 71–28
   cheeseburger 79–3
   cheesecake 81–34
   grilled cheese sandwich 80–10
   mozzarella cheese 71–29
   Swiss cheese 71–27
Cheesy Tofu Vegetable Casserole 77
chef 83–16
   chef's hat 93–28
   chef's jacket 93–29
   chef's salad 80–14
   executive chef 193–7
   head chef 193–7
   sous-chef 193–6
Chef 93
chemist 207–25
Chemistry 207
cherries 68–11

cherry picker 196–5
chess 238–8
chest 104–4
   chest of drawers 59–6
   toy chest 59–16
chicken 66–3, 70–16
   chicken pox 112–6
   chicken sandwich 79–5
   fried chicken 76–1
   roast chicken 81–22
Chicken 77
chief justice 140–13
child / children
   child safety seat 163–53
   childcare center 131–30
   childcare worker 170–16
   children's program 242–9
   grandchild 34 ✦
   lost child 148–1
CHILDCARE AND PARENTING 36–37
Childhood and Infectious Diseases 112
CHILDREN 30–31
Children 147
chili peppers 69–29
chill 76–D
chills 110–8
chimney 53–4
chimpanzee 223–27
chin 106–1
chipmunk 221–20
chips 73–35
chiropractors 122 ✦
chisel 195–55
choice PLUS+ 81 AWL
choke 118–L
choose 9–P
chop 77–L
chops 70–10, 70–15
Christmas 22–18
   Christmas tree 245–16
chromosome 206–8
chrysanthemum 217–21
church 129–14
chute 51–26
circle 205–34
circle 9–Q
circuit breaker PLUS+ 63–33
circular saw 194–9
circulation desk 135–2
circumference 205–36
citation 202–11 AWL
cite sources 212–I AWL
citizen
   senior citizen 30–5
Citizenship Requirements 142
city 4–7, 52–1
   city council 140–21
   city hall 126–8
City Government 140
CITY STREETS 128–129
CIVIC ENGAGEMENT 142–143
Civilizations 209
claim 164–L
clamp 194–6

clams 71–15
clarify instructions 178–G AWL
clarinet 244–2
class announcement PLUS+ 213–21
classical 243–21 AWL
   classical concert 229–14 AWL
classified ad 48–2
Classmates 8
classroom 5–7
CLASSROOM 6–7
claw 220–2
clean 101–16
clean 76–A
   clean the house 39–O
   clean the lint trap 101–D
   clean the oven 60–C
   clean the teeth 120–A
   clean up 151–M
cleaner
   dry cleaners 130–2
   glass cleaner 61–14
   multipurpose cleaner 61–18
   oven cleaner 61–3
   vacuum cleaner 61–10
   vacuum cleaner attachments 61–11
   vacuum cleaner bag 61–12
cleaning cloths 61–9
CLEANING SUPPLIES 61
CLEANUP 152–153
clear 13–9
   clear aligner 120–7
   clear tape 189–30 AWL
clear 82–G
   clear off 10–I
clerk 5–13, 188–2
   admissions clerk 122–14
   desk clerk 192–11
   DMV clerk 138–3
   file clerk 188–10 AWL
   grocery clerk 72–4
   library clerk 135–1
   payroll clerk 183–10
   postal clerk 137–7
   retail clerk 173–53
   salesclerk 94–3
   shipping clerk 185–14
   stock clerk 173–59
click 210–G
   click on a link 212–F
   click submit 211–S AWL
   click on the answer PLUS+ 10–Q
   click the search icon 212–D
   double-click 210–H
climb 230–C
climbing apparatus 230–14
clinic 198–2
clippers 109–31, 186–11
clip
   clip-on earrings 95–37
   hair clip 108–19
   paper clip 189–31
   stage clips 206–21
clock 7–9
   alarm clock 58–24

257

clock radio **102**–6
time clock **183**–7
close **6**–H, **210**–E
closet **57** ✦, **58**–5
Closures **99**
cloth **195**–54
    cleaning cloth **61**–9
    cloth diaper **37**–8
    tablecloth **55**–12
    washcloth **57**–6
clothes **150**–6
    clothesline **101**–9
    clothespin **101**–10
CLOTHES **86**–**87**, **88**–**89**, **96**–**97**, **98**–**99**
clothing **102**–2
CLOTHING **90**, **92**–**93**
Clothing **97**
cloudy **13**–10
club
    automobile club card **166**–5
    club sandwich **80**–12
    golf club **237**–1
    nightclub **229**–12
clubs **239**–32
clutch **163**–49
    clutch bag **89**–19
CNA (certified nursing assistant) **122**–12
coach **5**–20, **235**–2
coal **224**–4
coarse adjustment knob **206**–24
Coast Guard **141**–36
coast guardsman **141**–37
coat **90**–2, **222**–19
    lab coat **93**–33
    raincoat **90**–18
    redcoat **208**–9
    sport coat **89**–14
    trench coat **90**–21
cobra **219**–44
cockpit **165**–10
cockroaches **63**–26
cocktail dress **89**–20
coconuts **68**–24
cod **71**–8, **218**–5
code
    area code **4**–10, **15**–28
    bar code **27**–4
    ZIP code **4**–9
code **176**–I
coffee **73**–33, **81**–37, **81**–38
    coffee maker **54**–6
    coffee mug **55**–7
    coffee shop **128**–11
    coffee table **56**–19
COFFEE SHOP MENU **80**–**81**
coins **150**–17
    coin purse **94**–14
Coins **26**
colander **78**–17
cold **13**–6, **42**–4, **112**–1
    cold tablets **115**–27
    cold water **57**–10
coleslaw **80**–18
collaborate PLUS+ **7**–O

collaborate on a shared document
    PLUS+ **177**–W
collar **100**–4
collate **177**–E
collect **238**–A
college **200**–7
    college degree **41**–7, **175**–5
    college dormitory **52**–8
    community college **129**–17, **200**–6 AWL
cologne **108**–6
colon **202**–20
Colonial Period **208**
colonies **208**–1
colonists **208**–2
color
    watercolors **239**–21
color **33**–D
coloring book **59**–13
COLORS **24**
Colors **24**
Columbus Day **22**–15
column **107**–49
comb **33**–19, **108**–13
comb **108**–G
come **39**–R
comedy **242**–2, **243**–13
comet **215**–24
comfort **36**–I
comma **202**–17
comment on a shared document
    PLUS+ **177**–X
commercial fisher **171**–17
commit a crime **145** ✦
Common Illnesses **112**
communicate
    communicate clearly **178**–E AWL
    communicate on messaging platforms
    PLUS+ **177**–T AWL
COMMUNITY CLEANUP **152**–**153**
community college **129**–17, **200**–6 AWL
compare plans **121**–A
Comparing Clothing **97**
compartment **163**–44, **165**–13
complain **180**–B
complaint **97** ✦
complete
    complete an application **169**–J
    complete the test PLUS+ **10**–X
Complex **51** AWL
compliment **12** ✦
compliment **12**–C
compose / write the message **211**–W
composer **209**–14
composition **209**–15
Composition **202**
compost **225**–M
compost pile **53**–25
computer **7**–15, **189**–17 AWL
    computer lab **5**–15
    computer operations specialist **190**–2
    computer software engineer **171**–18
    computer technician **171**–19, **188**–12
    computer **won't start** **191**–A
    desktop computer **190**–9 AWL

    laptop computer **190**–22 AWL
    mainframe computer **190**–1
    program computers **176**–I
conceal **146**–C
concert **228**–5, **229**–14
concierge **192**–4
conclusion **202**–9 AWL
concrete **196**–10
conditioner **108**–11
CONDITIONS **112**–**113**
Conditions **13**, **112**–**113**
condominium / condo **52**–5
conduct **244**–C AWL
Conducting Research **212** AWL
conductor **156**–13
cone **205**–40
    ice-cream cone **79**–13
    pine cone **216**–11
conference room **188**–4 AWL
confetti **245**–3
confirm PLUS+ **156**–B AWL
confused **43**–26
congestion **113**–13
Congress **140**–2, **208**–6
congressperson **140**–4
Conserve Energy and Resources **225** AWL
console **238**–3
constellation **215**–14
Constitution **208**–12 AWL
construction AWL
    construction paper **238**–13
    construction site **128**–2 AWL
    construction worker **196**–1 AWL
CONSTRUCTION **196** AWL
Construction Worker **92** AWL
consult **174**–F AWL
contact **150**–2 AWL
    contact lenses **117**–8
    contact list **14**–15 AWL
    contact references **168**–C
contactless payment PLUS+ **27**–11
contagious **113** ✦
container **74**–5, **74**–17, **78**–4
CONTAINERS AND PACKAGING **74**
content **213**–16
continental
    First Continental Congress **208**–6
continuing education **175**–7
contractor **198**–5 AWL
control **123**–27
controller PLUS+ **185**–18
    video game controller **238**–4
convenience store **130**–3
convention center **129**–24 AWL
CONVERSATION **12**
convert **17**–D, **75**–C AWL
convertible **160**–5 AWL
conveyer belt **185**–9
convict **144**–E
convict / prisoner **144**–15
cook **193**–1
    line cook **93**, **193** ✦
    short-order cook **193**–1
cook **39**–Q, **76**–C, **176**–C

258

Cook **93**
cooked **70**–25
cookies **73**–38
   cookie sheet **78**–27
cool **13**–5
cooler **231**–9
co-op **52**◆
cooperate with teammates **178**–F AWL
co-pay **121**–8
copier
   photocopier **189**–23
copies / copy
   copies of ID and credit cards **150**–19
   copies of important papers **150**–20
   copy center **131**–18
   make copies **177**–D
copy **8**–E, **210**–K
coral **218**–16
cord
   bungee cord **195**–15
   extension cord **195**–14
   frayed cord **197**–5
   power cord **190**–10
corduroy **99**–11
corn **69**–12, **187**–4
   cornrows **33**–22
corned beef **71**–22
corner **130**–7
coronary disease **113**◆
corporate offices / headquarters **184**–1 AWL
corral **187**–17
correct **10**–N
correction
   correction fluid **189**–36
   correction tape **189**–37
cost **27**–7
   low-cost exam **124**–1
costume **245**–11
cotton **98**–1, **187**–6
couch **56**–18
cough **110**–9
cough syrup **115**–29
council **140**–21
   councilperson **140**–22
counselor **5**–6, **174**–F
count **84**–A
counter **54**–22
   counterperson **79**–17
Counterperson **93**
country **52**–4, **243**–27
county fair **229**–13
coupe **160**◆
couple **35**–20, **35**–21, **245**–4 AWL
coupons **67**–15
courier **172**–40
course **175**–13
court
   basketball court **235**–7
   court reporter **144**–12
   courthouse **127**–13
   courtroom **144**–7
   courtyard **51**–21
   food court **133**–15

   Supreme Court **140**–11
   tennis court **230**–6
cousin **34**–9
cover **162**–9, **195**–46
   coveralls **92**–8
   cover-up **90**–25
Covid PLUS+ **113**
Covid-19 PLUS+ **113**–28
cow **221**–1
cowboy hat **92**–18
co-worker **180**–5
coyote **222**–3
CPR (cardiopulmonary resuscitation) **119**–18
CPU **190**–16
crab **71**–9, **218**–21
cracked **62**–4
cradle **59**–20
crane **196**–7
crash **148**–3
crayons **59**–14
cream **81**–41, **115**–25
   antihistamine cream **119**–11
   ice cream **72**–26
   ice-cream cone **79**–13
   ice cream shop **133**–16
   shaving cream **109**–29
   sour cream **72**–21
cream / ivory **24**–16
creamer **55**–15
create AWL
   create a new document **210**–B AWL
   create a password **211**–P
   create a username **211**–O
   create secure passwords **147**–D
Creating a Document **210** AWL
credit **150**–19 AWL
creek / stream **214**◆
crescent moon **215**–10
crew **186**–1, **186**–4
   crew socks **91**–8
   crewneck sweater **96**–7
crib **59**–3
cricket **220**–24
CRIME **145**
Crime **147**
criminal **145**◆
crochet **239**–25
crocodile **219**–40
crocus **217**–17
cross
   cross-country skiing **233**–3
   crosswalk **130**–15
cross **130**–A
   cross out **9**–R
crossing **158**–13, **158**–14, **158**–15
crown **120**–10
crucible tongs **207**–44
crutches **115**–10
cry **226**–B
cube **205**–38
cubicle **188**–7
cucumbers **69**–10
cuff **100**–9
cup **75**–2, **75**–10, **83**–24

   1/2 cup **75**–9
   1/4 cup **75**–8
   teacup **55**–6
curb **131**–21
curling iron **108**–17
curly hair **33**–11
curtains **56**–16, **57**–14, **58**–7
curved line **205**–23
cushion **56**◆, **100**–13
customer **72**–1, **94**–4, **134**–2, **182**–2
   customer service **97**◆, **184**–11
   customer service representative **171**–20
Customs **165**
customs officer **165**–17
cut **91**–10, **110**–12
cut **33**–A, **109**–N
   cut up **77**–I
cute **32**–14
cutlets **70**–6
cutter **189**–22, **238**–16
cutting board **54**–27
CYBER SAFETY **147**
cyberbullying **147**–1
cybersecurity **190**–4 AWL
cycling **234**–5 AWL
cyclist **230**–2
cylinder **205**–41, **207**–38
cytoplasm **206**–9

daffodil **217**–25
daily **20**–21
DAILY ROUTINES **38**–**39**
Dairy **72**
dairy free PLUS+ **81**–47
daisy **217**–14
dance **64**–A
dance instructor PLUS+ **131**–34
Danger **147**
dangerous **198**–1
dark blue **24**–10
Dashboard and Instrument Panel **163** AWL
data **15**–36, **190**–3 AWL
date **20**–1, **68**–28, **213**–20
   date of birth **4**–14
   expiration date **114**–7, **138**–10
daughter **34**–14
   daughter-in-law **34**◆
   granddaughters **34**◆
   stepdaughter **35**◆
day **20**–2
   birthday **22**–1
   Columbus Day **22**–15
   daylight saving time **19**–25
   every day **20**–21
   Independence Day **22**–13
   Labor Day **22**–14
   Martin Luther King Jr. Day **22**–10
   Memorial Day **22**–12
   New Year's Day **22**–9
   Presidents' Day **22**–11
   Veterans Day **22**–16
Day **18**
DAY AT SCHOOL **11**

DAY AT WORK **198**–199
Days of the Week **20**
dead 41 ♦
   dead end **158**–6
   dead-bolt lock **51**–35
deaf **32**–12
Dealer **162**
dealership **128**–4
death certificate **41**–11
debate 143–L AWL
decaf coffee **81**–38
decay **120**–8
deceased **41** ♦
December **21**–36
decimal point **17**–7
Decimals **17**
deck **246**–2
declaration
   declaration form **165**–16
   Declaration of Independence **208**–5
decline 12–K AWL
decorations **246**–1
decrease PLUS+ 241–H
deductions **183**–13 AWL
deed **41**–9
deer **222**–14
defendant 144–5
defense attorney **144**–4
defroster **163**–41
degrees **13**–8, **205**–26
delayed **165**–30
delete 147–G, **210**–I
   delete a mistake **PLUS+ 10**–S
DELI **71**
deliver 11–G, **137**–E
delivery person **171**–21
dementia **113**–19
demonstration **124**–6 AWL
denim **99**–7
denominator **204**–6
dental
   dental assistant **120**–2, **171**–22
   dental floss **109**–24
   dental hygienist **120**–3
   dental instruments **120**–4
DENTAL CARE **120**
Dental Problems **120**
dentist **120**–1
Dentistry **120**
dentures **120**–11
deodorant **108**–5
department **95**–7, **95**–8
   Department of Motor Vehicles **126**–4
   department store **133**–13
DEPARTMENT OF MOTOR VEHICLES (DMV) **138**–139
departure **165**–7
departure time **165** ♦
dependents **121**–6
deposit **134**–3
   deposit slip **134**–4
   opening deposit **134**–11
   safety deposit box **134**–7
depression **117**–5 AWL
depth **17**–18

dermatologists **122** ♦
DESCRIBING CLOTHES **96**–97
DESCRIBING HAIR **33**
DESCRIBING PEOPLE **32**
DESCRIBING THINGS **23**
desert **214**–4
design 185–A AWL
designated drivers **146** ♦
designer **98** ♦, **171**–30, **185**–2, **186**–5 AWL
desk **6**–7, **188**–9
   circulation desk **135**–2
   desk clerk **192**–11
   front desk **192**–12
desktop computer **190**–9 AWL
dessert tray **83**–10
Desserts **81**
destination **166**–6
detector **51**–30 AWL
detergent **101**–8
device **231**–20 AWL
diabetes **113**–26
diagonal **205**–31
dial **15**–A, **15**–E
diameter **205**–37
diamonds **239**–29
diaper **37**–8, **37**–10
   diaper bag **37**–11
   diaper pail **37**–7
diaphragm **206**–18
dice **238**–6
dice 77–J
dictate 8–N
dictator **209**–6
dictionary **7**–31, **7**–32
die 41–R
Dietary Restrictions and Choices **PLUS+ 81**
dietician **122**–15
difference **204**–8
different **23**–16
DIFFERENT **28**–29
DIFFERENT PLACES TO LIVE **52**
difficult **23**–24
digital
   digital camera **241**–17
   digital nomad **PLUS+ 189**–52
   digital photo album **241**–30
   digital video recorder (DVR) **56**–7
   digital wallet/e-wallet **PLUS+ 27**–14
DIGITAL LITERACY **210**–211
DIGITAL SKILLS **210**
dime / 10 cents **26**–3
Dimensions **17** AWL
diner **82**–6, **193**–9
dining
   dining area **46**–8
   dining room **82**–1
   dining room chair **55**–8
   dining room table **55**–9
Dining **193**
DINING AREA **55**
dinner **72**–28
   dinner fork **83**–28
   dinner plate **83**–18
Dinner **81**

diploma **40**–3
direct 180–C
Directions **9, 159**
DIRECTIONS AND MAPS **159**
directory **133**–24
   directory assistance **14**–21
dirty **101**–15
Disabilities **32**
disagree 12–M
disappointed **28**–4
DISASTERS **148**–149
disc **237**–27
discipline 36–K
discuss 8–G
discussion board **PLUS+ 213** Q-23
disease **113**–27, **113**–28, **120**–12
Diseases **112**
disgusted **42**–7
dish **55**–1
   casserole dish **78**–10
   dish rack **54**–5
   dish room **83**–13
   dish towel **61**–22
   dishwasher **54**–8, **83**–14, **193**–2
   dishwashing liquid **61**–21
   satellite dish **53**–5
   soap dish **57**–3
disinfect **76** ♦
disinfectant wipes **61**–23
display case **94**–5 AWL
disposable AWL
   disposable diaper **37**–10
   disposable gloves **93**–27 AWL
disposal **54**–7, **123**–31 AWL
distribute 180–D AWL
dive 236–K
divide 17–A, **204**–D
diving **233**–12
   diving mask **231**–7
divorced couple **35**–21
DJ **64**–4
DMV
   DMV clerk **138**–3
   DMV handbook **138**–1
do 39–T
   do an experiment **207**–B
   do crafts **238**–D
   do errands **130** ♦
   do manual labor **176**–D AWL
   do not drink **114**–F
   do not drive or operate **114**–E
   do not enter **158**–2
   do not take **114**–D
   don't be late **179**–E
   don't litter 225–L
   don't smoke 116–G
dock **185**–15, **240**–3
   dock worker **171**–23
doctor **111**–5
Document **210** AWL
document camera **7**–16 AWL
DOCUMENTS **40**–41 AWL
dog **221**–11
   dog groomer **PLUS+ 131**–32
   feed dog **98**–20

hot dog **79**–6
prairie dog **221**–22
dogwood **216**–15
DOING THE LAUNDRY **101**
doll **59**–21, **239**–28
dollhouse **59**–18
dollar **26**–7
dollar coin **26**–6
fifty dollars **26**–11
five dollars **26**–8
half dollar **26**–5
one hundred dollars **26**–12
ten dollars **26**–9
twenty dollars **26**–10
dolphin **219**–31
domain extension **213** AWL
DOMESTIC ANIMALS AND RODENTS **221** ♦ AWL
domesticated **221** ♦ AWL
donkey **221**–3
donut **79**–15
donut shop **131**–17
door **46**–4
door chain **51**–34
door lock **163**–25
doorbell **53**–14
doorknob **53**–12
doorman **192**–1
front door **53**–11
garage door **53**–7
revolving door **192**–2
screen door **53**–15
sliding glass door **53**–18
storm door **53**–10
2-door car **160** ♦
dorm / dormitory **52**–8
dosage **114**–6
double
double bed **192**–14
double boiler **78**–8
double-click **210**–H
double tap PLUS+ **211**–CC
down
break down **166**–F
down jacket **90**–16
down vest **90**–14
downhill skiing **233**–1
drop-down menu **213**–15
put down **6**–J
sit down **6**–F
walk down **157**–D
downstairs **51** ♦
DOWNTOWN **126**–**127**
drag **210**–J
drain **57**–7
drama **242**–12 AWL
drapes **56**–16
draw **8**–F, **111**–F, **207**–E
drawer **54**–23, **58**–2, **59**–6
dress **86**–3, **88**–5, **89**–20
dress socks **91**–9
dressmaker **100**–1
dressmaker's dummy **100**–2
dress **36**–H, **179**–B
dressed **38**–D

dresser **58**–1
Dressings **80**
dribble **236**–J
drill **194**–8, **196**–9
drill bit **194**–28
drill **120**–D
drink **11**–J
do not drink **114**–F
don't drink and **drive** **146**–G
drink fluids **116**–C
drip **123**–25
dripping **63**–17
drive **190**–15, **190**–19, **190**–25, **190**–27
drive-thru window **130**–11
driveway **53**–8
drive
don't **drink** and **drive** **146**–G
drive a truck **176**–E
drive through **157**–K
drive to work **38**–I
driver **156**–21, **173**–61
designated drivers **146** ♦
driver profile PLUS+ **156**–26
driver's license **40**–4, **138**–9 AWL
driver's license number **138**–11
Phillips screwdriver **194**–31
rate the driver PLUS+ **156**–C
screwdriver **194**–30
driving **145**–5
drone PLUS+ **241**–35
drop
drop cloth **195**–54
drop-down menu **213**–15
post office lobby drop **137**–11
drop off **38**–G
dropper **207**–45
drops **115**–31
drought **149**–11
drown **118**–I
drugs **118**–K, **145**–6
drums **244**–16
drumsticks **70**–23
drunk driving **145**–5
dry **101**–18
dry cleaners **130**–2
dry erase marker **7**–17
drywall **196**–19
dry **60**–N, **108**–H
Dry Measures **75**
dryer **50**–13, **101**–4
blow dryer **33**–21, **108**–18
dryer sheets **101**–5
duck **70**–18, **220**–13
duct tape **195**–49
dummy **100**–2
dump truck **160**–19
dune **214**–5
duplex **52** ♦
During an Emergency **151**
dust
dust ruffle **58**–17
dust storm **13**–20
dustpan **61**–17
dust **60**–A

duster **61**–1
DVD **135**–19
DVD and CD-ROM drive **190**–15
DVD player **240**–11
dye **33**–D

eagle **220**–10
ear **105**–12
ear infection **112**–3
earache **110**–3
earbuds / in-ear headphones **240**–5
earmuffs **90**–13, **197**–16
earplugs **197**–15
pierced ear **32**–17
pierced earrings **95**–36
early **19**–22
Earth **215**–3
earthquake **148**–5
easel **239**–18
east **159**–4
Eastern time **19**–32
easy **23**–23, **76**–11
easy chair **56**–22
Easy Chicken Soup **77**
eat **11**–I
eat a healthy diet **116**–F
eat breakfast **38**–E
eat dinner **39**–S
eat out **82** ♦
eater
weed eater **186**–12
e-book **135**–18
eclipse **215**–16
edit **203**–I AWL
education
basic education **175**–1
continuing education **175**–7
physical education **201**–17 AWL
eel **218**–12
eggplants **69**–23
eggs **66**–7
eggbeater **78**–20
eggs over easy **76**–11
eggs sunny-side up **76**–10
hard-boiled eggs **76**–8
poached eggs **76**–9
scrambled eggs **76**–7
Eggs **76**
eight **16**
eighteen **16**
eighteenth **16**
eighth **16**
eightieth **16**
eighty **16**
elastic bandage **119**–13
elbow **106**–12
elderly **32**–3
elected **143**–M
elected official **143**–12
Election **143**
election results **143**–11
elective **201** ♦
electric **118**–F
electric can opener **54**–14
electric drill **194**–8

261

electric keyboard **244**–18
electric mixer **54**–25
electric pencil sharpener **189**–26
electric shaver **109**–26
electric vehicle / EV **160**–2
electrical
  electrical hazard **198**–6
  electrical tape **195**–43
electrician **62**–9
electron **207**–30
electronics
  electronics repairperson **171**–24
  electronics store **133**–20
ELECTRONICS AND PHOTOGRAPHY **240–241**
elementary school **200**–2
elephant **223**–42
elevator **50**–9, **133**–21, **192**–9
eleven **16**
eleventh **16**
elm **216**–16
email
  address the email **211**–U
  check email **39**–W
  delete suspicious emails **147**–G
  send the email **211**–Z
Email **211**
embarrassed **43**–24
embroidery **239**–24
EMERGENCIES **118**
EMERGENCIES AND NATURAL DISASTERS **148–149**
emergency **119**–3
  emergency card **165**–26
  emergency exit **51**–25, **165**–14
  emergency medical technician (EMT) **123**–32
Emergency **150, 151**
Emergency Call **15**
EMERGENCY PROCEDURES **150–151**
Emergency Room Entrance **123**
Emergency Worker **93**
emery board **109**–32
emojis PLUS+ **243**–42
emperor **209**–3
employee **183**–9
employer **182**–4
empty **23**–10
empty 60–L
EMT (emergency medical technician) **123**–32
end
  dead end **158**–6
  end table **56**–14
  end the call **15**–D
  endpoint **205**–21
energy **224**–1, **224**–7, **224**–8
  bioenergy **224**–9
Energy and Resources **225**
ENERGY AND THE ENVIRONMENT **224–225**
Energy Sources **224**
engine **162**–18, **212**–2
engineer **171**–18, **171**–25
ENGLISH COMPOSITION **202–203**

English language instruction **201**–14
English muffin **80**–5
enlarge PLUS+ **211**–CC
enslaved people **208**–4
enter
  do not **enter 158**–2
  enter data **177**–B
  enter the room **11**–C
  enter your PIN **134**–D
ENTERTAINMENT **242–243**
entertainment center **56**–5
entrance **182**–1
Entrance **50, 123**
entrepreneur PLUS+ **131**–33
entry-level job **175**–2
Entryway **51**
envelope **136**–14, **189**–43
ENVIRONMENT **224–225**
Environmental Protection Agency (EPA) **224** ✦
EPA (Environmental Protection Agency) **224** ✦
epidemic PLUS+ **113**–30
equation **204**–13
equipment **187**–12, **197**–4
EQUIPMENT **237**
Equipment **189, 197**
Equivalencies **17, 75**
erase 10–M
eraser **7**–19, **7**–21
errands **130** ✦
eruption **149**–16
escalator **133**–23
escape **50**–2
  escape route **150**–3
essay **202**–4
Essay **202**
E-Testing/Online Testing PLUS+ **10**
e-ticket **165**–19
EV / electric vehicle **160**–2
evacuate 151–K
evacuation route **150**–5
even numbers **204**–4
evening **18**–19
  evening gown **89**–18
EVENTS **22, 40–41**
every day **20–21**
EVERYDAY CLOTHES **86–87**
EVERYDAY CONVERSATION **12**
evidence **144**–9, **202**–7
exam **124**–1, **138**–6
examination table **111**–7
examine 11–E, **111**–D
Examining Room **111**
exchange **27**–I
excited **43**–22
exclamation mark / exclamation point **202**–16
executive **188**–5
  executive chef **193**–7
Executive Branch **140**
exercise **124**–5
exercise 39–P, **236**–N
Exercise Wear **89**
exhausted **43** ✦
ex-husband **35** ✦
exit **51**–25, **165**–14

expensive **23**–19, **97**–44
Experiment **207**
expiration date **114**–7, **138**–10
expire 138 ✦
explain 12–N
explanation of benefits / EOB **121**–11
exploration **209**–8
explore 174–B
explorer **209**–9
explosion **148**–4
exposed
  overexposed **241**–32
  underexposed **241**–33
Express Mail® **136**–2
Extended Family **34**
extension cord **195**–14
exterminate 62 ✦
exterminator **63**–21
external hard drive **190**–27
extinguisher **197**–21
extra
  extra large **96**–5
  extra small **96**–1
ex-wife **35** ✦
eye **105**–11
  eye drops **115**–31
  eye hook **194**–40
  eye shadow **109**–35
  eyebrow **106**–9
  eyebrow pencil **109**–34
  eyeglasses **117**–7
  eyelashes **106**–11
  eyelid **106**–10
  eyeliner **109**–36
  eyepiece **206**–14
  hook and eye **99**–27
Eye **106**
fabric **98**–15
  fabric softener **101**–6
Fabric Store **99**
face **205**–44
  face mask **93**–32
  face powder **109**–41
Face **106**
facility **180**–1
factory **128**–3
  factory owner **185**–1
  factory worker **185**–3
Factory **98**
Fahrenheit **13**–1
fair
  county fair **229**–13
  fair trial **142**–5
  job fair **174**–I
FAIR **124–125**
fall 118–O
  fall in love **40**–H
fall / autumn **21**–39
FAMILIES **34–35**
Family **34**
FAMILY REUNION **44–45**
famine **149**–12
fan **55**–19, **235**–4
  fan speed **163**–39
fancy **97**–34

far from 25 ♦ 🗝
fare 156–2
　　fare card 156–11
farm 52–9 🗝
　　farm equipment 187–12 🗝
　　farmworker 187–8 🗝
Farm Animals 221 🗝
farmer 187–13 🗝
FARMERS' MARKET 84–85 🗝
FARMING AND RANCHING 187 🗝
Farmworker 92 🗝
fashion designer 98 ♦ 🗝 AWL
fast 23–3 🗝
　　fast food restaurant 130–10 🗝
FAST FOOD RESTAURANT 79 🗝
fast forward 241–D 🗝
fasten 164–H 🗝
fastener 99–29 🗝
fat / heavy 32–7 🗝
father 34–4, 35–23 🗝
　　father-in-law 34–11
　　grandfather 34–2 🗝
　　stepfather 35–25
faucet 57–8
fax 177–G
fax machine 189–21
feast 245–13
feather 220–4 🗝
　　feather duster 61–1
February 21–26 🗝
Federal Government 140 🗝 AWL
feed 36–C, 186–D, 187–D 🗝
feed / stream PLUS+ 213–22
feed dog / feed bar 98–20
feedback
　　respond well to feedback 178–H
feel 110–A, 110–B 🗝
FEELINGS 42 🗝
female 4–18 🗝
fence 187–19 🗝
fencing 234–7
fertilize 186–D
fever 110–7 🗝
fiction 243–18
field 5–2, 187–7 🗝
　　ball field 230–1
　　track and field 234–18 🗝
fifteen 16
fifteenth 16
fifth 16
fiftieth 16
fifty 16
　　fifty dollars 26–11
　　50 percent 17–10 🗝
fighter
　　firefighter 148–9, 171–26
figs 68–27
figure 239–26 🗝
　　figure skating 233–5
figurine 238–1
file 189–44 🗝 AWL
　　attach a file 211–Y 🗝 AWL
　　file cabinet 188–11 🗝 AWL
　　file clerk 188–10 🗝 AWL
　　file folder 189–50

fill 🗝
　　fill a cavity 120–E
　　fill in 9–O 🗝
　　fill prescriptions 114 ♦
　　fill the tank 161–G 🗝
　　fill the tires 161–L 🗝
filling 120–9 🗝
Filling Out a Form 4 🗝
filter PLUS+ 97–45
fin 218–1
find 164–F 🗝
FINDING A HOME 48–49 🗝
fine adjustment knob 206–22
finger 105–16 🗝
　　fingernail 106–18
　　fingerprint 138–5
　　swollen finger 110–16 🗝
Fingers 106 🗝
finish 236–T 🗝
　　finish all medication 114–C
fins 231–8
fire 148–7, 148–8 🗝
　　campfire 232–11
　　fire escape 50–2 🗝
　　fire exit 51 ♦ 🗝
　　fire extinguisher 197–21
　　fire hydrant 131–27
　　fire screen 56–12 🗝
　　fire station 127–12 🗝
　　fire truck 148–10 🗝
　　firefighter 148–9, 171–26
　　fireplace 56–13
　　fireworks 245–7
first 16 🗝
　　first aid kit 119–1, 150–18 🗝
　　first aid manual 119–2 🗝 AWL
　　First Continental Congress 208–6
　　first name 4–2 🗝
　　first president 208–11 🗝
FIRST AID 119 🗝
First Aid 119 🗝
First Aid Procedures 119 🗝 AWL
FIRST DAY ON THE JOB 180–181 🗝
First Floor 50 🗝
First License 139 🗝 AWL
fish 66–1, 81–29 🗝
　　catfish 71–2
　　goldfish 221–16
　　jellyfish 218–14
　　starfish 218–17
　　swordfish 71–5, 218–10
Fish 71, 218 🗝
fisher 171–17
fishing 232–4 🗝
　　fishing net 232–17 🗝
　　fishing pole 232–18 🗝
fitted sheet 58–12
fittings 195–18
five 16
　　five after one 18–7 🗝
　　five dollars 26–8
fix 62 ♦, 225–F 🗝
fixture 55–18
flag 245–8 🗝
flammable liquids 197–8

flash drive / thumb drive 190–25
flashlight 150–14
flat 🗝
　　flat sheet 58–13 🗝
　　flat-panel TV 240–8 🗝
　　flat-screen TV 240–8 🗝
　　have a flat tire 166–C 🗝
flats 95–27
fleas 63–25
　　flea market 228–6
flexible schedule PLUS+ 189–54 🗝 AWL
flight 🗝
　　flight attendant 165–12
　　nonstop flight 165 ♦
Flight 164
float 245–2 🗝
flood 149–19 🗝
floor 46–7, 58–21, 197–6 🗝
　　floor lamp 56–15 🗝
　　floor plan 198–4 🗝
Floor 50 🗝
floral 96–25
florist 132–8, 171–27
floss 109–24
floss 109–K
flounder 218–15
flour 73–29 🗝
Flower 217 🗝
flowers 🗝
　　flower bed 53–20 🗝
FLOWERS 217 🗝
flu 112–2 🗝
fluid
　　correction fluid 189–36
　　fluid ounce 75–1
flute 244–1
fly 220–29
fly 176–F 🗝
flyer 102–1
flying disc 237–27 🗝
foam pad 232–13
focus 241–31 🗝 AWL
foggy 13–21
foil 72–23
fold 101–F 🗝
folder 189–50
folding 🗝
　　folding card table 102–4 🗝
　　folding chair 102–5 🗝
folk 243–29
follow 116–J, 151–F 🗝
follower PLUS+ 243–41 🗝
Following Directions 9 🗝
food 🗝
　　baby food 37–4 🗝
　　canned food 150–9
　　fast food restaurant 130–10 🗝
　　food court 133–15 🗝
　　food preparation worker 193–4 🗝
　　food processor 54–26
　　packaged food 150–10 🗝
　　pet food 72–6 🗝
FOOD 79 🗝
FOOD PREPARATION AND SAFETY 76–77 🗝
Food Processor 92

Food Safety **76**
FOOD SERVICE **193**
Foods **72, 73**
foot **104**–8
 football **235**–12, **237**–21
 football helmet **237**–19
 footless tights **91**–17
 footnote **202**–12
 presser foot **98**–19
Foot **106**
forceps **207**–43
forearm **106**–13
forehead **106**–2
forest **214**–1, **214**–11
 forest fire **148**–7
fork **55**–3, **83**–27, **83**–28
 forklift **185**–12
Form **4**
Formal Clothes **89**
former husband **35** ♦
former wife **35** ♦
forms **111**–4, **136**–19, **165**–16
Formatting PLUS+ **203**
formula **37**–3, **207**–34 AWL
fortieth **16**
forty **16**
forward **241**–D
foundation **109**–40 AWL
founders **208**–7
fountain **230**–5, **230**–9
four **16**
 4-door car **160** ♦
 2 x 4 (two by four) **195**–19
fourteen **16**
fourteenth **16**
fourth **16**
Fourth Floor **50**
Fourth of July / Independence Day **22**–13
fox **222**–15
Fractions **204**
Fractions and Decimals **17**
frame **58**–4, **58**–18
frayed cord **197**–5
free
 free speech **142**–2
 sugar-free **124**–7
freedom
 freedom of religion **142**–3
 freedom of the press **142**–4
freezer **54**–10, **193**–3
freezing **13**–7
French
 French fries **79**–2
 French horn **244**–13
Frequency **20**
fresh **71**–16
Friday **20**–13
fried
 fried chicken **76**–1
 stir-fried beef **76**–6
fringe **99**–34
Frisbee® **237**–27
frog **218**–26
front **25**–7

front desk **192**–12
front door **53**–11
front seat **163**–51
front walk **53**–2
Front Porch **53**
Front Yard and House **53**
frostbite **118**–G
froze 191–B
frozen
 frozen dinner **72**–28
 frozen fish **71**–17
 frozen vegetables **72**–27
 frozen yogurt **75**–3
 pipes are frozen **63**–16
Frozen Foods **72**
fruit **67**–9
 fruit salad **80**–21
FRUIT **68**
frustrated **43**–27
frying pan **78**–5
fuel injection system **162**–17
full **23**–9, **42**–6
 full moon **215**–12
 full-length mirror **58**–6
fumes **197**–3
funnel **207**–40
funny photo **226**–2
fur **222**–19
furious **43** ♦
furnished apartment **48**–3
furniture **53**–19
 furniture polish **61**–8
 furniture store **128**–8
Furniture and Accessories **59**
fuse box **62**–13
fusion **224**–10

galaxy **215**–15
gallbladder **107**–44
gallon **75**–5
game
 baseball game **44**–2
 board game **238**–5
 game show **242**–8
 video game console **238**–3
 video game controller **238**–4
GAMES **238**–**239**
Games **59**
gang violence **145**–4
garage **47**–15, **126**–1
 garage door **53**–7
Garage **50**
GARAGE SALE **102**–**103**
garbage
 garbage can **53**–24
 garbage disposal **54**–7 AWL
 garbage truck **129**–22
garden
 botanical garden **228**–3
 garden salad **80**–15
 roof garden **50**–4
 vegetable garden **53**–27, **187**–14
garden 53–B
gardener **171**–28
gardenia **217**–18

gardening
 gardening crew **186**–1
 gardening crew leader **186**–4
GARDENING **186**
gargle 109–L
garlic **69**–30
 garlic bread **81**–28
 garlic press **78**–11
Garment Factory **98**
garment worker **171**–29
garter
 garter snake **219**–46
gas **224**–3
 gas gauge **163**–31
 gas meter **62**–14
 gas pedal **163**–46
 gas shut-off valve **150**–4
 gas station **127**–10
 gas tank **162**–10
gate **50**–16, **53**–9, **165**–8
Gate **165**
gauge
 blood pressure gauge **111**–9
 gas gauge **163**–31
 oil gauge **163**–29
 temperature gauge **163**–30
gauze **119**–9
gearshift **163**–47
gel **108**–2, **108**–16
gender **4**–16 AWL
general **141**–25
generate an image PLUS+ **185**–G AWL
GEOGRAPHY AND HABITATS **214**
Geometric Solids **205**
geometry **204**–17
geothermal energy **224**–7 AWL
get
 get a job **40**–F, **169**–O AWL
 get a learner's permit **139**–F
 get a library card **135**–A
 get a loan **49**–J
 get a ticket **166**–D
 get an electric shock **118**–F
 get bed rest **116**–B
 get change **26**–A
 get dressed **38**–D
 get elected **143**–M
 get engaged **41**–J
 get feedback **203**–K
 get frostbite **118**–G
 get good grades **10**–H
 get home **39**–R
 get immunized **116**–I
 get into **157**–E
 get married **41**–K
 get off **157**–J
 get on **157**–I
 get out of **157**–F
 get takeout **82** ♦
 get the title **161**–E
 get up **38**–B
 get your license **139**–I AWL
Get Well **116**
Getting Your First License **139** AWL
gift **94** ♦, **246**–3

gift shop **132**♦, **192**–5
gills **218**–2
giraffe **223**–32
girder **196**–3
girdle **91**–15
girl **31**–10
give **15**–F, **152**–A
  give a lecture **124**–B AWL
glad **44**–5
glass **53**–18, **83**–22, **83**–23
  glass cleaner **61**–14
glasses **117**–7
  safety glasses **92**–10, **197**–10
  sunglasses **90**–27
global positioning system (GPS) **159**–11
gloves **90**–6, **237**–17
  disposable gloves **93**–27 AWL
  glove compartment **163**–44
  medical gloves **93**–34 AWL
  rubber gloves **61**–4
  surgical gloves **123**–39
  work gloves **92**–17, **197**–17
glue **189**–33
  glue gun **238**–12
  glue stick **238**–11
gluten free **PLUS+** **81**–46
GO **228**–229
go
  go back **11**–M
  go for **161**–J
  go on an interview **169**–N
  go one block **159**–F
  go over **157**–B
  go past **159**–E
  go straight **159**–A
  go through **164**–D
  go to an employment agency **168**–F
  go to bed **39**–Y
  go to college **41**–I
  go to jail **144**–G
  go to prison **144**–G
  go to sleep **39**–Z
  go to the grocery store **38**–L
  go to work **38**–I
  go under **157**–A
  to-go box **82**–5
goalie **235**♦
goat **221**–5
goggles **197**–11
goldfish **221**–16
golf **234**–8
  golf club **237**–1
good **23**–18
Goods **73**
goose **220**–14
gopher **221**–19
gorilla **223**–29
gospel **243**–30
Government **140**
GOVERNMENT AND MILITARY SERVICE **140**–**141** AWL
governor **140**–14, **140**–15
gown **226**–8
  evening gown **89**–18

hospital gown **123**–19
  nightgown **91**–24
  surgical gown **93**–37, **123**–38
GPS (global positioning system) **159**–11
grab bar **57**–11
grades **10**–4 AWL
graduate **40**–D
graduated cylinder **207**–38
GRADUATION **226**–**227**
graffiti **152**–1
grandchild **34**♦
granddaughters **34**♦
grandfather **34**–2
grandmother **34**–1
Grandparents **34**
grandson **34**♦
grapefruit **68**–6
grapes **68**–3
graph **204**–15
graphic designer **171**–30 AWL
grasshopper **220**–25
grate **77**–G
grater **78**–2
gray **24**–15
  gray hair **33**–23
grease **77**–B
green **24**–5
  green card **40**–2
  green onions **69**–20
greet **3**–H, **177**–M, **179**–H
GREETING **2**–**3**
greeting card **136**–15
grill **53**–17
grilled
  grilled cheese sandwich **80**–10
  grilled fish **81**–29
  grilled ribs **76**–2
grocery
  grocery bag **67**–13
  grocery clerk **72**–4
Grocery Products **72**
GROCERY STORE **72**–**73**
ground
  ground beef **70**–4
  ground post **136**–6
  playground **50**–3
group **117**–15
grower **187**–13
guard **144**–3
  Coast Guard **141**–36
  lifeguard **231**–19
  lifeguard station **231**–21
  National Guard **141**–38
  security guard **134**–5, **173**–55 AWL
  shin guards **237**–13
Guard **93**
guest **192**–10
  guest room **192**–13
  guest services **132**–12
  guest speaker **226**–4
guinea pig **221**–14
guitar **244**–9
gums **106**–6
  gum disease **120**–12

gun **145**–13
  glue gun **238**–12
  spray gun **195**–21
gurney **123**–33
gutter **53**–6
gym **5**–19, **128**–10, **192**–24
gymnastics **234**–9
gynecologists **122**♦
habitat **206**–11
HABITATS **214**
hacking **147**–5
hacksaw **194**–5
hail **13**–22
hail a taxi **156**♦
hair **104**–2
  black hair **33**–12
  blond hair **33**–14
  brown hair **33**–15
  curly hair **33**–11
  gray hair **33**–23
  hair clip **108**–19
  hair gel **108**–16
  hair salon **133**–18
  hairdresser **171**–31
  hairnet **93**–25
  hairspray **108**–12
  hairstylist **171**–31
  long hair **33**–3
  red hair **33**–13
  short hair **33**–1
  shoulder-length hair **33**–2
  straight hair **33**–9
  wavy hair **33**–10
HAIR **33**
half
  half bath **57**♦
  half brother **35**–28
  1/2 cup **75**–9
  half dollar **26**–5
  half past one **18**–11
  half sister **35**–27
  half slip **91**–22
halibut steak **71**–6
hall **126**–8
  hallway **5**–10, **192**–18
Hallway **51**
ham **70**–9, **76**–5
hamburger **79**–1
hammer **194**–1
  jackhammer **196**–9
  sledgehammer **196**–23
hammer **196**–D
hammock **53**–23
hamper **57**–1
hand **105**–15
  DMV handbook **138**–1
  hand towel **57**–17
  hand truck **185**–11
  handbag **87**–9
  handbags **94**–2
  handcuffs **144**–2
  handsaw **194**–4
  handset **14**–4
  hired hand **187**–20
Hand **106**

hand in 10–O, 203–M
handbrake 163–48
handicapped parking 130–6, 158–12
hang up 15–D, 101–H
hanger 101–11
happy 28–6, 43–31
hard 23–5, 23–24
   external hard drive 190–27
   hard drive 190–19
   hard hat 92–1, 197–9
   hard-boiled eggs 76–8
hardware store 152–4
harmonica 244–21
harvest 187–B
hash browns 80–3
hatchback 160–6
hats 90–1, 95–11
   chef's hat 93–28
   cowboy hat 92–18
   hard hat 92–1, 197–9
   ski hat 90–11
   straw hat 90–23
have
   have a baby 41–L
   have a conversation 11–L
   have a flat tire 166–C
   have a heart attack 118–D
   have a picnic 230–D
   have an allergic reaction 118–E AWL
   have dinner 39–S
   have regular checkups 116–H
Hawaii-Aleutian time 19–27
hay 187–18
hazard 198–6
   hazard lights 163–36
Hazardous Materials 197
hazardous waste 224–12
Hazards 197
head 104–1
   Bluetooth headset 14–14
   head chef 193–7
   head of lettuce 69–32
   headache 110–1
   headband 90–3
   headboard 58–10
   headlight 162–7
   headline 135–7
   headphones 6–8, 240–4, 240–5, 240–6
   headset 14–13, 191–35
   headwaiter 193–12
   headwrap 90–7
   letterhead 189–42
   overhead compartment 165–13
headquarters / corporate offices 184–1 AWL
health
   health history form 111–4
   health insurance card 111–3
HEALTH 116–117
HEALTH FAIR 124–125
HEALTH INSURANCE 121
Health Problems 117
hear 106–B
hearing
   hearing aid 117–10 AWL
   hearing impaired 32–12

hearing loss 117–2
heart 107–38, 245–6
   have a heart attack 118–D
   heart disease 113–28
hearts 239–31
heat wave 13–15
heating pad 115–13
heavy 23–13, 32–7, 97–27
hedge clippers 186–11
heel 94–22, 106–24
   high heels 89–21, 95–25, 97–32
   low heels 97–31
height 17–16, 32–5
Height 32
Heimlich maneuver 119–19
helicopter 155–9
helmet 93–23, 237–19
help 8–J, 151–G
Help with Health Problems 117
hem 100–8
hen 221–8
hepatitis 112–9
herbal tea 81–40
herbs 84–9
hibiscus 217–12
hide 246–D
high 97–32
   high blood pressure 113–24
   high chair 37–6, 82–3
   high heels 89–21, 95–25
   high school 200–4
   high-rise 129–13
   high visibility safety vest 92–4 AWL
   junior high school 200–3
   knee highs 91–12
highlighter 7–25
highway 159–9
   highway marker 158–17
hiking 232–7
   hiking boots 95–31
hills 214–16
   downhill skiing 233–1
hip 107–27
hip-hop 243–26
hippopotamus 223–43
hire 144–B
hired hand 187–20
Historical Terms 209
history 111–4, 201–12
HISTORY 209
hit 236–B
HIV / AIDS 113–21
HOBBIES AND GAMES 238–239
hockey 235–14
   hockey stick 237–11
hold 36–A
holder
   candle holder 56–21
   policyholder 121–5
   potholders 78–29
   toothbrush holder 57–24
holiday 22–7, 22–8
HOLIDAYS 245
Holidays 22
holly 216–19

home 52–7, 52–12
   home healthcare aide 171–32
   home improvement store 129–20
   home phone 4–12
   homemaker 172–33
   homesick 43–20
HOME 46–49
honest 178–4
honeybee 220–26
hood 162–4
Hood 162
hoodie 89–22
hoof / hooves 222–17
hook 194–39
   eye hook 194–40
   hook and eye 99–27
   hook and loop fastener 99–29
horn 163–32, 222–21, 244–11
   French horn 244–13
horror story 243–17
horse 221–4
   horse racing 234–19
   horseback riding 232–9
   seahorse 218–13
hose 53–21
   pantyhose 91–18
hospital 127–9, 158–18
   hospital bed 123–22
   hospital gown 123–19
HOSPITAL 122–123
Hospital Room 123
Hospital Staff 122
hostess 82–2
hot 13–3, 42–1
   hot cereal 80–9
   hot dog 79–6
   hot water 57–9
   hot water bottle 115–15
hotel 126–3
A HOTEL 192
hour 18–1
house
   courthouse 127–13
   dollhouse 59–18
   House of Representatives 140–3
   house painter 172–46
   house salad 80–15
   housekeeper 172–34, 192–20
   housekeeping cart 192–19
   houseplant 56–4, 217–27
   townhouse 52–6
   two-story house 52
   warehouse 184–3, 185–7
   White House 140–7
House 49
HOUSE AND YARD 53
HOUSEHOLD PROBLEMS AND REPAIRS 62–63
HOUSEWORK 60
housing 52–11
hub 190–26
hubcap 162–9
hug 2–F
human resources 184–4 AWL
humid 13–17

humidifier **115**–12
humiliated **43** ♦
hummingbird **220**–11
hump **223**–51
hungry **42**–5
hurricane **13**–18, **149**–14
hurt **42**–16, **118**–C
husband **34**–13
   ex-husband **35** ♦
   former husband **35** ♦
hutch **55**–22
HVACR technician (Heating, Ventilation, Air Conditioning and Refrigeration) **PLUS+ 63**–32
hybrid **160**–1
hybrid class **PLUS+ 7**–33
hybrid meeting **PLUS+ 189**–53
hydrant **131**–27
hydroelectric power **224**–5
hydrogen peroxide **119**–10
hyena **223**–30
hyflex class **PLUS+ 7**–53
HYGIENE **108**–**109**
hygienist **120**–3
hypertension **113**–24
hyphen **202**–23
hypoallergenic **108** ♦

I beam **196**–3
ice
   ice cream **72**–26
   ice-cream cone **79**–13
   ice cream shop **133**–16
   ice hockey **235**–14
   ice pack **119**–14
   ice skates **237**–9
   ice skating **233**–4
iced tea **79**–12
icy **13**–23
ID **150**–19
identify 174–D
identity theft **145**–9
ignition **163**–33
illegal drugs **145**–6
ILLNESSES AND MEDICAL CONDITIONS **112**–**113**
Immediate Family **34**
immigrant **209**–13
immigrate 40–C
immigration **209**–12
immunization **116** ♦
impaired **32**–11, **32**–12
important **150**–20
improvement **129**–20
in **25**–6
   be in shock **118**–B
   bubble in 10–K
   call in 198–A
   check in 164–A
   check-in kiosk **164**–2
   fall in love **40**–H
   fill in 9–O
   hand in 10–O
   in fashion / in style **88** ♦
   in front of **25**–7

in love **42**–18
in-network doctor **121**–9
in pain **42**–11
in the middle **25**–2
log in to your account **211**–T
move in **48**–F
take in 100–D
turn in 203–M
walk-in freezer **193**–3
In the Airline Terminal **164**
In the Examining Room **111**
In the Waiting Room **111**
inappropriate material **147**–3
inch [in.] **17**–15
increase PLUS+ 241–G
indent 202–D
independence
   Declaration of Independence **208**–5
   Independence Day **22**–13
INDIVIDUAL SPORTS **234**
infant **31**–6
infection **112**–3
infectious disease **113** ♦
Infectious Diseases **112**
influencer **PLUS+ 243**–40
influenza **113** ♦
INFORMATION **4**
information technology / IT **184**–10
INFORMATION TECHNOLOGY (IT) **190**–**191**
inhabitants **214** ♦
inhaler **115**–33
injection **116** ♦, **162**–17
injured **118**–C
INJURIES **110**
ink
   ink cartridge **189**–45
   ink pad **189**–46
   inkjet printer **189**–18
inline
   inline skates **237**–10
   inline skating **234**–10
inquire about benefits **179** ♦
insects
   insect bite **110**–10
   insect repellent **232**–23
INSECTS **220**
Insects **220**
insert 134–C
INSIDE A COMPANY **184**
INSIDE AND OUTSIDE THE BODY **106**–**107**
Inside the Car **163**
Inside the Kit **119**
Inside the Trunk **162**
inspect 151–N
install 186–H, **196**–C
instructions **PLUS+ 10**–6
instructor **6**–4
Instrument Panel **163**
instruments **120**–4
Instruments **244**
insulation **196**–14
insurance **111**–3, **138**–8
   insurance plans **121**–2
   insurance policy **121**–4

INSURANCE **121**
insured / policyholder **121**–5
integers **204**–1, **204**–2
Integers **204**
intercom **50**–5
international call **15**–35
international power adapter **241**–26
Internet
   Internet crime **147**
   Internet map **159**–12
   Internet phone call **14**–19
   monitor children's Internet use **147**–B
INTERNET **212**–**213**
Internet Connectivity **191**
INTERNET RESEARCH **212**–**213**
internist **122**–1
internship **175**–11
Interpersonal Skills **178**
interpreter **172**–35, **PLUS+ 32**–24
interruptions **PLUS+ 189**–56
INTERSECTION **130**–**131**
interview
   go on an interview **169**–N
   set up an interview **169**–M
INTERVIEW SKILLS **179**
intestinal parasites **113**–25
intestines **107**–42
into **157**–E
intravenous drip (IV) **123**–25
introduce 2–D, **3**–J
introduction **202**–6
invention **209**–19
inventor **209**–18
invertebrates **206**–13
investigate **212** ♦
invitation **64**–9
   accept an invitation **12**–J
   decline an invitation **12**–K
invite 12–I
iris **217**–16
iron **101**–13, **108**–17
iron 101–G
ironed **101**–20
ironing board **101**–14
irritated **64**–6
island **214**–8
IT / information technology **184**–10
IV (intravenous drip) **123**–25
ivory **24**–16
ivy **216**–25

jack **162**–24
jacket **90**–8
   chef's jacket **93**–29
   down jacket **90**–16
   leather jacket **90**–4
   sport jacket **89**–14
jackhammer **196**–9
jack-o'-lantern **245**–10
janitor **188**–3
January **21**–25
jar **74**–2, **74**–14
   sanitizing jar **33**–16
jasmine **217**–22

jaw **106**–4
jay **220**–7
jaywalk 130–C
jazz **243**–24
jeans **86**–2, **92**–19
jellyfish **218**–14
jewelry
 jewelry department **95**–8
 jewelry store **132**–2
jigsaw **194**–10
job **175**–2, **175**–4, **175**–12 AWL
 attend a job fair **174**–I
JOB SAFETY **197**
JOB SEARCH **168**–**169**
JOB SKILLS **176**
JOBS AND OCCUPATIONS **170**–**173** AWL
jockstrap **91**–6
join
 join a class **PLUS+ 191**–G
 join a meeting **PLUS+ 191**–G
 join a Neighborhood Watch **146**–L
joint account **134**–10
judge **144**–6
Judicial Branch **140**
juice **73**–32
July **21**–31
jump 236–I
jump rope **230**–4
jumper cables **162**–21
jumpsuit **93**–24
June **21**–30
junior high school **200**–3
junk mail **137** ♦
Jupiter **215**–5
jury **144**–8
justices **140**–12, **140**–13

kangaroo **223**–44
keep 28–B, **212**–H
ketchup **79**–21
kettle **54**–17
key **51**–31, **159**–6
 keypad **14**–5
 pound key **14**–7
 star key **14**–6
keyboard **190**–23, **244**–18
 keyboard shortcut **210** ♦
keywords **212**–4
kick 236–E
kidney **107**–43
 kidney disease **113**–27
kids' bedroom **47**–10
KIDS' BEDROOM **59**
king-size bed **192**–15
kiosk **133**–22, **164**–2
kiss 3–L, **36**–P
kit
 first aid kit **119**–1, **150**–18
 model kit **238**–9
 woodworking kit **238**–14
Kit **119**
kitchen **46**–6, **83**–15
 kitchen timer **78**–18
A KITCHEN **54**

Kitchen **193**
KITCHEN UTENSILS **78**
kite **231**–3
 kitesurfing **233** ♦
kitten **221**–10
kiwi **68**–22
knee **106**–20
 knee highs **91**–12
 knee pads **197**–19
knife **55**–4, **83**–30
 carving knife **78**–12
 multi-use knife **232**–20
 paring knife **78**–16
 steak knife **83**–29
knit 239–F
knit top **88**–7
knitting needles **239**–23
knob **206**–22, **206**–24
 doorknob **53**–12
knuckle **106**–17
koala **223**–45

lab **5**–15
 lab coat **93**–33
Lab **123**, **207**
label AWL
 mailing label **189**–41
 nutrition label **124**–8
 prescription label **114**–4
 warning label **114**–8
label 9–V AWL
Labor Day **22**–14
lace **99**–9
 shoelaces **94**–24
ladder **196**–2
ladle **78**–7
ladybug **220**–27
lake **214**–13
lamb **70**–14
 lamb chops **70**–15
 lamb shanks **70**–13
Lamb **70**
lamp **56**–15, **58**–25
 lampshade **58**–26
land 164–K
landlord **51**–27
landscape designer **186**–5 AWL
LANDSCAPING AND GARDENING **186**
languages **201**–13
 language arts **201**–9
lantern **232**–22, **245**–10
laptop **190**–22
large **96**–4, **96**–5
laser printer **189**–19
lashes
 eyelashes **106**–11
last
 last name **4**–4
 last week **20**–18
late **19**–24
laugh **44**–A
launch a program **PLUS+ 210**–A
laundromat **130**–1
laundry **101**–1

laundry basket **101**–2
laundry detergent **101**–8
LAUNDRY **101**
Laundry Room **50**
lawn **53**–26
 lawn mower **186**–6
lawyer **172**–36
lay 196–B
layer cake **81**–33
LCD projector **6**–5, **241**–27
leader **186**–4
Leadership Skills **178**
leaf / leaves **216**–6, **217**–6
 leaf blower **186**–2
leaking 62–3
learn 40–E, **178**–3
learner's dictionary **7**–31
Learning Management System (LMS)
 PLUS+ 213
Learning New Words **8**
lease **48** ♦, **51**–28
leather **98**–6
 leather jacket **90**–4
leave 11–O, **38**–N, **82**–J, **164**–J, **177**–P
leaves / leaf **216**–6, **217**–6
 leaf blower **186**–2
lecture **124**–B AWL
left **25**–1, **158**–8, **159**–C
Leg and Foot **106**
legal AWL
 legal holiday **22**–8
 legal pad **189**–38
Legal Holidays **22**
LEGAL SYSTEM **144** AWL
leggings **90**–12
Legislature **140**–17 AWL
legs **70**–21, **105**–9
 leg of lamb **70**–14
lemonade **84**–3
lemons **68**–7
lend 26–C
length **17**–17
lengthen 100–A
lens / lenses **117**–8, **241**–19
leopard **223**–34
let out 100–C
letter **136**–13
 letter carrier **136**–20
 letterhead **189**–42
lettuce **69**–1
level **175**–2, **194**–29
librarian **135**–9
library **5**–17, **127**–15
 library clerk **135**–1
 library patron **135**–3
LIBRARY **135**
license AWL
 driver's license **40**–4, **138**–9 AWL
 driver's license number **138**–11
 license plate **138**–12, **162**–12 AWL
 marriage license **41**–8 AWL
 renew a license **138** ♦
 taxi license **156**–22
License **139** AWL

licensed practical nurse (LPN) **122**–11
lid **78**–24
lieutenant governor **140**–15
life
   life vest **165**–25, **232**–14
   lifeguard **231**–19
   lifeguard station **231**–21
   lifesaving device **231**–20 AWL
   wildlife **166**–2
LIFE **218**–**219**
LIFE EVENTS AND DOCUMENTS **40**–**41** AWL
lift **11**–E
light **23**–14, **97**–28
   brake light **162**–14
   daylight saving time **19**–25
   flashlight **150**–14
   hazard lights **163**–36
   headlight **162**–7
   light blue **24**–11
   light fixture **55**–18
   light source **206**–19 AWL
   light switch **58**–27
   night light **37**–28
   porch light **53**–13
   streetlight **152**–3
   string lights **245**–18
   taillight **162**–13
   traffic light **130**–8
   work light **195**–44
light bulb **56** ✦
lightning **13**–14
lily **217**–26
limbs **106** ✦, **216**–3
limes **68**–8
limit **158**–4
limo / limousine **160**–11
line **73**–11
   assembly line **185**–6 AWL
   clothesline **101**–9
   curved line **205**–23
   headline **135**–7
   line cook **93**, **193** ✦
   line segment **205**–20
   line supervisor **185**–4
   parallel lines **205**–25 AWL
   perpendicular lines **205**–24
   phone line **14**–1
   straight line **205**–22
linen **98**–2
   linen closet **57** ✦
liner
   eyeliner **109**–36
Lines **205**
lingerie **91** ✦
links **212**–6, **213**–19 AWL
lion **219**–35, **222**–2, **223**–36
lip **106**–5
   lipstick **109**–38
Liquid Measures **75**
liquids **61**–21, **197**–8
list
   contact list **14**–15 AWL
   list your soft skills **174**–E
   shopping list **67**–14

listen **6**–C, **111**–C, **179**–K
listing **48**–2
litter **152**–2
litter **225**–L
little **23**–1
Little League **235** ✦
LIVE **52**
live **142**–H
live music **84**–1
live stream PLUS+ **243**–37
liver **70**–7, **107**–40
livestock **187**–15
Livestock **221**
living room **47**–13
LIVING ROOM **56**
lizard **219**–43
llama **223**–25
load **101**–C
loading dock **185**–15
loaf **74**–22
   meatloaf **81**–31
loafers **95**–30
loaves **74**–10
Lobby **50**
lobster **71**–10
local call **15**–33
lock **51**–35, **163**–25
   locksmith **62**–11
lock **146**–E
locker **5**–11, **50**–17
locket **95**–35
log in to your account **211**–T
logistics **184**–8
lonely **42**–17
long **96**–18
   long hair **33**–3
   long underwear **91**–3
   long-distance call **15**–34
   long-sleeved **96**–14
look
   look at **49**–H, **161**–A, **212**–E
   look for **135**–B, **168**–G
   look up **8**–A
loop **99**–29
loose **97**–30
lose **235** ✦
loss **117**–2
lost child **148**–1
lotion **37**–13, **108**–9
loud **23**–11
loungewear **91** ✦
love **40**–H, **42**–18
   love seat **56**–1
low **97**–31
   low-cost exam **124**–1
   low-cut socks **91**–10
   low-fat milk **81**–42
lower back **107**–29
lozenges **115**–30
LPN (licensed practical nurse) **122**–11
lug wrench **162**–22
luggage **165**–18
   luggage cart **192**–8
lumber **196**–17

lunar eclipse **215** ✦
Lunch **80**
lung **107**–39

machine
   fax machine **189**–21
   machine operator **172**–37
   machine screw **194**–32
   sewing machine **98**–13
   sewing machine operator **98**–14
   vending machine **156**–9
Machine **98, 134**
magazine **135**–5
   magazine rack **56** ✦
magnet **207**–36
magnolia **216**–8
mail
   airmail **136**–5
   Certified Mail® **136**–4
   Express Mail® **136**–2
   junk mail **137** ✦
   mailbox **50**–11, **53**–1, **130**–13, **137**–12
   Media Mail® **136**–3
   next-day mail / overnight **137** ✦
   Priority Mail® **136**–1
   voice mail **14**–17
mail **137**–D
mailer **189**–40
mailing
   mailing address **136**–22
   mailing label **189**–41
main office **5**–12
mainframe computer **190**–1
MAINTAINING A CAR **161** AWL
maintenance **184**–12, **192**–23 AWL
maitre d' **193**–11
make
   make a deposit **134**–B
   make a disaster kit **150**–B
   make a mortgage payment **49**–L
   make a request **12** ✦
   make a suggestion PLUS+ **7**–N
   make a wish **246**–B
   make an offer **49**–I
   make copies **177**–D
   make decisions **178**–C
   make dinner **39**–Q
   make eye contact **179**–J AWL
   make furniture **176**–G
   make it bold PLUS+ **203**–N
   make lunch **38**–F
   make progress **10**–G
   make small talk **12**–B
   make the bed **60**–F
make and model **160** ✦
maker
   coffee maker **54**–6
   dressmaker **100**–1
   dressmaker's dummy **100**–2
   homemaker **172**–33
Makeup **109**
makeup remover **109**–42
Making a Phone Call **15**
MAKING ALTERATIONS **100** AWL

Making an Emergency Call **15**
MAKING CLOTHES **98**–**99**
malaria **113**–22
male **4**–17
mall **128**–7
MALL **132**–**133**
mallet **194**–2
MAMMALS **222**–**223**
Mammals **219**
man / men **30**–1, **30**–4
   doorman **192**–1
   men's store **132** ♦
   minuteman **208**–10
manage time **178**–D
manager **72**–8
   account manager **134**–9
   office manager **188**–8
Manager **92**
manager / superintendent **50**–8
mane **223**–49
maneuver **119**–19
mangoes **68**–21
manicurist **172**–38
mantle **56**–11
manual **119**–2 AWL
Manual Transmission **163** AWL
manufacture 185–B
MANUFACTURING **185**
map **7**–12, **159**–12
Map **13**
maple **216**–12
MAPS **159**
Maps **159**
March **21**–27
margarine **72**–20
marigold **217**–13
marine **141**–35
MARINE LIFE, AMPHIBIANS, AND REPTILES **218**–**219**
Marines **141**–34
mark **202**–15, **202**–16, **202**–18
   postmark **136**–24
markers **7**–17, **7**–24, **158**–17
market **228**–6
   supermarket **129**–18
MARKET **66**–**67**
marketing **184**–6
marriage license **41**–8 AWL
married couple **35**–20 AWL
Mars **215**–4
martial arts **234**–11
Martin Luther King Jr. Day **22**–10
mascara **109**–39
mashed potatoes **81**–23
mask **245**–9
   catcher's mask **237**–15
   diving mask **231**–7
   face mask **93**–32
   oxygen mask **165**–24
   particle mask **197**–14
   ski mask **90**–15
   surgical mask **93**–36
   ventilation mask **92**–7
masking tape **195**–53
mat **57**–5, **57**–28

placemat **55**–11
match 9–T
matches **150**–16, **232**–21
matching **28**–3
material
   inappropriate material **147**–3 AWL
   natural materials **98** ♦
   radioactive materials **197**–7
   synthetic materials **98** ♦
Material **98**–**99**
Materials **197**
maternity
   maternity dress **88**–5
   maternity store **133**–19
math **201**–10
Math Operations **204**
Math Problem **204**
MATHEMATICS **204**–**205**
mattress **58**–20
May **21**–29
mayonnaise **79**–23
mayor **140**–20
meadow **214**–20
measles **112**–5
measure **100**–17, **195**–45
measure 17–C, **75**–A
Measurement **17**
MEASUREMENTS **17, 75**
Measures **75**
Measuring Area and Volume **205** AWL
meat **66**–2
   meatballs **81**–27
   meatloaf **81**–31
Meat **76**
MEAT AND POULTRY **70**
mechanic **170**–8
Mechanic **162**
Media Mail® **136**–3
medical AWL
   emergency medical technician (EMT) **123**–32
   medical chart **123**–24 AWL
   medical emergency bracelet **119**–3
   medical records technician **172**–39
   medical waste disposal **123**–31 AWL
MEDICAL CARE **111**
MEDICAL CONDITIONS **112**–**113**
Medical Conditions **113**
MEDICAL EMERGENCIES **118**
medical gloves **93**–34
Medical Procedures **111** AWL
Medical Specialists **122**
Medical Technician **93**
Medical Warnings **114**
medication **114**–3, **115**–18, **123**–20
   prescribe medication **114** ♦
Medication **115**
medicine cabinet **57**–22
medium **96**–3 AWL
meet **228**–6
meet 49–G, **49**–R
meeting
   meeting place **150**–1
   meeting room **192**–25

MEETING AND GREETING **2**–**3**
melons **68**–19
   watermelons **68**–18
membrane **206**–6
Memorial Day **22**–12
memory card **241**–18
men / man **30**–1, **30**–4
   doorman **192**–1
   men's store **132** ♦
   minuteman **208**–10
Men's Underwear **91**
menu **82**–7, **213**–15
   menu bar **213**–7
MENU **80**–**81**
Mercury **215**–1
merge **158**–10
mess **64**–8
message
   compose / **write** the message **211**–W
   text message **14**–18 AWL
messenger **172**–40
meter **62**–14, **131**–25, **156**–23
mice / mouse **63**–28, **190**–13, **221**–18
microphone / mic **191**–36, **240**–16
microprocessor **190**–16
Microscope **206**
microwave 77–T
microwave oven **54**–13
middle **25**–2
   middle initial **4**–3 AWL
   middle school **200**–3
   middle-aged **32**–2
mid-length **96**–17
midnight **18**–21
Military **141** AWL
MILITARY SERVICE **140**–**141** AWL
milk **66**–5, **81**–42
   milkshake **79**–14
milk 187–C
mini
   mini-blinds **58**–8
   minivan **160**–8
miniskirt **96**–15
minister **209**–7
minuteman **208**–10
minutes **18**–2
mirror **57**–18
   full-length mirror **58**–6
   rearview mirror **163**–35
   side-view mirror **162**–3
misbehave 44–B
miss the bus **156** ♦
missed call **14**–16
missing **97**–40
mittens **90**–10
mix 77–R
mixed berries **81**–36
mixer **54**–25
mixing bowl **54**–28, **78**–31
mobile **59**–5
   mobile boarding pass **165**–20
   mobile gestures **210** ♦
   mobile home **52**–7
Mobile Payment Apps and Tools **PLUS+ 27**

270

model **172**–41
   model kit **238**–9
   model train **239**–27
modem **191**–34
modern **209**–2
moist towelettes **150**–12
moisturizer **108**–9
mole **32**–16
molecule **207**–27
monarch **209**–4
Monday **20**–9
MONEY **26**
monitor 147–B AWL
monitor **190**–8 AWL
   arrival and departure monitors **165**–7 AWL
   baby monitor **59**–7 AWL
   vital signs monitor **123**–26 AWL
monkey **223**–26
month **20**–3
   monthly charges **15**–31
Months of the Year **21**
moon
   crescent moon **215**–10
   full moon **215**–12
   new moon **215**–9
   quarter moon **215**–11
moose **222**–1
mop **61**–6
mop 60–D
morning **18**–15
mosque **128**–5
mosquito **220**–23
motel **128**–12
moth **220**–22
mother **34**–3, **35**–22
   grandmother **34**–1
   motherboard **190**–18
   mother-in-law **34**–10
   stepmother **35**–26
MOTION **157**
motorcycle **154**–4
mountain
   mountain biking **232**–8
   mountain lion **222**–2
   mountain peak **214**–14
   mountain range **214**–15 AWL
   Mountain time **19**–30
mouse / mice **63**–28, **190**–13, **221**–18
mouth **104**–7
   mouthwash **109**–25
Mouth **106**
Move Around the Screen on a Phone PLUS+ **210**
move in 48–F
move out 48 ✦
movement **209**–16
mover **172**–42
movies **228**–2
   movie theater **128**–6
Movies **243**
Moving around the Screen **211** AWL
Moving In **49**
moving van **160**–18
mow 186–A
mower **186**–6

mozzarella cheese **71**–29
MP3 player **240**–2
mudslide **148**–6
muffin **79**–16, **80**–5
muffler **162**–16
muffs **197**–16
mug **55**–7
mugging **145**–11
multiply 204–C
multi-use knife **232**–20
mumps **112**–7
murder **145**–12
muscle **107**–32
mushrooms **69**–27
music **64**–3, **201**–16
   live music **84**–1
   music store **132**–1
   world music **243**–32
MUSIC **244**
Music **243**
musician **172**–43
mussels **71**–13, **218**–18
mustache **33**–5
mustard **79**–22
mute yourself PLUS+ **191**–H
mystery **243**–20

nachos **79**–7
nail **194**–34
   fingernail **106**–18
   nail clippers **109**–31
   nail polish **109**–33
   nail salon **132**–3
   toenail **106** ✦
name **4**–1, **4**–2, **4**–4
   name tag **92**–15
napkin **55**–10, **83**–26
narrow **97**–35
nasal
   nasal congestion **113**–13
   nasal spray **115**–32
National Guard **141**–38
national guardsman **141**–39
Native American **208**–3
NATURAL DISASTERS **148**–149
natural gas **224**–3
natural materials **98** ✦
nature program **242**–7
Navy **141**–30
navy blue **28**–5
near **25** ✦
neck **104**–3
   crewneck **96**–7
   necklaces **95**–10
   scoop neck **96**–10
   turtleneck **96**–9
   V-neck **96**–8
needle **98**–17, **100**–10, **216**–10
needle plate **98**–18
needles **239**–23
negative integers **204**–1 AWL
negotiate 161–D
neighborhood **130** ✦
nephew **34**–19
Neptune **215**–8

nervous **42**–10
nest **220**–5
net
   fishing net **232**–17
   hairnet **93**–25
network 168–E AWL
Neutral Colors **24** AWL
neutron **207**–32
new
   new job **175**–4 AWL
   new moon **215**–9
   New Year's Day **22**–9
New Words **8**
Newfoundland time **19**–34
news
   news program **242**–1
   newspaper **135**–6
   newsstand **130**–12
newt **218**–27
next
   next to **25**–9
   next week **20**–20
   next-day mail **137** ✦
nickel / 5 cents **26**–2
niece **34**–18
night **18**–20
   night light **37**–28
   night table **58**–23
   nightclub **229**–12
   nightgown **91**–24
   nightshirt **91**–27
   nightstand **58**–23
   overnight **137** ✦
nine **16**
nineteen **16**
nineteenth **16**
ninetieth **16**
ninety **16**
   90° angle **205**–26
ninth **16**
nipple **37**–2
no
   no left turn **158**–8
   no outlet **158**–6
   no parking **158**–11
noise **64**–5
   noise-canceling headphones **240**–6
noisy **23**–11
nonstop flight **165** ✦
noon **18**–16
   afternoon **18**–17
north **159**–1
nose **104**–6, **110**–15
   revolving nosepiece **206**–15
not
   can't breathe 118–N
   can't install 191–C
   can't log on 191–D
   can't stream 191–F
   do not drink 114–F
   do not drive 114–E
   do not enter 158–2
   do not operate 114–E
   do not take 114–D
   don't be late **179**–E

271

don't litter 225–L
don't smoke 116–G
not working 62–1
won't print 191–E
note 189–39
  footnote 202–12
  notebook 7–28
  notebook paper 7–29
  spiral notebook 7–30
novel 135–16
November 21–35
nuclear energy 224–8 AWL
nucleus 206–7, 207–29
numb 120–C
number
  access number 15–24 AWL
  apartment number 4–6
  checking account number 134–15
  driver's license number 138–11
  even numbers 204–4
  odd numbers 204–3 AWL
  phone number 4–11, 15–29
  prescription number 114–5
  savings account number 134–16
  SKU number 27–5
  Social Security number 4–19
NUMBERS 16
Numbers 16
Numerals 16
numerator 204–5
nurse 111–8, 172–44
  licensed practical nurse (LPN) 122–11
  nurse midwives 122 ♦
  nurse practitioners 122 ♦ AWL
  registered nurse (RN) 122–10
  surgical nurse 122–9
nurse 36–B
Nurse 93
nursery 47–11
  nursery rhymes 37–23
  nursery school 200–1
nursing
  certified nursing assistant (CNA) 122–12
  nursing home 52–12
Nursing Staff 122
nut 194–36
nut free **PLUS+** 81–43
nutrition label 124–8
nuts 73–36
nylon 99–12

oak 216–17, 216–24
obey 142–C
objective 206–16 AWL
oboe 244–3
observatory 215–21
observe 207–C
  observe a classmate **PLUS+** 7–M
obstetrician 122–2
obtuse angle 205–27
occupational therapist 172–45 AWL
OCCUPATIONS 170–173 AWL
ocean 214–6, 231–1
o'clock 18–6

October 21–34
octopus 218–9
odd numbers 204–3 AWL
odometer 163–28
off
  clear off 10–I
  drop off 38–G
  gas shut-off valve 150–4
  get off 157–J
  take off 109–Q, 164–J
  turn off 11–P, 179–G, 225–G
offer 12–E
office 182–3
  corporate offices 184–1 AWL
  main office 5–12
  office building 126–2
  office manager 188–8
  office supply store 129–21
  post office 127–11
  post office box (PO box) 137–9
  run for office 143–J
OFFICE 136–137, 188–189
Office 51
Office Equipment 189
OFFICE SKILLS 177
Office Skills 177
Office Supplies 189
Office Visit 120
OFFICE WORK 188–189
officer 141–27, 144–1, 165–17, 172–48
official 143–12, 235–6
oil 73–31, 224–6
  oil gauge 163–29
  oil paint 239–19
  oil spill 224–17
ointment 115–24, 119–12
OK 158–5
old 31–9, 31–10
omelet 76–12
on 25–11
  get on 157–I
  go on 169–N
  on hold 177–P
  on the left 25–1
  on the right 25–3
  on time 19–23, 165–29
  on-the-job training 175–12
  overdose on drugs 118–K
  put on 87–B, 108–D, 109–P, 137–C
  try on 95–C
  turn on 11–D, 147–D
On the Airplane 165
once a week 20–22
oncologist 122–5
one 16
  five after one 18–7
  one billion 16
  one eighth 17–5
  one fourth 17–4
  one half 17–2
  one hundred 16
  one hundred dollars 26–12
  one hundred one 16
  100 percent 17–8
  one hundred thousand 16

one hundredth 16
one million 16
one o'clock 18–6
one third 17–3
one thousand 16
one thousandth 16
one way 158–3
one whole 17–1
one-fifteen 18–9
one-forty 18–12
one-forty-five 18–13
one-oh-five 18–7
one-size-fits-all 96–6
one-ten 18–8
one-thirty 18–11
one-twenty 18–10
one-way trip 156–16
quarter after one 18–9
ten after one 18–8
twenty after one 18–10
onions 69–19, 69–20
  onion rings 79–4
online
  online catalog 135–11
  online course 175–13
Online Dangers 147
online predators 147–2
online test 10–5
only 158–7
open 6–G, 146–F
  open the program 210–A
opener 54–14, 78–1, 150–8
opening deposit 134–11
opera 229–11, 242–5
operate 114–E, 176–H
Operating Room 123
operating table 123–40
Operations 204
operator 14–20, 98–14, 172–37
ophthalmologist 122–7
opinion 44–3
opossum 222–4
opponent 143–8
optician 132–9
optometrist 117–6
orange 24–4
oranges 68–5
orangutan 223–39
orchard 187–10
orchid 217–19
order
  order puller 185–10
  short-order cook 193–1
order 82–D
orderly 122–16
Ordinal Numbers 16
organ 244–20
organic 84–2
organisms 206–1
organize 177–L, 203–G
organizer 189–49
ornament 245–15
Orthodontics 120
orthodontist 120–5
orthopedists 122 ♦

Other Instruments **244**
otter **219**–37
ottoman **56**–23
ounce **75**–1, **75**–11
out **62**–2
   blow out **246**–C
   check out **135**–C
   cross out **9**–R
   eat out **82** ✦
   get out of **157**–F
   let out **100**–C
   out of focus **241**–31 AWL
   outfit **88** ✦
   out-of-network doctor **121**–10 AWL
   out-of-state contact **150**–2 AWL
   run out of gas **166**–E
   take out **9**–Y, **60**–Q
   work out **236**–N
outdoor grill **230**–16
OUTDOOR RECREATION **232**
outlet **58**–28, **158**–6, **163**–42
   outlet cover **195**–46
OUTSIDE THE BODY **106**–**107**
oven **54**–15, **54**–20
   oven cleaner **61**–3
over **76**–11, **157**–B
   overalls **88**–6
   overcoat **90**–2
   overexposed **241**–32
   overflowing **63**–18
   overhead compartment **165**–13
   overnight / next-day mail **137** ✦
   over-the-counter medication **115**–18
overdose **118**–K
Over-the-Counter Medication **115**
owl **220**–6
owner **170**–11, **185**–1
oxfords **95**–29
oxygen mask **165**–24
oysters **71**–14

Pacific time **19**–29
pacifier **37**–25
pack **74**–9, **119**–14, **241**–23
   backpack **94**–18, **232**–15
pack **49**–M, **166**–A
package **74**–8, **74**–20, **136**–17
   packaged food **150**–10
PACKAGING **74**
packer **185**–8
packing tape **189**–32
pad
   bumper pad **59**–4
   changing pad **59**–2
   foam pad **232**–13
   heating pad **115**–13
   ink pad **189**–46
   keypad **14**–5
   knee pads **197**–19
   legal pad **189**–38
   shoulder pads **237**–20
   steel-wool soap pads **61**–5
   sterile pad **119**–7
   track pad **190**–24
pail **37**–7, **61**–7

pain **42**–11, **117**–3
   pain reliever **115**–26
paint **195**–25, **238**–10, **239**–19
   paint pan **195**–51
   paint roller **195**–23
   paintbrush **195**–22, **239**–20
paint **49**–P, **196**–A, **239**–E
painter **172**–46
Painter **92**
painting **56**–9
pair a device PLUS+ **241**–F
pair of scissors **100**–16
paisley **96**–26
pajamas **91**–23
pallet **185**–13
palm **106**–15, **216**–14
pan **54**–24
   bedpan **123**–23
   cake pan **78**–26
   dustpan **61**–17
   frying pan **78**–5
   paint pan **195**–51
   pancakes **80**–7
   pie pan **78**–28
   roasting pan **78**–13
   saucepan **78**–25
pancreas **107**–45
panda **223**–41
pandemic PLUS+ **113**–31
pane **196**–16
panel AWL
   flat-panel TV **240**–7
Panel **163** AWL
panther **223**–40
panties **91**–13
pants **87**–12
   security pants **93**–22 AWL
   training pants **37**–16
   work pants **92**–5
pantyhose **91**–18
papayas **68**–20
paper
   construction paper **238**–13
   copies of important papers **150**–20
   newspaper **135**–6
   notebook paper **7**–29
   paper clip **189**–31
   paper cutter **189**–22
   paper shredder **189**–24
   paper towels **54**–3
   sandpaper **195**–56
   toilet paper **57**–19, **150**–13
   wallpaper **59**–8
parade **245**–1
paragraph **202**–3 AWL
parakeet **221**–15
parallel lines **205**–25 AWL
parallelogram **205**–33
paramedic **118**–2
parasites **113**–25
parcel post **136**–6
parentheses **202**–22
PARENTING **36**–**37**
Parents **34**
parent-teacher conference **22**–5

paring knife **78**–16
park **229**–10
park **131**–E
PARK AND PLAYGROUND **230**
parka **90**–9
parking **130**–6, **158**–11, **158**–12
   parking attendant **192**–3
   parking garage **126**–1
   parking meter **131**–25
   parking space **50**–18, **130**–5
parochial school **5** ✦
parsley **69**–28
part **33**–4
participate **10**–B AWL
Participate in Virtual Meetings and Classes PLUS+ **191**
particle
   particle board **195**–20
   particle mask **197**–14
Partner **8** AWL
parts **185**–5
Parts of a Bird **220**
PARTS OF A CAR **162**–**163**
Parts of a Fish **218**
Parts of a Flower **217**
Parts of a Sewing Machine **98**
Parts of a Tree **216**
Parts of an Essay **202**
party **64**–2
pass **165**–20
   passport **41**–10
pass **10**–E, **139**–H, **236**–G
passenger **154**–2, **165**–15
   passenger profile PLUS+ **156**–27
password
   create a password **211**–P
   create secure passwords **147**–D
   reenter the password **211**–Q
   type the password again **211**–Q
past **159**–E
pasta **67**–12
   pasta salad **80**–20
paste
   paste text **210**–L
   toothpaste **109**–23
pastrami **71**–23
path **230**–3
Path **175**
patient **111**–6, **123**–18, **178**–1
patio **53**–16
   patio furniture **53**–19
patron **82**–6, **135**–3
pattern **99**–22
Patterns **96**
pause **241**–E
paw **222**–20
pay
   pay phone **131**–23
   pay stub **183**–11
   paycheck **183**–14
   payroll clerk **183**–10
pay
   pay a claim **121**–B
   pay a late fine **135**–E
   pay attention **151**–D

pay back **26**–D
pay cash **27**–A
pay for **27**–G
pay taxes **142**–B
pay the application fee **139**–D
pay the check **82**–I
pay the rent **48**–E
pay with a mobile app PLUS+ **27**–J
Pay **27**
payment terminal PLUS+ **27**–12
PBX **188**–13
peaceful assembly **142**–1 AWL
peaches **68**–10
peacock **220**–15
peak **214**–14
pearls **95**–39
pears **68**–4
peas **69**–21
pedal **163**–45, **163**–46
pedestrian **130**–14
    pedestrian crossing **158**–13
pediatrician **122**–4
peel **77**–K
peeler **78**–15
peephole **51**–33
pelvis **107**–50
pen **7**–22
pencil **7**–20
    eyebrow pencil **109**–34
    pencil eraser **7**–21
    pencil sharpener **7**–23, **189**–26
penguin **220**–12
peninsula **214**–7
penny / 1 cent **26**–1
Pentagon **141**–23
PEOPLE **32**
pepper **55**–13, **69**–7, **69**–29
percent
    50 percent **17**–10
    100 percent **17**–8
    75 percent **17**–9
    10 percent **17**–12
    25 percent **17**–11
Percents **17**
Percussion **244**
perfume **108**–6
perimeter **205**–43
period **202**–14 AWL
Period **208** AWL
periodic table **207**–26 AWL
periodicals **135**–4 AWL
perm **33**–B
permanent marker **7**–24
peroxide **119**–10
perpendicular lines **205**–24
person
    appliance repairperson **170**–4
    assemblyperson **140**–18
    bus person **193**–13
    businessperson **170**–12
    congressperson **140**–4
    councilperson **140**–22
    counterperson **79**–17
    delivery person **171**–21
    electronics repairperson **171**–24

    repairperson **62**–10
personal CD player **240**–7
PERSONAL HYGIENE **108**–**109**
PERSONAL INFORMATION **4**
Personal Qualities **178**
personal trainer PLUS+ **131**–36
pesticide poisoning **224**–16
pests **62** ✦
pet
    pet food **72**–6
    pet store **132**–6
petals **217**–8
petition **152**–5
petroleum **224**–6
Pets **221**
pharmacist **114**–1
pharmacy **130**–4
PHARMACY **114**–**115**
Phases of the Moon **215** AWL
Phillips screwdriver **194**–31
phishing **147**–4
phlebotomist **123**–29
phone
    automated phone system **14**–22 AWL
    cell phone **4**–13, **14**–8
    cell phone case **94**–15
    headphones **6**–8
    home phone **4**–12
    Internet phone call **14**–19
    lightweight headphones **240**–4
    microphone **191**–36, **240**–16
    pay phone **131**–23
    phone card **15**–23
    phone jack **14**–2
    phone line **14**–1
    phone number **4**–11, **15**–29
    smartphone **15**–25
Phone **14**
Phone Bill **15**
Phone Call **15**
photo **58**–3, **138**–4
    digital photo album **241**–30
    funny photo **226**–2
    photo album **241**–29
    photocopier **189**–23
    serious photo **226**–3
photographer **226**–1
PHOTOGRAPHY **240**–**241**
photosynthesis **206**–10
physical AWL
    physical education **201**–17
    physical therapist **117**–12
    physical therapy **117**–11
physically challenged **32**–10 AWL
physician assistant **172**–47
physicist **207**–33
Physics **207**
pi (π) **205**–46
piano **244**–14
pick **108**–15
pick up **6**–I, **11**–E, **38**–M
    pick up a prescription **114** ✦
pickax **196**–21
picker **196**–5
pickle **80**–11

pick-up location PLUS+ **156**–25
pickup truck **160**–12
picnic **230**–D
picnic table **230**–8
picture
    picture book **135**–12
    picture dictionary **7**–32
    picture frame **58**–4
pie **81**–35
    pie pan **78**–28
pier **231**–18
pierced
    pierced ear **32**–17
    pierced earrings **95**–36
pig **221**–2, **221**–14
pigeon **220**–16
pile **53**–25
pill **115**–21
pillow **56**–2, **58**–11
    pillowcase **58**–14
pilot **165**–11
pin **95**–38
    bobby pins **108**–21
    clothespin **101**–10
    pincushion **100**–13
    pushpin **189**–35
    rolling pin **78**–30
    safety pins **37**–9, **100**–14
    straight pin **100**–12
pinch
    pinch in PLUS+ **211**–FF
    pinch out PLUS+ **211**–EE
pine **216**–9
    pine cone **216**–11
pineapples **68**–23
pink **24**–7
pint **75**–3
pipe **162**–15, **195**–17
    pipe wrench **195**–47
pitch **236**–A
pizza **79**–10
place **150**–1
    fireplace **56**–13
    place of birth **4**–15
    place setting **83**–17
    placemat **55**–11
PLACES TO GO **228**–**229**
PLACES TO LIVE **52**
plaid **96**–22
plain **97**–33
plains **214**–19
plan **198**–4
plan **150**–A
plane **148**–3, **154**–8, **195**–57
Planets **215**
Planning and Goal Setting **174**–**175**
plant **186**–E, **187**–A, **225**–N
plants
    houseplant **56**–4, **217**–27
PLANTS **216**
Plants **216**
plaque **120**–13
plastic
    plastic storage bags **72**–25
    plastic utensils **79**–19

plastic wrap **72**–24
plate **55**–1
   bread-and-butter plate **83**–19
   dinner plate **83**–18
   license plate **138**–12, **162**–12 AWL
   salad plate **83**–20
   vanity plate **138** ✦
platform **156**–7
platter **55**–20
platypus **223**–46
play **229**–8
   play area **132**–11 AWL
   playground **50**–3
play **241**–B
   play an instrument **244**–A
   play cards **239**–H
   play games **238**–B
   play with **36**–M
player **235**–5
   Blu-ray player **240**–9
   CD / cassette player **102**–8
   DVD player **240**–11
   personal CD player **240**–7
   video MP3 player **240**–2
   video player **213**–18
PLAYGROUND **230**
pliers **194**–7
plug **241**–25
   earplugs **197**–15
plumber **63**–20
plums **68**–13
plunger **195**–50
plywood **196**–18
p.m. **18**–5
pneumatic drill **196**–9
pneumonia **112**–10
PO box (post office box) **137**–9
poached eggs **76**–9
pocket **100**–7
podcast **PLUS+** **243**–35
podium **226**–5
poinsettia **217**–24
point **17**–7
   endpoint **205**–21
poison **118**–J
   poison ivy **216**–25
   poison oak **216**–24
   poison sumac **216**–23
poisoning **224**–16
poisonous fumes **197**–3
pole **232**–18, **237**–25
police
   police officer **144**–1, **172**–48
   police station **126**–6
policyholder / insured **121**–5
polish **61**–8, **109**–33
polish **60**–E, **109**–O
political
   political movement **209**–16
   political party **143** ✦
polka-dotted **96**–21
poll **PLUS+** **191**–L
polling booth / voting booth **143**–10
pollution **224**–11, **224**–14
Pollution **224**

polo **235**–16
   polo shirt **92**–14
poncho **90**–19
pond **214**–21
pool **51**–22, **192**–22, **234**–2
   pool service **192**–21
   pool table **50**–15
pop **73**–34, **243**–25
   pop-up ad **213**–17
porch light **53**–13
porcupine **222**–10
Pork **70**
   pork chops **70**–10
porpoise **219**–32
port **190**–20
   airport **155**–10
portable charger **240**–16
positive **178**–2 AWL
positive integers **204**–2 AWL
post **136**–6
   post office **127**–11
   post office box (PO box) **137**–9
   post office lobby drop **137**–11
   postcard **136**–16
   postmark **136**–24
POST OFFICE **136**–**137**
post to a discussion **PLUS+** **213**–K
postage **137** ✦
postal **137**–10
   postal clerk **137**–7
   postal forms **136**–19
   postal scale **137**–8, **189**–27
   postal worker **173**–49
pot **54**–16, **78**–6
   potholders **78**–29
   teapot **55**–16
potatoes **69**–17
   baked potato **81**–25
   mashed potatoes **81**–23
   potato chips **73**–35
   potato salad **80**–19
   sweet potatoes **69**–18
potty seat **37**–15
pouch **223**–50
POULTRY **70**
Poultry **70, 76**
pound **75**–12
   pound key **14**–7
pour **82**–C
powder **37**–14, **108**–4, **109**–41
power **224**–2, **224**–5
   international power adapter
      241–26
   power cord **190**–10
   power outlet **163**–42
   power sander **194**–11
pox **112**–6
practical
   licensed practical nurse (LPN)
      122–11
prairie dog **221**–22
praise **36**–J
predators **147**–2
pregnant **32**–15
preheat **77**–A

premium **121**–7
preparation **193**–4
PREPARATION **76**–**77**
prepare **179**–A
PREPOSITIONS **25**
PREPOSITIONS OF MOTION **157**
preschool **200**–1
prescribe medication **114** ✦
prescription **114**–2
   pick up a prescription **114** ✦
   prescription label **114**–4
   prescription medication **114**–3
   prescription number **114**–5
present **94** ✦, **246**–3
presentation **188**–6
   presentation program **191**–31
president **140**–8, **209**–5
   first president **208**–11
   Presidents' Day **22**–11
   vice president **140**–9
press **78**–11, **142**–4
press **15**–B
presser foot **98**–19
pressure
   blood pressure gauge **111**–9
   high blood pressure **113**–24
pretend **239**–G
Prewriting **203**
price **27**–2, **27**–3, **27**–7
   price tag **27**–1
prime minister **209**–7 AWL
principal **5**–4 AWL
print **96**–23
   fingerprint **138**–5
print **4**–C, **177**–I, **191**–E
printer **173**–50, **190**–21
   inkjet printer **189**–18
   laser printer **189**–19
prioritize tasks **PLUS+** **177**–U AWL
Priority Mail® **136**–1
prism **207**–35
prisoner / convict **144**–15
private school **5** ✦
probe / rover **215**–20
Problem **204**
problems **117**–1, **204**–11
PROBLEMS **62**–**63**
Problems **117, 120**
PROCEDURES **150**–**151** AWL
Procedures **111, 119** AWL
Process **203** AWL
processor **54**–26
Processor **92**
produce section **72**–2
product **204**–9
productivity **PLUS+** **189**–55 AWL
Products **72, 73**
professional development **175**–7 AWL
program
   children's program **242**–9
   nature program **242**–7
   news program **242**–1
   open the program **210**–A
   presentation program **191**–31
   quit the program **210**–F

shopping program **242**–10
sports program **242**–11
spreadsheet program **191**–30
word processing program **191**–29
program 176–I
Programs **242**
projector **6**–5, **241**–27
promotion **175**–8
prompt **PLUS+ 185**–F
proof of insurance **138**–8
proofread 203–I
prosecuting attorney **144**–10
prospective tenant **51**–29
protect 146–D
Protect Children **147**
protector **190**–11
proton **207**–31
proud **43**–21
prunes **68**–26
pruning shears **186**–9
psychiatrist **122**–8
PUBLIC SAFETY **146**
public school 5 ♦
PUBLIC TRANSPORTATION **156**
pull 120–F, **230**–A
puller **185**–10
pullover sweater **88**–3
pulse **124**–A
pumps **95**–26
Punctuation **202**
puppy **221**–12
purchase 94–A
purifier **115**–14
purple **24**–6
purses **94**–2, **94**–14
push 230–B
pushpin **189**–35
put 9–X, **49**–O, **164**–I
 put away 9–Z, **60**–G
 put down 6–J
 put in 161–I
 put on 87–B, **108**–D, **109**–P, **137**–C, **177**–N
puzzle **59**–17
pyramid **205**–39

QR code (quick response code) **PLUS+ 27**–15
quad **5**–1
quart **75**–4
quarter
 quarter / 25 cents **26**–4
 quarter after one **18**–9
 1/4 cup **75**–8
 quarter moon **215**–11
 quarter to two **18**–13
 3/4 sleeved **96**–13
question **212**–1, **212**–C
 question mark **202**–15
Quick and Easy Cake **77**
quiet **23**–12
quill **222**–23
quilt **58**–16
 quilt block **238**–15
quilt 238–C

quit the program **210**–F
quotation **202**–10
 quotation marks **202**–18
quotient **204**–10

rabbit **221**–13
raccoon **222**–13
race 236–S
racing **234**–19
rack **98**–16
 dish rack **54**–5
 roasting rack **78**–14
 towel rack **57**–15
racket **237**–2
racquetball **234**–12
radiation **224**–15
radiator **162**–19
radio **102**–6, **197**–22
 radioactive materials **197**–7
radiologist **122**–6
radishes **69**–4
radius **205**–35
rafting **232**–2
rags **61**–9
rail **59**–10
railroad crossing **158**–14
rain **13**–11
 acid rain **224**–13
 rain boots **90**–20
 rain forest **214**–1
 raincoat **90**–18
raise 6–A
raisins **68**–25
rake **186**–8
rake 186–C
rally **143**–7
RAM (random access memory) **190**–17
ramp **PLUS+ 32**–19
ranch **52**–10
Ranch Hand **92**
rancher **187**–22
RANCHING **187**
R&B **243**–28
range **214**–15
ranger **166**–1
rash **113**–14
raspberries **68**–15
rat **63**–27, **221**–17
rate the driver **PLUS+ 156**–C
rattle **37**–27
 rattlesnake **219**–45
raw **70**–24
ray **218**–11
razor **109**–27
 razor blade **109**–28
react PLUS+ 191–M
reaction **118**–E
read
 proofread **203**–I
 read the card **137**–G
 read the definition **8**–B
 read the paper **39**–V
 read to **36**–N
Reading a Phone Bill **15**

reality show **242**–6
rearview mirror **163**–35
reason for return **PLUS+ 97**–50
receipt **27**–6
receive 137–F
 receive money through a mobile app **PLUS+ 27**–K
receiver **14**–4
reception area **188**–15
receptionist **111**–2, **173**–51, **182**–5, **188**–14
reclined seat **165**–27
record 207–D, **241**–A
records **172**–39
RECREATION **232**
Recreation Room **50**
recreational vehicle (RV) **160**–10
recruiter **174**–J
rectangle **205**–29
recycle 60–B, **225**–C
recycling bin **61**–2
red **24**–1
 red hair **33**–13
 redcoat **208**–9
 redwood **216**–18
redecorate 48 ♦
reduce 225–A
reenter **211**–Q
referee **235**–6
reference librarian **135**–9
refresh button **213**–11
refrigerator **54**–9
refund 97 ♦
refuse 12–F
reggae **243**–31
register **27**–10, **73**–16
register 142–D, **161**–F
registered nurse (RN) **122**–10
Registering an Account **211**
registration
 registration sticker **138**–13
 registration tag **138**–13
regular price **27**–2
regulations **182**–6
relatives **44**–6
relax 39–U
relieved **42**–15
reliever **115**–26
religious holiday **22**–7
remain 151–E
remarried **35**–24
remote **240**–10
Remote Office Skills **PLUS+ 177**
Remote Work **PLUS+ 189**
remote worker **PLUS+ 189**–51
remove 109–Q, **134**–F
remover **109**–42
renew a license **138** ♦
rental agreement / lease **51**–28
Rental Office **51**
Renting an Apartment **48**
repair 176–J
repairperson **62**–10
 appliance repairperson **170**–4

276

electronics repairperson **171**–24
REPAIRS **62**–**63**
repellent **232**–23
replace **161**–K
report **146**–J, **146**–K
reporter **144**–12, **173**–52
representative **140**–3, **171**–20
REPTILES **218**–**219**
Reptiles **219**
request **10**–F, **12** ✦
request a ride **PLUS+ 156**–A
Requirements **142** AWL
rescue **149**–20
 rescue breathing **119**–17
research **212** ✦ AWL
 research and development **184**–5 AWL
 research local companies **168**–D AWL
 research question **212**–1 AWL
RESEARCH **212**–**213** AWL
Research **212** AWL
resident **180**–4 AWL
Resident Alien card **40**–2
Resources **225** AWL
respirator **197**–13
respond **2**–C, **178**–H AWL
 respond to a post **PLUS+ 213**–L AWL
Responding **203** AWL
Responsibilities **142**
restaurant **127**–14, **130**–10
RESTAURANT **79**, **82**–**83**
Restaurant Dining **193**
Restaurant Kitchen **193**
restriction **PLUS+ 81** AWL
restrooms **5**–9
results **143**–11, **212**–5, **212**–E
resuscitation **119**–18
retail clerk **173**–53
retire **41**–O
return
 return address **136**–21
 return policy **PLUS+ 97**–49 AWL
return **27**–H, **135**–D
REUNION **44**–**45**
reuse **225**–B
review your answers **PLUS+ 10**–W
reviews **PLUS+ 97**–46
revise **203**–J AWL
Revising **203** AWL
Revolutionary War **208**–8
revolving
 revolving door **192**–2
 revolving nosepiece **206**–15
rewind **241**–C
rewrite **203**–J
rhinoceros **223**–28
ribbon **99**–30
ribs **70**–5, **76**–2
 rib cage **107**–48
rice **67**–10, **81**–30, **187**–1
ride **131**–D
ride-hailing app **PLUS+ 156**–24
ride-sharing app **PLUS+ 156**–24
Ride-sharing / Ride-hailing **PLUS+ 156**
rider **156**–3

riding **232**–9
right **25**–3, **159**–B
 right angle **205**–26
 right turn only **158**–7
rights **208**–13
Rights **142**
ring **95**–40
 clip-on earrings **95**–37
 onion rings **79**–4
 pierced earrings **95**–36
 teething ring **37**–26
rinse **108**–F
ripe **68**–30
ripped **97**–41
ripper **100**–18
rise
 high-rise **129**–13
 sunrise **18**–14
river **159**–10, **214**–3
RN (registered nurse) **122**–10
roaches **63**–26
ROAD TRIP **166**–**167**
Road Worker **92**
roadwork **158**–16
roast **70**–1
 roast beef **71**–21
 roast chicken **81**–22
 roasted turkey **76**–4
 roasting pan **78**–13
 roasting rack **78**–14
robe **91**–28
robin **220**–17
robotic arm **PLUS+ 185**–17
rock **219**–38, **243**–23
rock **36**–D
rock concert **228**–5
rocking chair **37**–22
RODENTS **221**
Rodents **221**
roll **74**–23
rollers **33**–18, **195**–23
rolling pin **78**–30
rolls **74**–11, **80**–17
Roman Numerals **16**
romance **243**–16
roof **46**–2
 roof garden **50**–4
roofer **62**–8
room
 baby's room **47**–11
 ballroom **192**–26
 banquet room **193**–14
 bathroom **46**–5
 bedroom **46**–3
 classroom **5**–7
 conference room **188**–4 AWL
 courtroom **144**–7
 dining room **82**–1
 dining room chair **55**–8
 dining room table **55**–9
 dish room **83**–13
 guest room **192**–13
 kids' bedroom **47**–10
 living room **47**–13

 meeting room **192**–25
 restrooms **5**–9
 room service **192**–17
 roommates **64**–1
 storeroom **193**–5
ROOM **56**
Room **50**, **111**, **123**
rooster **221**–7
root **216**–5, **217**–3
rope **230**–4, **232**–19
rose **217**–15
rotary
 rotary card file **189**–44
 rotary cutter **238**–16
rotten **68**–32
round trip **156**–17
route AWL
 bus route **156**–1 AWL
 escape route **150**–3 AWL
 evacuation route **150**–5 AWL
 U.S. route **158**–17 AWL
router **191**–33, **194**–12
ROUTINES **38**–**39**
rover / probe **215**–20
rubber
 rubber band **189**–34
 rubber gloves **61**–4
 rubber mat **57**–5
ruffle **58**–17
rug **58**–22
ruler **17**–13
rules **64**–7
Rules **202**
run
 run across **157**–G
 run around **157**–H
 run for office **143**–J
 run out **166**–E
 run to class **11**–B
runner **193**–15
rural area **52**–4 AWL
RV (recreational vehicle) **160**–10
rye bread **71**–20
sad **43**–19
safety
 car safety seat **37**–20
 child safety seat **163**–53
 high visibility safety vest **92**–4
 safety boots **197**–20
 safety deposit box **134**–7
 safety glasses **92**–10, **197**–10
 safety goggles **197**–11
 safety pin **37**–9, **100**–14
 safety rail **59**–10
 safety regulations **182**–6 AWL
 safety visor **197**–12
SAFETY **76**–**77**, **146**, **147**, **197**
Safety **76**
Safety Equipment **197** AWL
Safety Hazards and Hazardous
 Materials **197**
Safety Solutions **147**
sail
 sailboat **231**–2

277

sailing **233**–8
sailor / seaman **141**–31
salad
   chef's salad **80**–14
   fruit salad **80**–21
   garden salad **80**–15
   house salad **80**–15
   pasta salad **80**–20
   potato salad **80**–19
   salad bar **79**–24
   salad fork **83**–27
   salad plate **83**–20
   spinach salad **80**–13
Salads **80**
salamander **218**–28
salami **71**–24
SALE **102**–**103**
sales **184**–7
   sale price **27**–3
   sales tax **27**–8
   salesclerk **94**–3
Salesperson **92**
salmon **71**–3
   salmon steak **71**–4
salon **132**–3, **133**–18
salt and pepper shakers **55**–13
same **23**–15
SAME AND DIFFERENT **28**–**29**
samples **84**–5
sand **231**–23
   sand dune **214**–5
   sandbox **230**–15
   sandcastle **231**–12
   sandpaper **195**–56
sandals **88**–9
sander **194**–11
sandwich **79**–5, **80**–10, **80**–12
sanitation worker **173**–54
sanitizing jar **33**–16
satellite **215**–19
   satellite dish **53**–5
satisfied **42**–6
Saturday **20**–14
Saturn **215**–6
saucepan **78**–25
saucer **83**–25
sausage **70**–12, **80**–2
saute **77**–E
save **225**–E
   save the document **210**–D
saving **19**–25
   lifesaving device **231**–20
   savings account number **134**–16
saw
   circular saw **194**–9
   hacksaw **194**–5
   handsaw **194**–4
   jigsaw **194**–10
saxophone **244**–5
say **2**–A, **3**–M, **4**–A
scaffolding **196**–4
scale **57**–27, **72**–3, **137**–8, **159**–7, **207**–41, **218**–3

postal scale **189**–27
scallions **69**–20
scallops **71**–12, **218**–20
scan **177**–H
scanner **189**–20
scared / afraid **43**–23
scarf / scarves **95**–12
   winter scarf **90**–5
scenery **166**–4
schedule **156**–4
schedule **177**–J
school **128**–9
   adult school **200**–8
   career and technical school **200**–5
   elementary school **200**–2
   high school **200**–4
   junior high school **200**–3
   middle school **200**–3
   nursery school **200**–1
   parochial school **5** ♦
   preschool **200**–1
   private school **5** ♦
   public school **5** ♦
   school bus **160**–21
   school crossing **158**–15
   vocational school **200**–5
SCHOOL **5, 10, 11**
SCHOOLS AND SUBJECTS **200**–**201**
science **201**–11
SCIENCE **206**–**207**
Science Lab **207**
scissors **100**–16
scoop neck **96**–10
score **10**–3, **235**–1
scorpion **220**–31
scrambled eggs **76**–7
scraper **195**–52
screen **6**–2, **241**–28
   big-screen TV **50**–14
   click on the screen **210**–G
   fire screen **56**–12
   flat-screen TV **240**–8
   screen door **53**–15
   screen **froze** **191**–B
   screen reader **PLUS+ 32**–21
   sunscreen **108**–7, **231**–10
   touch screen **163**–37
Screen **211**
screener **164**–5
screening area **164**–4
screw **194**–33
   machine screw **194**–32
   Phillips screwdriver **194**–31
   screwdriver **194**–30
   wood screw **194**–33
scroll **211**–M
   scroll left / right / up / down **PLUS+ 211**–AA
scrub **60**–K
scrubs **93**–31
   scrub brush **61**–20
   surgical scrub cap **93**–35
   surgical scrubs **93**–38

scuba
   scuba diving **233**–12
   scuba tank **231**–6
sea
   sea anemone **218**–25
   sea lion **219**–35
   sea otter **219**–37
   sea urchin **218**–22
   seahorse **218**–13
   seashell **231**–24
Sea Animals **218**
Sea Mammals **219**
SEAFOOD AND DELI **71**
seal **219**–36
seam ripper **100**–18
seaman / sailor **141**–31
search
   apartment search tool **48**–1
   search and rescue team **149**–20
   search box **212**–3
   search engine **212**–2, **212**–A
   search results **212**–5
SEARCH **168**–**169**
SEASONAL CLOTHING **90**
Seasons **21**
seat
   back seat **163**–54
   booster car seat **37**–21
   car safety seat **37**–20
   child safety seat **163**–53
   front seat **163**–51
   love seat **56**–1
   potty seat **37**–15
   reclined seat **165**–27
   seat belt **163**–52
   upright seat **165**–28
seat **82**–B
seaweed **231** ♦
second **16**
Second Floor **50**
seconds **18**–3
Secretary of Defense **141**–24
section **72**–2
security **184**–13
   cybersecurity **190**–4
   security camera **50**–19
   security gate **50**–16
   security guard **134**–5, **173**–55
   security pants **93**–22
   security screener **164**–5
   security shirt **93**–20
Security Checkpoint **164**
Security Guard **93**
sedan **160** ♦
see **106**–A
seed **217**–1
   seedling **217**–4
seek **116**–A, **151**–H
select **212**–A, **203**–R
   select a font size **PLUS+ 203**–R
   select the font **PLUS+ 203**–Q
Selecting and Changing Text **210**
self-checkout **73**–10, **135**–10

self test **PLUS+** **113**–C
selfie stick **PLUS+** **241**–36
sell **176**–K
semi / tractor-trailer **160**–15
semicolon **202**–21
Senate **140**–5
senator **140**–6
   state senator **140**–19
send **211**–Z
Sending a Card **137**
Sending Email **211**
senior
   senior citizen **30**–5
   senior housing **52**–11
Senses **106**
sentence **202**–2
sentence **144**–F
separate **76**–B
September **21**–33
sequins **99**–33
serious photo **226**–3
serve **143**–N, **236**–P
   serve on a jury **142**–E
   serve the meal **82**–F
Serve **76**
server **82**–8, **83**–9, **173**–56, **193**–8
service
   customer service **97** ♦, **184**–11
   customer service representative **171**–20
   guest services **132**–12
   pool service **192**–21
   room service **192**–17
SERVICE **140**–**141**, **193**
service dog **PLUS+** **32**–20
serving bowl **55**–21
set **10**–A, **82**–A
   set a goal **168**–A AWL
   set a long-term goal **174**–G AWL
   set a short-term goal **174**–H AWL
   set up an interview **169**–M
   sunset **18**–18
setting **83**–17
seven **16**
seventeen **16**
seventeenth **16**
seventh **16**
seventieth **16**
seventy **16**
   75 percent **17**–9
sew **98**–A, **98**–B, **176**–L
sewing
   sewing machine **98**–13
   sewing machine operator **98**–14
Sewing Machine **98**
Sewing Supplies **100**
shade **231**–13
   lampshade **58**–26
shadow **109**–35
shake
   milkshake **79**–14
shake **3**–K, **179**–I
shakers **55**–13
shampoo **108**–10

shanks **70**–13
shaper **91**–15
Shapes **205**
shapewear slip **91**–21
share **8**–M
   share a document **PLUS+** **177**–V AWL
shared **PLUS+** **177**–X
Sharing and Responding **203** AWL
shark **218**–4
sharpener **7**–23, **189**–26
shave
   aftershave **109**–30
shave **109**–M
shaver **109**–26
shaving cream **109**–29
shears **33**–17, **186**–9
sheep **221**–6
sheet
   answer sheet **10**–2
   cookie sheet **78**–27
   dryer sheets **101**–5
   fitted sheet **58**–12
   flat sheet **58**–13
shelf **54**–2
shell
   seashell **231**–24
Shellfish **71**
shelter **52**–13
shield
   windshield **162**–1
   windshield wipers **162**–2
shift **180**–6 AWL
   gearshift **163**–47
   stick shift **163**–50
shin **106**–21
   shin guards **237**–13
shingles **112**–8, **196**–20
ship **185**–D
shipping **PLUS+** **97**–47
shipping clerk **185**–14
shirt **86**–1
   long-sleeved shirt **96**–14
   nightshirt **91**–27
   polo shirt **92**–14
   security shirt **93**–20 AWL
   short-sleeved shirt **96**–12
   sleeveless shirt **96**–11
   sport shirt **88**–4
   3/4-sleeved shirt **96**–13
   T-shirt **86**–4, **101**–15
   work shirt **92**–2
shock **118**–B, **118**–F
shoes **87**–13, **95**–32
   athletic shoes **94** ♦
   shoe department **95**–7
   shoe store **132**–10
   shoelaces **94**–24
SHOES AND ACCESSORIES **94**–**95**
shoot **217**–5
shoot **236**–H
shop
   barbershop **131**–19
   beauty shop **132** ♦

   coffee shop **128**–11
   donut shop **131**–17
   gift shop **132** ♦, **192**–5
   ice cream shop **133**–16
shop **28**–A, **146**–H
SHOP **80**–**81**
Shop **100**
shoplifting **145**–8
shopping
   shopping bag **67**–13
   shopping basket **73**–9
   shopping list **67**–14
   shopping mall **128**–7
   shopping program **242**–10
SHOPPING **27**
Shopping Online **PLUS+** **97**
shore **214**–12
short **32**–6, **96**–16
   short hair **33**–1
   short-order cook **193**–1
   short-sleeved **96**–12
shorten **100**–B
shorts **89**–25, **91**–4
shoulder **105**–13
   shoulder bag **94**–17
   shoulder blade **107**–28
   shoulder pads **237**–20
   shoulder-length hair **33**–2
shovel **186**–7, **196**–22
show **242**–4, **242**–6, **242**–8
show **139**–C, **164**–C
shower
   shower cap **108**–1
   shower curtain **57**–14
   shower gel **108**–2
   showerhead **57**–13
   stall shower **57** ♦
   take a shower **38**–C, **108**–A
shredder **189**–24
shrimp **71**–11, **218**–19
shut-off **150**–4
shut-off valve **PLUS+** **63**–34
shuttle **156**–19
sick **42**–12
   homesick **43**–20
side
   sideburns **33**–7
   side-view mirror **162**–3
   sunny-side up **76**–10
Side Salads **80**
sidewalk **131**–24
sight impaired / blind **32**–11
sign
   street sign **131**–26
   vacancy sign **50**–7
   vital signs monitor **123**–26 AWL
sign **4**–E, **48**–D
sign language **PLUS+** **32**–23
   sign language interpreter **PLUS+** **32**–24
signal
   strong signal **14**–11
   turn signal **162**–6, **163**–34
   weak signal **14**–12
signature **4**–20

SIGNS **158**
silk **98**–5
simmer 77–P
sing 36–O, **244**–B
single
   single father **35**–23
   single mother **35**–22
sink **54**–4, **57**–25
Sirius **215** ♦
sister **34**–5
   half sister **35**–27
   sister-in-law **34**–16
   stepsister **35**–29
sit down 6–F
sitcom (situation comedy) **242**–2
site **128**–2 AWL
sitter **170**–9
situation comedy (sitcom) **242**–2
six **16**
   six-pack **74**–9, **74**–21
   6-year-old boy **31**–9
sixteen **16**
sixteenth **16**
sixth **16**
sixtieth **16**
sixty **16**
Sizes **96**
skate 236–U
skates **237**–9, **237**–10
   skateboard **230**–7
   skateboarding **234**–13
skating **233**–4, **233**–5, **234**–10
Skeleton **107**
ski 236–V
skiing **233**–1, **233**–3
   waterskiing **233**–7
SKILLS **176–179**
Skills **177, 178**
skin **107**–31
   skinless **70** ♦
skip a question **PLUS+ 10**–T
skirt **87**–10
skis **237**–24
   ski boots **237**–26
   ski hat **90**–11
   ski mask **90**–15
   ski poles **237**–25
SKU number **27**–5
skull **107**–47
skunk **222**–12
sky **231**–4
   skycap **164**–1
   skyscraper **129**–13
slacks **87**–12
sledding **233**–6
sledgehammer **196**–23
sleeper **91**–26
sleeping bag **232**–12
SLEEPWEAR **91**
Sleepwear **91**
sleepy **42**–3
sleeve **100**–6
   long-sleeved **96**–14
   short-sleeved **96**–12
   sleeveless **96**–11

   3/4 sleeved **96**–13
slender **32**–9
slice 77–C
slide **206**–3, **230**–13
   mudslide **148**–6
sliding glass door **53**–18
sling **115**–19
slip **91**–21, **91**–22, **134**–4
slippers **91**–25
slippery floor **197**–6
slow **23**–4
small **96**–1, **96**–2, **97**–37
   small town **52**–3
Small Business Owners **PLUS+ 131**
smart speaker **PLUS+ 241**–34
smartphone **15**–25
smell 106–C
smile 2–E
smock **93**–26
smog **224**–11
smoggy **13**–16
smoke 116–G
smoke detector **51**–30 AWL
smoked turkey **71**–25
Snack Foods **73**
snail **218**–23
snake
   garter snake **219**–46
   rattlesnake **219**–45
snap **99**–26
sneakers **86**–7
sneezing 113–12
snorkeling **233**–11
snow **13**–12
   snowboard **237**–23
   snowboarding **233**–2
   snowstorm **13**–24
soap **57**–4, **61**–5, **108**–3
   soap dish **57**–3
   soap opera **242**–5
sober **146** ♦
soccer **235**–13
   soccer ball **237**–12
social
   Social Security card **40**–5
   Social Security number **4**–19
   social worker **173**–57
social media links **213**–19 AWL
socks **86**–6
   ankle socks **91**–7
   crew socks **91**–8
   dress socks **91**–9
   low-cut socks **91**–10
Socks **91**
soda **73**–34, **79**–11
sofa **56**–18
   sofa cushions **56** ♦
soft **23**–6
   softball **235**–11
soft skills **174**–E
SOFT SKILLS **178**
softener **101**–6
software **171**–18
Software / Applications **191**
solar

solar eclipse **215**–16
solar energy **224**–1
Solar System and the Planets **215**
soldier **141**–29, **173**–58
sole **94**–21 AWL
solid **96**–19
Solids **205**
solution **204**–14
solve 176–M, **178**–A
son **34**–15
   grandson **34** ♦
   son-in-law **34** ♦
sore throat **110**–6
sort 101–A
soul **243**–28
soup **72**–18, **80**–16
   soup bowl **83**–21
   soup spoon **83**–32
Soup **77**
sour **84**–4
   sour cream **72**–21
source **202**–13, **213**–13
Sources **224** AWL
sous-chef **193**–6
south **159**–3
soybeans **187**–3
space **50**–18, **130**–5
   space station **215**–18
Space **215**
Space Exploration **215**
spacing **PLUS+ 203**–24
spades **239**–30
spaghetti **81**–26
spare tire **162**–23
sparrow **220**–8
spatula **78**–19
speak 174–J, **176**–N
speaker **50**–5, **190**–28
   guest speaker **226**–4
   speakers **240**–14
Special **80**
Specialists **122**
speech **142**–2
speed limit **158**–4
speed skating **233** ♦
speedometer **163**–27
spell 4–B
sphere **205**–42 AWL
spider **220**–30
spill **224**–17
spinach **69**–11
   spinach salad **80**–13
spinal column **107**–49
spiral notebook **7**–30
splint **119**–15
sponge **61**–19
   sponge mop **61**–6
spoon **55**–5, **78**–9
   soup spoon **83**–32
   tablespoon **75**–7
   teaspoon **75**–6, **83**–31
spoon 77–F
sports
   sport coat **89**–14
   sport jacket **89**–14

sport shirt **88**–4
sport utility vehicle (SUV) **160**–7
sports car **160**–4
sports program **242**–11
SPORTS **233, 234, 235**
SPORTS EQUIPMENT **237** AWL
SPORTS VERBS **236**
sprained ankle **110**–14
spray **108**–12, **115**–32
   spray gun **195**–21
   spray starch **101**–12
spread
   bedspread **59**–11
   spreadsheet program **191**–30
spring **21**–37, **58**–19
sprinkler **53**–22
square **205**–30
squash **69**–24
squeegee **61**–15
squid **218**–7
squirrel **221**–21
stadium **128**–1
staff **180**–2
Staff **122**
stage **206**–17
   stage clips **206**–21
stain **195**–24
stained **97**–42
stairs **50**–10
   upstairs **51**
stairway **50**–10
stall shower **57**
stamps **136**–18, **136**–23, **189**–47
stand **156**–18
   checkstand **73**–13
   newsstand **130**–12
   nightstand **58**–23
stand 144–D
   stand up 6–D
standard time **19**–26
staple 177–F
stapler **189**–28
staples **189**–29
star **215**–13
   star key **14**–6
   starfish **218**–17
starch **101**–12
stars **166**–3
start 12–A, **40**–B, **169**–P, **236**–R
state **4**–8, **150**–2
   state capital **140**–16
   state senator **140**–19
state 15–G, **207**–A
State Government **140**
statement **134**–17
station
   bus station **126**–7
   charging station / dock **240**–3
   fire station **127**–12
   gas station **127**–10
   lifeguard station **231**–21
   police station **126**–6
   space station **215**–18
   subway station **155**–11
Station **156**

stationery **189**–42
stay
   stay away 151–I
   stay fit **116**–E
   stay on the line **15**–H
   stay on well-lit streets **146**–B
Stay Well **116**
steak **70**–2, **81**–24
   broiled steak **76**–3
   halibut steak **71**–6
   salmon steak **71**–4
   steak knife **83**–29
steal 145
steam 77–D
steamed vegetables **81**–32
steamer **78**–3
steel
   steel toe boots **92**–6
   steel-wool soap pads **61**–5
steering wheel **163**–26
stems **217**–9
step
   stepbrother **35**–30
   stepdaughter **35**
   stepfather **35**–25
   stepladder **61**–13
   stepmother **35**–26
   steps **53**–3
   stepsister **35**–29
stereo system **56**–8
sterile
   sterile pad **119**–7
   sterile tape **119**–8
stethoscope **111**–10
stewing beef **70**–3
stick **237**–11, **238**–11
   drumsticks **70**–23
   lipstick **109**–38
   stick shift **163**–50
   yardstick **195**–16
sticker **102**–3, **138**–13
sticky notes **189**–39
stir 77–O
   stir-fried beef **76**–6
stitches **119**–16
stock clerk **173**–59
stocker **72**–5
stomach **107**–41
   stomachache **110**–4
stop **131**–16, **155**–13, **158**–1
stop 159–D
   stop working **PLUS+ 63**–31
Stop **156**
stopped up **63**–19
storage **72**–25, **78**–4
   storage locker **50**–17
store
   bookstore **132**–4
   candy store **133**–17
   card store **132**–7
   convenience store **130**–3
   department store **133**–13
   electronics store **133**–20
   furniture store **128**–8
   hardware store **152**–4

   home improvement store **129**–20
   jewelry store **132**–2
   maternity store **133**–19
   men's store **132**
   music store **132**–1
   office supply store **129**–21
   pet store **132**–6
   shoe store **132**–10
   toy store **132**–5
   used book store **131**–20
STORE **72**–**73**
Store **99**
storeroom **193**–5
storm **13**–20
   snowstorm **13**–24
   storm door **53**–10
   thunderstorm **13**–13
story
   action story **243**–19
   adventure story **243**–19
   horror story **243**–17
   science fiction story **243**–18
   two-story house **52**
stove **54**–18, **232**–16
stow 164–G
straight **159**–A
   straight hair **33**–9
   straight line **205**–22
   straight pin **100**–12
strainer **78**–22
straw **79**–18
   straw hat **90**–23
   strawberries **68**–14
stream / creek **214**
stream / feed **PLUS+ 213**–22
street **154**–5, **159**–8
   street address **4**–5
   street sign **131**–26
   street vendor **131**–29
   streetlight **152**–3
STREETS **128**–**129**
strep throat **112**–4
stress **117**–4 AWL
stretch 236–M
stretcher **123**–33
string
   string beans **69**–8
   string lights **245**–18
   string of pearls **95**–39
Strings **244**
striped **96**–20
stripper **195**–42
stroller **37**–18
strong signal **14**–11
stub **183**–11
stucco **196**–15
student **6**–6
study 10–D, **139**–A
STUDYING **8**–**9**
stuffed animals **59**–15
style AWL
   in style **88** AWL
   stylist **171**–31
Style Hair **33** AWL
Styles **96** AWL

SUBJECTS **200–201** 🔑
submit **10**–P, **48**–C, **169**–L AWL
    click submit **211**–S 🔑 AWL
substitute **79**–20 🔑 AWL
substitution PLUS+ **81**–A
subtract **204**–B
suburbs **52**–2
subway **155**–12
    subway car **156**–6
    subway station **155**–11
Subway Station **156**
Succeed **10** 🔑
SUCCEEDING IN SCHOOL **10** 🔑
suede **99**–8
sugar **73**–30 🔑
    sugar bowl **55**–14 🔑
    sugar substitute **79**–20 🔑
    sugar-free **124**–7
suggestion PLUS+ **7**–N 🔑
suit **87**–11 🔑
    bathing suit **90**–26
    business suit **88**–11 🔑
    jumpsuit **93**–24
    wetsuit **231**–5
suite **192**–16
sum **204**–7 🔑 AWL
sumac **216**–23
summer **21**–38 🔑
sun 🔑
    sunblock **108**–8, **231**–10
    sunburn **110**–13
    sunflower **217**–10
    sunglasses **90**–27
    sunrise **18**–14
    sunscreen **108**–7, **231**–10
    sunset **18**–18
Sunday **20**–8 🔑
sunny **13**–9, **76**–10
superintendent **50**–8
supermarket **129**–18 🔑
supervise **176**–O
supervisor **183**–8, **185**–4
SUPPLIES **61**, **194–195** 🔑
Supplies **100**, **189** 🔑
supply **129**–21 🔑
    supply cabinet **188**–1 🔑
support **197**–18 🔑
    support group **117**–15 🔑
supporter **91**–6 🔑
Supreme Court **140**–11
surface **76** ✦ 🔑
surfboard **231**–16
surfer **231**–15
surfing **233**–9, **233**–10
surge protector **190**–11
surgeon **123**–36
Surgeon **93**
surgical
    surgical cap **123**–37
    surgical gloves **123**–39
    surgical gown **93**–37, **123**–38
    surgical mask **93**–36
    surgical nurse **122**–9
    surgical scrub cap **93**–35
    surgical scrubs **93**–38

Surgical Assistant **93**
surprised **43**–30 🔑
suspenders **94**–1
suspense **243**–20
SUV (sport utility vehicle) **160**–7
swallow **118**–J 🔑
swap meet **228**–6
sweat 🔑
    sweatpants **89**–23
    sweatshirt **89**–22
sweater **28**–2, **87**–14 🔑
    cardigan sweater **88**–2
    crewneck sweater **96**–7
    pullover sweater **88**–3
    scoop neck sweater **96**–10
    turtleneck sweater **96**–9
    v-neck sweater **96**–8
sweep **60**–J 🔑
sweet potatoes **69**–18 🔑
sweets **84**–8
swelling **113**–16 🔑
swim **236**–L 🔑
    swimsuit **90**–26
swimming 🔑
    swimming pool **51**–22 🔑
    swimming trunks **90**–22
swing **236**–Q 🔑
swings **230**–11
swipe PLUS+ **211**–AA
Swiss cheese **71**–27
switch **58**–27 🔑
swollen finger **110**–16 🔑
swordfish **71**–5, **218**–10
symbol **159**–5 🔑 AWL
SYMPTOMS AND INJURIES **110** 🔑 AWL
synagogue **129**–16
synthetic materials **98** ✦
syringe **111**–12
syrup **115**–29
system 🔑
    fuel injection system **162**–17 🔑
    stereo system **56**–8
SYSTEM **144**
tab **213**–14
table 🔑
    bed table **123**–21 🔑
    changing table **59**–1 🔑
    coffee table **56**–19 🔑
    dining room table **55**–9
    end table **56**–14 🔑
    examination table **111**–7 🔑
    folding card table **102**–4 🔑
    night table **58**–23 🔑
    operating table **123**–40 🔑
    periodic table **207**–26 🔑 AWL
    picnic table **230**–8
    pool table **50**–15 🔑
    table tennis **234**–14
    tablecloth **55**–12
    tablespoon **75**–7
    tray table **165**–21
    turntable **240**–12
tablet **115**–22, **115**–27, **190**–6 🔑
tackle **236**–F 🔑
taco **79**–8

tag **92**–15, **138**–13
tail **222**–22 🔑
    taillight **162**–13
    tailpipe **162**–15
tailor **100**–3
take 🔑
    do not take with dairy products **114**–D 🔑
    take a bath **108**–B 🔑
    take a break **11**–H 🔑
    take a citizenship test **142**–I 🔑
    take a driver education course **139**–B 🔑
    take a driver's training course **139**–G 🔑
    take a message **177**–Q 🔑
    take a nap **53**–A
    take a picture **226**–A 🔑
    take a poll PLUS+ **191**–L
    take a seat **6**–F 🔑
    take a selfie PLUS+ **241**–I
    take a shower **38**–C, **108**–A 🔑
    take a written test **139**–E 🔑
    take an interest inventory **174**–C 🔑
    take care of children **176**–P 🔑
    take cover **151**–J 🔑
    take in **100**–D 🔑
    take medicine **116**–D 🔑
    take notes **10**–C, **177**–K 🔑
    take off **109**–Q, **164**–J 🔑
    take one hour before eating **114**–B 🔑
    take out **9**–Y, **60**–Q 🔑
    take ownership **49**–K
    take precautions PLUS+ **113**–A
    take temperature **111**–B 🔑
    take the bus to school **38**–H 🔑
    take the car to a mechanic **161**–C 🔑
    take the children to school **38**–G 🔑
    take the order **82**–E 🔑
    take with food or milk **114**–A 🔑
    take X-rays **120**–B
Taking a Flight **164** 🔑
Taking a Test **10** 🔑
Taking Care of Your Car **161** 🔑
TAKING CARE OF YOUR HEALTH **116–117** 🔑
talk
    talk show **242**–4
    talk therapy **117**–13
talk 🔑
    talk about **179**–L 🔑
    talk on the phone **15**–C 🔑
    talk to friends **168**–E 🔑
    talk to the teacher **6**–B 🔑
tall **32**–4 🔑
tambourine **244**–17
tan **24**–18
tangerines **68**–9
tank **162**–10, **231**–6 🔑
    tank top **89**–24
    tank truck **160**–20 🔑
tap 🔑
    Tap on the answer. PLUS+ **10**–R
    tap to open a page PLUS+ **211**–CC
tap-to-pay PLUS+ **27**–13
tape 🔑 AWL
    clear tape **189**–30 🔑 AWL
    correction tape **189**–37
    duct tape **195**–49

electrical tape **195**–43
masking tape **195**–53
packing tape **189**–32
sterile tape **119**–8
tape measure **100**–17, **195**–45
target **237**–7
taste **106**–D
tattoo **32**–18
tax / taxes **27**–8
   tax preparer **PLUS+ 131**–35
taxi **154**–3
   hail a taxi **156** ♦
   taxi driver **156**–21
   taxi license **156**–22
   taxi stand **156**–18
TB / tuberculosis **113**–23
TDD **15**–26
tea **79**–12, **81**–39, **81**–40
   teacup **55**–6
   teakettle **54**–17
   teapot **55**–16
   teaspoon **75**–6, **83**–31
teach **176**–Q
teacher **5**–8, **6**–4, **22**–5
   teacher's aide **5**–16
team **149**–20, **235**–3
   cooperate with teammates
      178–F
   team player **180**–3
TEAM SPORTS **235**
tech support **PLUS+ 63**–30
technical school **200**–5
technician
   computer technician **171**–19, **188**–12
   emergency medical technician (EMT)
      123–32
   medical records technician
      172–39
Technician **93**
teddy bear **37**–24
teen / teenager **31**–11
teeth / tooth **106**–7
   toothache **110**–2
   toothbrush **57**–23, **109**–22
   toothbrush holder **57**–24
   toothpaste **109**–23
teething ring **37**–26
telemarketer **173**–60
TELEPHONE **14**–**15**
Telephone Skills **177**
telescope **215**–23
television / TV **56**–6
   big-screen TV **50**–14
   flat-panel TV **240**–8
   flat-screen TV **240**–8
teller **134**–1
Teller **134**
Telling Time **18**
temperature **110**–7
   temperature control dial **163**–38
   temperature gauge **163**–30
Temperature **13**
ten **16**
   ten after one **18**–8
   ten dollars **26**–9

10 percent **17**–12
ten thousand **16**
10-year-old girl **31**–10
tenant **50**–6, **51**–29
TENANT MEETING **64**–**65**
tennis **234**–15
   table tennis **234**–14
   tennis court **230**–6
   tennis racket **237**–2
   tennis shoes **95**–32
tent **232**–10
tenth **16**
term **143** ♦
Terminal **164**
termites **63**–22
Terms **209**
test **123**–30
   online test **10**–5
   test booklet **10**–1
   test results **PLUS+ 113**–B
   test tube **207**–42
   testing area **138**–2
Test **10**
text
   align the text **PLUS+ 203**–P
   copy text **210**–K
   drag to select text **210**–J
   paste text **210**–L
   text message **14**–18
   textbook **7**–26
Text **210**
thank **12**–D, **179**–N
Thanksgiving **22**–17
theater **128**–6, **129**–23
theft **145**–9
therapist **117**–12, **117**–14, **172**–45
therapy **117**–11, **117**–13
thermal undershirt **91**–2
thermometer **111**–11
thick **23**–7
thighs **70**–22, **106**–19
thimble **100**–15
thin **23**–8, **32**–9
THINGS **23**
think
   think about **203**–E
   think critically **178**–B
third **16**
Third Floor **50**
thirsty **42**–2
thirteen **16**
   thirteen colonies **208**–1
thirteenth **16**
thirtieth **16**
thirty **16**
this week **20**–19
thorn **217**–29
thread **99**–23, **100**–11
three **16**
   three times a week **20**–24
   three-piece suit **88** ♦
   3/4 sleeved **96**–13
   3-ring binder **7**–28
throat **107**–35, **110**–6, **112**–4
   throat lozenges **115**–30

through **157**–K
throw **236**–C
   throw away **11**–N
   throw up **110**–C
throw pillow **56**–2
thumb **106**–16
thumb drive / flash drive **190**–25
thunderstorm **13** 13
Thursday **20**–12
tick **220**–28
ticket **156**–15, **165**–19
   ticket agent **164**–3
   ticket window **156**–12
tidal wave **149**–17
tide **231** ♦
tie **88**–12, **89**–16, **92**–13
tie **86**–A, **235** ♦
tiger **223**–37
tight **97**–29
tights **91**–16, **91**–17
tile **57**–12, **196**–11, **196**–C
time
   Alaska time **19**–28
   arrival time **165** ♦
   Atlantic time **19**–33
   Central time **19**–31
   daylight saving time **19**–25
   departure time **165** ♦
   Eastern time **19**–32
   Hawaii-Aleutian time **19**–27
   manage time **178**–D
   Mountain time **19**–30
   Newfoundland time **19**–34
   on time **19**–23, **165**–29
   Pacific time **19**–29
   standard time **19**–26
   three times a week **20**–24
   time clock **183**–7
   time limit **PLUS+ 10**–7
TIME **18**–**19**
Time **18**
Time Zones **19**
timer **78**–18
Times of Day **18**
tire **162**–5, **162**–23, **166**–C
tired **43**–32
title **135**–14, **202**–5
toad **218**–29
toast **80**–4
toaster **54**–11
   toaster oven **54**–15
today **20**–5
toddler **31**–8
toe **94**–23, **105**–10
   steel toe boots **92**–6
   toenail **106** ♦
Tofu **77**
toggle bolt **194**–38
to-go box **82**–5
toilet **57**–21
   toilet brush **57**–20
   toilet paper **57**–19, **150**–13
token **156**–10
tomatoes **69**–6

283

tomorrow **20**–6
tongs **78**–23, **207**–44
tongue **106**–8
too
   too big **97**–38
   too expensive **97**–44
   too small **97**–37
tool belt **92**–3
TOOLS AND BUILDING SUPPLIES **194**–**195**
tooth / teeth **106**–7
   pull a tooth **120**–F
   toothache **110**–2
   toothbrush **57**–23, **109**–22
   toothbrush holder **57**–24
   toothpaste **109**–23
top **88**–7, **89**–24
torn **97**–41
tornado **149**–15
torso **106** ✦
tortoise **219**–41
total **27**–9
tote bag **94**–19
touch **106**–E
   touch and hold PLUS+ **211**–BB
touch screen / audio display **163**–37
tow truck **160**–14
towel
   bath towel **57**–16
   dish towel **61**–22
   hand towel **57**–17
   paper towels **54**–3
   towel rack **57**–15
towelettes **150**–12
tower **190**–7
town **52**–3
   town car **156**–20
   townhouse **52**–6
toy
   toy chest **59**–16
   toy store **132**–5
Toys and Games **59**
track **5**–21, **156**–14
   track and field **234**–18
track pad **190**–24
tracking PLUS+ **97**–48
tractor **187**–9
   tractor-trailer **160**–15
traffic light **130**–8
TRAFFIC SIGNS **158**
tragedy **243**–14
trailer **160**–15, **160**–17
train **154**–7, **239**–27
Train Station **156**
training **175**–3, **175**–9, **175**–12
   training pants **37**–16
Training **175**
transcribe **177**–C
transfer **156**–5 AWL
transfer **177**–O AWL
translate **8**–C
translator **172**–35
Transmission **163** AWL
TRANSPORTATION **154**–**156** AWL

Transportation **156** AWL
trash
   trash bags **61**–24
   trash bin **51**–23
   trash chute **51**–26
travel **41**–P
travel agency **133**–14
tray **55**–17, **83**–10
   tray table **165**–21
Tree **216**
trees **245**–16
TREES AND PLANTS **216**
trench coat **90**–21
trial **142**–5
triangle **205**–32
tricycle **230**–12
trigonometry **204**–18
trim **186**–B
Trim **99**
trip **156**–16, **156**–17
tripe **70**–8
tripod **241**–20
trombone **244**–10
trout **71**–1
trowel **186**–10, **196**–13
truck **154**–6
   dump truck **160**–19
   fire truck **148**–10
   garbage truck **129**–22
   hand truck **185**–11
   pickup truck **160**–12
   tank truck **160**–20
   tow truck **160**–14
   truck driver **173**–61
TRUCKS **160**
trumpet **244**–11
trunk **162**–11, **216**–4, **223**–47
Trunk **162**
trunks
   swimming trunks **90**–22
try on **95**–C
TSA agent **164**–5
T-shirt **86**–4
tsunami **149**–17
tub
   bathtub **57**–2
tuba **244**–12
tube **74**–24, **207**–42
tuberculosis (TB) **113**–23
tubes **74**–12
Tuesday **20**–10
tulip **217**–11
tuna **71**–7, **72**–19, **218**–8
tuner **240**–13
turbulence **165**–22
turkey **70**–17, **245**–14
   roasted turkey **76**–4
   smoked turkey **71**–25
turn **158**–5, **158**–7, **158**–8
   turn signal **162**–6, **163**–34
   turnstile **156**–8
   turntable **240**–12
turn

   turn down PLUS+ **241**–H
   turn in **203**–M
   turn left **159**–C
   turn off **11**–P, **179**–G, **225**–G
   turn on **11**–D, **147**–A, PLUS+ **191**–J
   turn right **159**–B
   turn up PLUS+ **241**–G
turnips **69**–16
turquoise **24**–9
turtle **219**–42
   turtleneck **96**–9
tusk **223**–48
tuxedo **89**–17
TV / television **56**–6
   big-screen TV **50**–14
   flat-panel TV **240**–8
   flat-screen TV **240**–8
TV Programs **242**
tweezers **119**–5
twelfth **16**
twelve **16**
twentieth **16**
twenty **16**
   twenty after one **18**–10
   twenty dollars **26**–10
   twenty to two **18**–12
   twenty-first **16**
   twenty-five **16**
   25 percent **17**–11
   twenty-four **16**
   twenty-one **16**
   twenty-three **16**
   twenty-two **16**
twice a week **20**–23
twig **216**–1
twins **28**–1
two **16**
   2 x 4 (two by four) **195**–19
   two-story house **52** ✦
   two-way radio **197**–22
type **4**–D, **176**–R, **210**–C
   type a letter **177**–A
   type in a phrase **212**–B
   type in a question **212**–C
   type in the chat PLUS+ **191**–K
   type the password again **211**–Q
   type the subject **211**–V
   type the verification code **211**–R
Types of Charges **15**
Types of Health Problems **117**
Types of Material **98**–**99**
Types of Math **204**
Types of Medication **115**
Types of Movies **243**
Types of Music **243**
Types of Training **175**
Types of TV Programs **242**

ugly **23**–22
umbrella **90**–17, **231**–14
umpire **235** ✦
uncle **34**–8
uncomfortable **42**–9

unconscious **118**–A 🔑
under **25**–10, **157**–A 🔑
   long underwear **91**–3 🔑
   thermal undershirt **91**–2
   underexposed **241**–33
   underpants **91**–14
   undershirt **91**–1
Under the Hood **162**
underline 9–S
Underwear **91** 🔑
UNDERWEAR AND SLEEPWEAR **91** 🔑
undress 36–E
unfurnished apartment **48**–4 🔑
uniform **88**–10, **237**–16 🔑 AWL
Unisex Socks **91**
Unisex Underwear **91**
universal remote **240**–10
UNIVERSE **215** 🔑
university **200**–7 🔑
unload 101–E 🔑
unmute yourself **PLUS+ 191**–I
unpack 49–N
unraveling **97**–43
unripe **68**–31
unscented **108** ♦
unscramble 9–W
up 🔑
   buckle up 36–L
   clean up 151–M
   cut up 77–I 🔑
   eggs sunny-side up **76**–10 🔑
   get up 38–B 🔑
   hang up 15–D, **101**–H 🔑
   look up 8–A 🔑
   pick up 6–I, **11**–E, **38**–M 🔑
   pop-up ad **213**–17 🔑
   set up an interview **169**–M 🔑
   stand up 6–D 🔑
   stopped up 63–19
   throw up 110–C
   wake up 38–A 🔑
   walk up **157**–C
update security software **147**–E 🔑 AWL
upload an assignment **PLUS+ 213**–J
upright seat **165**–28
upset **43**–28 🔑
upstairs **51** ♦ 🔑
Uranus **215**–7
urban area **52**–1 🔑 AWL
urchin **218**–22
URL/website address **213**–10 🔑
urologists **122** ♦
U.S.
   U.S. Capitol **140**–1
   U.S. route **158**–17 🔑 AWL
U.S. HISTORY **208** 🔑
U.S. Military **141** 🔑 AWL
USB port **190**–20 🔑
use 🔑
   use a cash register **176**–S 🔑 AWL
   use a credit card **27**–B 🔑
   use a debit card **27**–C 🔑
   use a gift card **27**–E 🔑

use a video filter **PLUS+ 177**–S
use AI **PLUS+ 185**–E
use deodorant **108**–C
use encrypted / secure sites **147**–F
use energy-efficient bulbs **225**–H
use italics **PLUS+ 203**–O
use punctuation **202**–C
use reactions PLUS+ 191–M 🔑
use the arrow keys **211**–N 🔑
Use a Learning Management System (LMS)
   PLUS+ 213
Used Car **161** 🔑
used clothing **102**–2 🔑
utensils **79**–19
utility / utilities **48**–5, **160**–7 AWL
U-turn **158**–5

vacancy sign **50**–7
vacation **22**–6 🔑
vaccination **116** ♦, **PLUS+ 113**–32
vacuum
   vacuum cleaner **61**–10
   vacuum cleaner attachments **61**–11
   vacuum cleaner bag **61**–12
vacuum 60–H
valley **214**–18 🔑
valuables **134**–8 🔑
valve **150**–4
van **160**–13, **160**–18 🔑
vandalism **145**–1
vanity plate **138** ♦
variable **204**–12 AWL
variant **PLUS+ 113**–29 AWL
vase **55**–23
vault **134**–6
VCR **102**–7
veal cutlets **70**–6
vegan **PLUS+ 81**–44
Vegetable **77** 🔑
vegetables **66**–8, **72**–27, **81**–32 🔑
   vegetable garden **53**–27, **187**–14 🔑
   vegetable peeler **78**–15
VEGETABLES **69** 🔑
vegetarian **70** ♦, **PLUS+ 81**–43
vehicles **126**–4, **160**–2, **160**–7,
   160–10 🔑 AWL
vein **107**–37
velvet **99**–10
vending machine **156**–9
vendors **84**–7, **131**–29
ventilation mask **92**–7
Venus **215**–2
verdict **144**–14
verification code **211**–R
vertebrates **206**–12
vest **89**–15
   down vest **90**–14
   high visibility safety vest **92**–4 🔑 AWL
   life vest **165**–25, **232**–14
Veterans Day **22**–16
veterinarian **173**–62
vice president **140**–9
victim **145**–10 🔑

video 🔑
   can't stream video **191**–F
   video game console **238**–3
   video game controller **238**–4
   video MP3 player **240**–2 🔑
   video player **213**–18 🔑
videotape 246–A
view 🔑
   rearview mirror **163**–35 🔑
   side-view mirror **162**–3 🔑
views **PLUS+ 243**–37
village **52**–3 🔑
vine **216**–22
vineyard **187**–16
violence **145**–4 🔑
violet **24**–8, **217**–23
violin **244**–6
viral video **PLUS+ 243**–36
virus alert **190**–5
virtual **PLUS+ 7**–L 🔑 AWL
vise **194**–26
vision 🔑 AWL
   vision exam **138**–6 🔑 AWL
   vision problems **117**–1 🔑 AWL
visit 174–A 🔑
Visit **120**
visor **197**–12
vital signs monitor **123**–26 🔑 AWL
vitamins **115**–17
v-neck **96**–8
vocational
   vocational school **200**–5
   vocational training **175**–9
voice mail **14**–17 🔑
volcanic eruption **149**–16
volleyball **235**–15, **237**–3
Volume **75**, **205** 🔑 AWL
volume **PLUS+ 241**
   decrease the volume **PLUS+ 241**–H 🔑
   increase the volume **PLUS+ 241**–G 🔑
   turn down the volume **PLUS+ 241**–H
   turn up the volume **PLUS+ 241**–G
volunteer **123**–17 AWL
volunteer **41**–Q AWL
vomit 110–C
vote 142–A
voting booth / polling booth **143**–10

waffles **80**–8
wages **183**–12 🔑
waist 🔑
   waist apron **93**–30
   waistband **100**–5
wait 94–B 🔑
wait for 130–B 🔑
wait on 176–T 🔑
wait staff **193** ♦ 🔑
waiter **82**–8 🔑
   headwaiter **193**–12
waiting area **188**–16 🔑 AWL
Waiting Room **111** 🔑
waitress **83**–9 🔑
wake up 38–A 🔑

walk **53**–2
   crosswalk **130**–15
   walk-in freezer **193**–3
walk
   walk a dog **131**–F
   walk down **157**–D
   walk to class **11**–A
   walk up **157**–C
   walk with a friend **146**–A
walker **115**–11
wall **56**–10
   cell wall **206**–5
   drywall **196**–19
   wallpaper **59**–8
wallet **94**–13
walrus **219**–34
war **209**–10
   Revolutionary War **208**–8
warehouse **184**–3, **185**–7
warm **13**–4
   warm clothes **150**–6
warning label **114**–8
Warnings **114**
wash
   mouthwash **109**–25
   washcloth **57**–6
wash
   wash clothes **225**–K
   wash hair **108**–E
   wash the dishes **60**–M
   wash the windows **60**–I
washer **50**–12, **101**–3, **194**–37
   dishwasher **54**–8, **83**–14, **193**–2
wasp **220**–18
waste **123**–31, **224**–12
   wastebasket **57**–26
watch **94**–16
watch **39**–X, **151**–C
water **219**–30, **231**–1
   body of water **214** ♦
   bottled water **150**–11
   cold water **57**–10
   hot water **57**–9
   hot water bottle **115**–15
   water fountain **230**–9
   water glass **83**–22
   water pollution **224**–14
   water polo **235**–16
   watercolors **239**–21
   waterfall **214**–2
   watermelons **68**–18
   waterskiing **233**–7
water **186**–F
WATER SPORTS **233**
wave **149**–17, **231**–17
wave **2**–G
wavy hair **33**–10
way
   hallway **192**–18
   one way **158**–3
   one-way trip **156**–16
   two-way radio **197**–22
   wrong way **158**–2

Ways to Conserve Energy and
   Resources **225** AWL
Ways to Get Well **116**
Ways to Pay **27**
Ways to Serve Eggs **76**
Ways to Serve Meat and Poultry **76**
Ways to Stay Well **116**
Ways to Succeed **10**
weak signal **14**–12
WEATHER **13**
Weather Conditions **13**
Weather Map **13**
Web Conferencing **191** AWL
web page **213**–12
webcam **191**–37
website address **213**–10
wedding **22**–2
Wednesday **20**–11
weed
   seaweed **231** ♦
   weed eater **186**–12
   weed whacker **186**–12
weed **186**–G
week **20**–15
   last week **20**–18
   next week **20**–20
   once a week **20**–22
   this week **20**–19
   three times a week **20**–24
   twice a week **20**–23
   weekdays **20**–16
   weekend **20**–17
Week **20**
weigh **75**–B
weight **32**–8
Weight **32, 75**
weightlifting **234**–16
weights **237**–22
WEIGHTS AND MEASUREMENTS **75**
welder **173**–63
well **42**–14
Well **116**
west **159**–2
western **243**–15
wet **101**–17
   wetsuit **231**–5
whacker **186**–12
whale **219**–33
wheat **187**–2
   wheat bread **71**–19
wheel **163**–26
   wheel cover **162**–9
   wheelbarrow **186**–3
   wheelchair **115**–9
whisk **78**–21
whiskers **222**–18
white **24**–14
   white bread **71**–18
   White House **140**–7
   whiteboard **6**–1
whole salmon **71**–3
wide **97**–36
widow **41** ♦

widower **41** ♦
width **17**–19
wife **34**–12
   ex-wife **35** ♦
   former wife **35** ♦
Wi-Fi connection **191**–32
wild **221** ♦
wildlife **166**–2
willing to learn **178**–3
willow **216**–13
win **235** ♦
wind
   wind power **224**–2
   windbreaker **90**–24
   windshield **162**–1
   windshield wipers **162**–2
   windsurfing **233**–10
window **47**–12, **56**–17, **138**–7
   browser window **213**–7
   drive-thru window **130**–11
   ticket window **156**–12
   windowpane **196**–16
windy **13**–19
wine glass **83**–23
wing **70**–20, **220**–1
winter **21**–40
   winter scarf **90**–5
WINTER AND WATER SPORTS **233**
wipe **60**–O
wipers **162**–2
wipes **37**–12, **61**–23
wire **195**–13
   wire stripper **195**–42
wiring **198**–7
withdraw **134**–E
witness **144**–11
wolf **222**–5
woman **30**–2
women **30**–3
Women's Socks **91**
Women's Underwear **91**
wood **196**–17
   plywood **196**–18
   redwood **216**–18
   wood floor **58**–21
   wood screw **194**–33
   wood stain **195**–24
   woodpecker **220**–9
   woodworking kit **238**–14
   wooden spoon **78**–9
Woodwinds **244**
wool **61**–5, **98**–3
word **202**–1
   delete a word **210**–I
   double-click to select a word **210**–H
   word problem **204**–11
   word processing program **191**–29
Words **8**
work
   blood work **123**–30
   roadwork **158**–16
   work gloves **92**–17, **197**–17
   work light **195**–44

work pants **92**–5
work shirt **92**–2
workbook **7**–27
work **8**–I, **10**–J, **38**–K
WORK **188**–**189**, **198**–**199**
Work Clothes **88**
work out **236**–N
worker
   careful worker **197**–2
   careless worker **197**–1
   childcare worker **170**–16
   construction worker **196**–1 AWL
   dock worker **171**–23
   factory worker **185**–3
   farmworker **187**–8
   food preparation worker **193**–4
   garment worker **171**–29
   postal worker **173**–49
   sanitation worker **173**–54
   social worker **173**–57
Worker **92**, **93**
working
   not working **62**–1
   woodworking kit **238**–14
Working with a Partner **8** AWL
Working with Your Classmates **8**
WORKPLACE **182**–**183**
WORKPLACE CLOTHING **92**–**93**
workshop **175**–14
world

world languages **201**–13
world music **243**–32
WORLD HISTORY **209**
worm **218**–24
worried **42**–13
wrap **72**–24v
wrap **246**–F
wrench **162**–22
   adjustable wrench **195**–48
   pipe wrench **195**–47
wrestling **234**–17
wrinkled **101**–19
wrist **106**–14
   wristwatch **94**–16
write
   rewrite **203**–J
   write a check **27**–D
   write a cover letter **169**–K
   write a final draft **203**–L AWL
   write a first draft **203**–H AWL
   write a note **137**–A
   write a prompt **PLUS+** **185**–F
   write a resume **168**–B
   write a thank-you note **179**–O
   write back **137**–H
   write on the board **6**–E
writer **173**–64
Writing and Revising **203** AWL
Writing Process **203** AWL
Writing Rules **202**

wrong way **158**–2

xylophone **244**–15

yard **46**–1
   courtyard **51**–21
   yardstick **195**–16
YARD **53**
yarn **239**–22
year **20**–4, **31**–9, **31**–10
Year **21**
yell **180**–A
yellow **24**–2
yesterday **20**–7
yield **158**–9
yoga **124**–4
yogurt **72**–22
young **32**–1
Your First License **139** AWL
YOUR HEALTH **116**–**117**

zebra **223**–33
zero **16**
ZIP code **4**–9
zipper **99**–25
Zones **19**
zoo **228**–1
zoom **PLUS+** **211**–EE, **PLUS+** **211**–FF
   zoom in **PLUS+** **211**–FF
   zoom out **PLUS+** **211**–EE
zoom lens **241**–19
zucchini **69**–25

Research Bibliography

The authors and publisher wish to acknowledge the contribution of the following educators for their research on vocabulary development, which has helped inform the principles underlying *OPD*.

Burt, M., J. K. Peyton, and R. Adams. *Reading and Adult English Language Learners: A Review of the Research*. Washington, DC: Center for Applied Linguistics, 2003.

Coady, J. "Research on ESL/EFL Vocabulary Acquisition: Putting it in Context." In *Second Language Reading and Vocabulary Learning*, edited by T. Huckin, M. Haynes, and J. Coady. Norwood, NJ: Ablex, 1993.

de la Fuente, M. J. "Negotiation and Oral Acquisition of L2 Vocabulary: The Roles of Input and Output in the Receptive and Productive Acquisition of Words." *Studies in Second Language Acquisition* 24 (2002): 81–112.

DeCarrico, J. "Vocabulary learning and teaching." In *Teaching English as a Second or Foreign Language*, edited by M. Celcia-Murcia. 3rd ed. Boston: Heinle & Heinle, 2001.

Ellis, R. *The Study of Second Language Acquisition*. Oxford: Oxford University Press, 1994.

Folse, K. *Vocabulary Myths: Applying Second Language Research to Classroom Teaching*. Ann Arbor, MI: University of Michigan Press, 2004.

Gairns, R. and S. Redman. *Working with Words: A Guide to Teaching and Learning Vocabulary*. Cambridge: Cambridge University Press, 1986.

Gass, S. M. and M. J. A. Torres. "Attention When?: An Investigation of the Ordering Effect of Input and Interaction." *Studies in Second Language Acquisition* 27 (Mar 2005): 1–31.

Henriksen, Birgit. "Three Dimensions of Vocabulary Development." *Studies in Second Language Acquisition* 21 (1999): 303–317.

Koprowski, Mark. "Investigating the Usefulness of Lexical Phrases in Contemporary Coursebooks." *Oxford ELT Journal* 59(4) (2005): 322–332.

McCrostie, James. "Examining Learner Vocabulary Notebooks." *Oxford ELT Journal* 61 (July 2007): 246–255.

Nation, P. *Learning Vocabulary in Another Language*. Cambridge: Cambridge University Press, 2001.

National Center for ESL Literacy Education Staff. *Adult English Language Instruction in the 21st Century*. Washington, DC: Center for Applied Linguistics, 2003.

National Reading Panel. *Teaching Children to Read: An Evidenced-Based Assessment of the Scientific Research Literature on Reading and its Implications on Reading Instruction*. 2000. https://www.nichd.nih.gov/publications/pubs/nrp/documents/report.pdf.

Newton, J. "Options for Vocabulary Learning through Communication Tasks." *Oxford ELT Journal* 55(1) (2001): 30–37.

Prince, P. "Second Language Vocabulary Learning: The Role of Context Versus Translations as a Function of Proficiency." *Modern Language Journal* 80(4) (1996): 478–493.

Savage, K. L., ed. *Teacher Training Through Video - ESL Techniques: Early Production*. White Plains, NY: Longman Publishing Group, 1992.

Schmitt, N. *Vocabulary in Language Teaching*. Cambridge: Cambridge University Press, 2000.

Smith, C. B. *Vocabulary Instruction and Reading Comprehension*. Bloomington, IN: ERIC Clearinghouse on Reading English and Communication, 1997.

Wood, K. and J. Josefina Tinajero. "Using Pictures to Teach Content to Second Language Learners." *Middle School Journal* 33 (2002): 47–51.